KNAUR

Im Knaur Taschenbuch Verlag ist bereits folgendes Buch des Autors erschienen:
Die Maske des Mörders

Über den Autor:
Stephan Harbort, Jahrgang 1964, ist Kriminalhauptkommissar und führender Serienmordexperte. Er sprach mit mehr als 50 Serienmördern, entwickelte international angewandte Fahndungsmethoden zur Überführung von Gewalttätern und ist Fachberater bei TV-Dokumentationen und Krimiserien. Harbort wurde durch seine zahlreichen TV-Auftritte bei Fernsehgrößen wie Frank Elstner, Günther Jauch oder Johannes B. Kerner einem breiten Publikum bekannt. Er ist auch Hauptdarsteller des Dokumentarfilms »Blick in den Abgrund«. Stephan Harbort lebt mit seiner Familie in Düsseldorf.
www.stephan-harbort.de

Stephan Harbort

Aus reiner Mordlust

Der Serienmordexperte über Thrill-Killer

KNAUR

Besuchen Sie uns im Internet:
www.knaur.de

FSC
www.fsc.org
MIX
Papier aus verantwortungsvollen Quellen
FSC® C083411

Deutsche Erstausgabe Oktober 2013
Knaur Taschenbuch

Redaktion: Ariane Novel
Umschlaggestaltung: ZERO Werbeagentur, München
Umschlagabbildung: Mareike Foecking
Satz: Adobe InDesign im Verlag
Druck und Bindung: CPI books GmbH, Leck
ISBN 978-3-426-78616-1

2 4 5 3 1

Für Amelie und David.
Seid, wie ihr seid.
Einzigartig!

Inhaltsverzeichnis

Die geschilderten Fälle sind authentisch und entsprechen im Ergebnis den kriminalpolizeilichen Ermittlungen bzw. der prozessualen Wahrheit. Als Quellen für die Rekonstruktion und Dokumentation der Ereignisse dienten insbesondere die Gerichtsakten bzw. die Aussagen der von mir interviewten Beteiligten.
Die Namen der handelnden Personen sind pseudonymisiert. Auch biographische Angaben oder örtliche und geographische Bezüge wurden mitunter verfremdet. Passagenweise mussten die Abläufe literarisch bearbeitet werden. Diese Verfahrensweise ist dem Schutz der Persönlichkeitsrechte geschuldet.

Vorwort

Das kennen wir: Ein Mann erwürgt seine Frau, weil sie ihm untreu geworden ist oder ihn verlassen will. Eine Frau vergiftet ihren Mann, weil sie seine Beleidigungen und Schläge nicht länger ertragen kann. Ein Mann erwürgt seine Geliebte, weil sie damit gedroht hat, sich seiner Frau zu offenbaren. Eine Frau lässt ihren Mann erschießen, um mit ihrem Liebhaber ein neues Leben beginnen zu können. Ein Mann löscht seine Familie aus und tötet sich anschließend selbst, weil er, warum auch immer, keinen anderen Ausweg sieht. Diese und ähnliche Motive, einem anderen Menschen das Leben zu nehmen, sind uns bekannt und vertraut, weil wir selbst mit diesen oder ähnlichen Problemen zu kämpfen haben, die unter bestimmten Voraussetzungen solche Taten auslösen können, und die Medien keine Gelegenheit auslassen, um darüber – berechtigterweise – zu berichten.

Das kennen wir nicht: Zwei Freunde, 18 und 19 Jahre alt, Söhne von Millionären, beobachten einen 14-jährigen Jungen beim Ballspielen, locken ihn in ein Auto, schlagen so lange auf ihn ein, bis er das Bewusstsein verliert, foltern das Opfer und töten es allein deshalb, weil sie erleben möchten, wie es ist, wie sich das anfühlt, wenn man einen Menschen umbringt. Taten aus reiner Mordlust liegen an der äußersten Grenze des Nachvollziehbaren, aber jenseits des Erträglichen. Und solche Gewaltexzesse bleiben den Menschen wesensfremd, ängstigen, lassen uns schaudern und die Täter als Inkarnation des Bösen erscheinen, auch weil sie verstörende Sätze wie diese sagen: »Ich bin ein Einzelgänger mit kranken Ideen. Ich töte gerne Menschen. Ich bin ohne Skrupel. Im Innersten meiner Seele bin ich kalt wie Eis.«

Wer so etwas nicht nur ausspricht, sondern auch danach handelt, muss naturgemäß unter Verdacht gestellt werden, persönlichkeitsgestört zu sein oder unter einer psychischen Erkrankung zu leiden. Demzufolge sollten die Psychologie, die Psychiatrie und die Psychopathologie Auskunft darüber geben können, was unter Mordlust zu verstehen ist und wie sie entsteht. Doch wer die zeitgenössische wissenschaftliche Literatur studiert oder Datenbanken mit Schlagwörtern durchsucht, wird überrascht feststellen, dass es kaum Fundstellen gibt, die zudem wenig ergiebig sind. Ähnlich verhält es sich bei den wissenschaftlichen Disziplinen der Kriminologie, der Kriminalistik und der Kriminalpsychologie. Man findet einige Fallbeschreibungen, wenige Abhandlungen, aber keine belastbaren Erklärungen. Die Gründe für diese scheinbare Ignoranz sind durchaus plausibel: Die Mordlust wird in der Psychologie bzw. Psychiatrie als von der Norm abweichendes Verhalten mit Krankheitswert nicht definiert. Genau genommen gibt es sie in diesem Kontext gar nicht. Und in der Verbrechenswirklichkeit ist dieses Phänomen so selten zu beobachten, dass es Kriminologen, Kriminalisten und Kriminalpsychologen nicht lohnenswert erscheint, sich dieser Thematik ausführlicher zu widmen.

Vermutlich haben Menschen seit Menschengedenken aus Mordlust getötet, in Deutschland existiert dieses Motiv eigentlich erst seit dem 7. Juli 1953, als der Bundesgerichtshof unter dem Aktenzeichen 1 StR 195/53 folgenden Sachverhalt letztinstanzlich zu beurteilen und zu entscheiden hatte:

»Der Angeklagte arbeitete auf dem landwirtschaftlichen Anwesen der Eltern der Margarete S. Er näherte sich ihr und fasste den Plan, sie zu heiraten. Dabei war mitbestimmend die Absicht, als ihr Ehemann später das Anwesen ihrer Eltern zu erhalten. Diese widersetzten sich aber einer Heirat ihrer Tochter, worauf er die Arbeitsstelle verließ. Margarete S. erklärte ihm daraufhin, es habe keinen Wert,

das Verhältnis fortzusetzen. Trotzdem versuchte der Angeklagte, sie in der Folgezeit öfters zu treffen; er knüpfte aber auch engere Beziehungen zu einem anderen Mädchen, dem er versprach, immer bei ihr zu bleiben.
Seit März 1952 befasste sich der Angeklagte ernsthaft mit dem Gedanken, Margarete S. zu töten. (…) In seinem Entschluss wurde er bestärkt, als er von seinem Mittäter (…) erfuhr, Margarete S. habe sich mit einem anderen Mann angefreundet. (…) Der Angeklagte beschloss am 8. Juni 1952 morgens, Margarete S. aus dem Hinterhalt zu erschießen, während sie ahnungslos auf dem Feld beschäftigt war. (…) Er schlich sich am Waldrand bis auf 65 Meter an das Mädchen heran und gab fünf Schüsse aus dem Gewehr auf sein Opfer ab, die aber fehlgingen.
Der Angeklagte ging nun mit der in seiner Manteltasche verborgenen Pistole ruhigen Schrittes zu dem Feld. Nachdem er sich dort kurz mit einer Arbeiterin unterhalten hatte, sprang er auf sein Opfer zu, das die bisherigen Schüsse nicht auf sich bezogen hatte und in gebückter Stellung arbeitete. Auf geringe Entfernung schoss er auf das Mädchen, wobei er auf dessen Kopf zielte. Margarete S. sank sofort zu Boden. Der Angeklagte trat hinzu, bückte sich und feuerte zwei weitere Pistolenschüsse auf ihren Kopf ab. Die Schüsse hatten den sofortigen Tod zur Folge. Der Angeklagte wandte sich beim Weggehen nochmals nach seinem Opfer um und gab dabei mit triumphierender Miene aus der Pistole einen Schuss in die Luft ab, um seiner Befriedigung über die gelungene Tat Ausdruck zu verleihen.«

Nach Auffassung des Gerichts trieben den Täter die »Rachsucht gegenüber den Eltern«, die ihn als Schwiegersohn abgelehnt hatten, und »Missgunst und verletzte Eitelkeit«, weil seine Avancen von Margarete S. nicht erwidert worden waren. Aber auch Mordlust sei handlungsbestimmend gewesen, die als »unnatürliche Freude an der Vernichtung eines Menschenlebens« definiert wird. Auf welcher seelischen Beeinträchtigung »eine solche abartige innere Genugtuung« beruht, sei »unwesentlich«.

Die Lust am Töten im Sinne des Paragraphen 211 des Strafgesetzbuchs (Mord) wird ausdrücklich als sogenannter niedriger Beweggrund genannt, weil in diesen Fällen eine verachtenswerte, besondere sozialethische Verwerflichkeit anzunehmen ist. Deshalb wird derjenige, der aus Mordlust tötet, zwingend mit lebenslänglichem Freiheitsentzug sanktioniert. Eine härtere Strafe kennt das Gesetz nicht.

Anfangs herrschte unter den Juristen in Deutschland Unsicherheit, auf welche Fälle das besagte BGH-Urteil Anwendung finden kann. Soll. Muss. Mittlerweile gab es weitere Ausschärfungen. Demnach handelt jemand ebenfalls aus Mordlust, dessen Handeln auf den Tötungsakt selbst fokussiert ist, indem er beispielsweise mutwillig oder willkürlich einem ihm fremden Menschen das Leben nimmt. Oder er mordet aus Angeberei oder Zeitvertreib. Oder er betrachtet die Tötung als nervliches Stimulans oder sportliche Herausforderung – Thrill-Kill. Entscheidungserheblich ist in jedem Fall die menschenverachtende Zielrichtung des Täters, eine von innen heraus wirkende Motivation. Durch die Ermordung des Opfers darf aber kein andersartiger, übergeordneter Zweck verfolgt werden (zum Beispiel bei Morden aus Habgier oder aus sexuellen Gründen), die Tötung selbst ist der Zweck.

Das juristische Konzept der Mordlust steht auch für die monströs anmutende Kreativität der menschlichen Bestialität, es zeigt sich, wie viele hochabnorme Spielarten des unbedingten Vernichtungswillens die beschädigte menschliche Psyche hervorzubringen vermag. Und genau in diesem Kontext soll das vorliegende Buch erstmals aufklären und erklä-

ren, Fragen beantworten, die bislang noch nicht gestellt worden sind: Was sind das für Menschen, die Freude empfinden können, wenn sie ein Opfer niedermetzeln? Kann man die Täter typisieren, charakterisieren? Gibt es eine Art Täterprofil? Unter welchen Voraussetzungen und wie passieren solche Taten? Existieren wiederkehrende Tatelemente? Ist ein Muster zu erkennen, das alle Taten und Täter verbindet? Wer sind die Opfer? Weshalb geraten sie in tödliche Gefahr? Und nicht zuletzt: Was genau passiert, wenn jene dunkle Seite, die wir so gerne leugnen und vor uns selbst verbergen, letztlich doch die Oberhand gewinnt? Wo liegen die Ursachen für solch maßlose Verbrechen?
Wer sich mit der Mordlust auseinandersetzen will, der muss genau hinsehen, der muss auch bereit sein, das Leid anderer Menschen zu teilen, unmenschliche Gewalt zu ertragen. Denn davon handelt dieses Buch. Es wäre eine unvollständige, vor allem eine verharmlosende Darstellung, wenn die Gewalt in all ihren Erscheinungsformen ausgeklammert würde, aus Pietät den Opfern und deren Angehörigen gegenüber. Insofern tut es not, eine ganzheitliche Betrachtung vorzunehmen, will man sich dem Phänomen der Mordlust tatsächlich nähern.

Stephan Harbort
Düsseldorf, im April 2013

Böse aus Freude

Ein früher Morgen im späten April, nahezu wolkenlos. Erste Sonnenstrahlen bahnen sich ihren Weg. Die grünen Wiesen und gelben Rapsfelder ringsum sind noch feucht vom Regen, den die Nacht gebracht hat. Es geht ein leichter Wind. Aus dem nahen Buchenwald dringt Vogelgezwitscher herüber, das hin und wieder vom trommelwirbelartigen Geräusch überlagert wird, das entsteht, wenn ein Specht seinen Schnabel beharrlich gegen Holz schlägt. Die mächtigen Buchen sind bis zu 240 Jahre alt und überragen mit ihren 40 Meter hohen Kronen die farbenfrohe und friedfertig anmutende Landschaft.

Ernst Brunger liebt diese Idylle; das ist einer der Gründe, warum der 52-Jährige von Beruf Förster geworden ist. Vor zwei Tagen ist der Orkan »Lilly« über sein Revier hinweggefegt und hat große Schäden hinterlassen, die es nun so schnell wie möglich zu begutachten und zu beseitigen gilt. Denn auch der neu angelegte Wanderweg »MA« hat unter dem Sturm gelitten, besonders an den neuralgischen Abschnitten in den verschiedenen Waldgebieten der Region. Und weil die Wanderstrecke in der kommenden Woche vorgestellt und mit einer großen Tour am 1. Mai eingeweiht werden soll, besteht Handlungsbedarf.

Als Ernst Brunger sich dem nächsten Waldgebiet nähert und ein Wiesengelände überquert, verschafft er sich zunächst einen Überblick. Plötzlich fällt ihm nur einige Meter entfernt am Wegrand etwas auf, das wie eine kleine ausgetrocknete Pfütze aussieht, allerdings von rötlich brauner Farbe ist. Er macht zwei Schritte nach vorn. Der Mann ist von Berufs wegen mit Blutlachen vertraut, und auch das, was da vor ihm auf dem Boden deutlich zu erkennen ist, kann eigentlich nichts anderes sein. Und zu dieser Annahme scheint eine Schleifspur zu passen, die einen Steinwurf entfernt in den Wald hineinführt. Ernst Brunger denkt spontan an die Tat eines Wilderers, folgt der Spur und stößt einige Herzschläge später auf ein Dornengebüsch, unter dem eine Gestalt zu liegen scheint, länglich ausgestreckt, teilweise verdeckt von Ästen und Gestrüpp. Das kann eigentlich kein Tier sein, was da vor ihm liegt, schlussfolgert Ernst Brunger. »Hallo?« Nichts regt sich. Keine Antwort. Ernst Brunger hört die Vogelgesänge jetzt nicht mehr. Totenstille. »Hallo?«

Vorsichtig nähert er sich dem Busch und erstarrt förmlich, als ihm vollends bewusst wird, was er da entdeckt hat – vor ihm werden Teile eines menschlichen Körpers sichtbar: ein ausgestreckter Arm, ein beschuhter Fuß. Dazu steigt ihm ein unangenehm strenger Fäulnisgeruch in die Nase. Ernst Brunger versteht nichts von sicheren und unsicheren Todeszeichen, aber auch ihm leuchtet ein, dass hier jede Hilfe zu spät kommt. Ein Fall für die Kripo.

Nachdem die Spezialisten der Mordkommission eintrafen und den Leichnam untersucht haben, besteht kein Zweifel mehr, dass Ernst Brunger mit seiner Einschätzung richtiglag: Die Vielzahl von äußeren Verletzungen kann sich das Opfer unmöglich selbst beigebracht haben. Überhaupt muss der Mann längere Zeit extremer Gewalt ausgesetzt gewesen sein, denn sein Körper war mit Wunden übersät, die wahrscheinlich von einem spitzen und scharfkantigen Gegenstand verursacht wurden, möglicherweise einem Messer. Näheres soll die gerichtsmedizinische Untersuchung erbringen.

Ganz in der Nähe des Leichnams entdecken die Ermittler Reifenspuren. Aus der Beschaffenheit und der Lage der Spuren zueinander schlussfolgern die Kriminalisten, dass hier mit einem Fahrzeug hin und her gefahren und mehrfach gewendet worden sein dürfte. Möglicherweise transportierte

der Täter das Opfer mit seinem Pkw zum Fundort. Warum aber der Wagen gleich mehrmals vor- und zurückfuhr, bleibt vorerst unklar.
Vom oberen Rand des Wiesengeländes führt ein asphaltierter Wirtschaftsweg zur nächsten Straße. Entlang dieser Strecke entdecken die Fahnder zahlreiche Blutspritzer – mit großer Wahrscheinlichkeit von einem Fahrzeug abgetropft bzw. weggeschleudert –, das mit hoher Geschwindigkeit in Richtung der Straße gefahren worden ist. Ebendieses Fahrzeug muss mit dem Blut erheblich kontaminiert gewesen sein, weil die entsprechenden Spuren noch 387 Meter vom Leichenfundort entfernt vorhanden sind. Aus dem Spurenbild insgesamt folgt: Täter und Opfer müssen mit einem Pkw zum Tatort gefahren und der später Getötete muss zu diesem Zeitpunkt bereits erheblich verletzt gewesen sein.

Noch am selben Tag wird die Leiche obduziert. Der Körper des Toten ist übersät mit teilweise tiefreichenden Stichwunden. Mit großer Wucht muss der Täter aus verschiedenen Richtungen zugestochen haben. Augen und Hals wurden mehrfach durchbohrt, andere Stichverletzungen hat der Täter hinter den Ohren gesetzt, sie führen in den Schädel hinein. Dort, wo einmal der Mund gewesen ist, befindet sich nur noch eine breiige Masse. Insgesamt zählen die Rechtsmediziner 97 Einstiche. Darüber hinaus werden Rippenserienbrüche festgestellt, hervorgerufen durch stumpfe Gewalt. Todesursache: Verbluten nach innen und außen.
Selbst die Erfahrenen und Hartgesottenen in Reihen der Todesermittler sind angesichts dieser Gewaltorgie betroffen und entsetzt, zumal das Opfer über einen längeren Zeitraum hinweg wiederkehrenden Torturen ausgesetzt gewesen sein muss. Zu diesem Ergebnis kommen jedenfalls die Rechtsmediziner. Wurde der Getötete demnach gefoltert? Oder deutet die Verstümmelung von Mund- und Augenpartien auf eine

symbolisch zu verstehende Abrechnung im Milieu hin? Soll die Vielzahl der Verletzungen als Warnung verstanden werden?

In den Kleidern des Toten wurden keine Ausweispapiere gefunden. Die Identifizierung gelingt dennoch schon wenige Stunden nach Aufnahme der Ermittlungen anhand der Fingerabdrücke des Opfers. Bei dem Toten handelt es sich um Joachim Grauert, 36 Jahre alt, ledig, kinderlos, berufslos, arbeitslos, wohnhaft gewesen in einer Zweiraumwohnung am Rand der acht Kilometer vom Leichenfundort entfernten Kreisstadt der Region. Der Mann muss zumindest während der vergangenen sechs Jahre ein unstetes Leben geführt haben, jedenfalls fiel er während dieser Zeit wegen verschiedener Delikte auf und wurde auch verurteilt, allerdings nur zu Geld- oder Bewährungsstrafen: Ladendiebstahl, Beförderungserschleichung, Körperverletzung, Sachbeschädigung, Beleidigung. Häufig soll er dabei hochgradig alkoholisiert gewesen sein.

Diese Vita passt nach allgemeiner Einschätzung der Kriminalexperten nicht zu einem Berufskriminellen, der Opfer einer öffentlichkeitswirksamen Hinrichtung im Dunstkreis der organisierten Kriminalität geworden sein könnte. Auch war Joachim Grauert weder als Vertrauensperson noch als Informant für die Polizei jemals tätig. Überhaupt soll der Mann sehr zurückgezogen gelebt haben, ergeben erste Recherchen und Zeugenbefragungen. Möglicherweise spielte seine Homosexualität dabei eine Rolle, vielleicht der übermäßige Alkoholkonsum, möglicherweise aber auch die fehlende berufliche Perspektive.

Nächste Verwandte können zu seinen Lebensgewohnheiten nicht befragt werden, weil es sie nicht gibt: Die vermögenden Eltern starben bei einem Autounfall, den Joachim Grauert als 14-Jähriger schwerstverletzt überlebte. Geschwister hatte er nicht. Beziehungen zu anderen Verwandten, die überwiegend in Norddeutschland leben, vernachlässigte er. Selbst den Kontakt zu seinen Großeltern, die ihn nach dem Tod der Eltern betreuten, brach er ab, ohne sich zu erklären. Ein Leben im Niemandsland.

Auch sein Vermieter weiß nicht viel über den Mann zu sagen. »Er hat seine Miete pünktlich bezahlt«, gibt der 55-jährige Immobilienmakler zu Protokoll. »Besuch bekam er nur selten, und wenn, dann von jungen, teilweise sehr jungen Männern. Gesprochen hat er nicht viel. Ich bin beruflich häufig unterwegs. Bei meinen Fahrten habe ich ihn immer wieder mal in der Stadt gesehen. Es gibt doch diesen Treffpunkt am König-Heinrich-Platz, wo sich so viele Jugendliche tummeln. Da habe ich ihn öfter gesehen. Was er da gemacht hat, weiß ich aber nicht.«

Die weiteren Ermittlungen bestätigen die Beobachtungen des Vermieters, dass Joachim Grauert sich tatsächlich regelmäßig am König-Heinrich-Platz aufhielt und dort Kontakt zu Jugendlichen suchte, insbesondere männlichen. Nachdem die Stadt vor anderthalb Jahren am Ende des Platzes ein kleines Fußballfeld angelegt hatte, treffen sich hier täglich zwischen zehn und 20 Jugendliche. Mädchen sind unterrepräsentiert.

Es ist keine verschworene Gemeinschaft, keine Gang, keine Bande, die sich am König-Heinrich-Platz versammelt, vielmehr sind es überwiegend deutsche Jugendliche aus der näheren Umgebung mit losen Kontakten untereinander. Freundschaften sind eher selten. Die Ermittler beobachten ein reges Kommen und Gehen und fragen sich, wie Joachim Grauert in diese Szene hineingepasst haben will. Was trieb ihn immer wieder dorthin? Die Hoffnung, einen Sexualpartner zu finden? Die pure Langeweile? Einsamkeit? Oder vielleicht das Bedürfnis nach Anerkennung, nach sozialer Nähe? Antworten erwartet sich die Kripo von den Jugendlichen, die nahezu ausnahmslos aus Arbeiterfamilien stammen und auch schon mit dem Gesetz in Konflikt geraten sind. Alle versichern sie, Joachim Grauert oberflächlich gekannt und auch durchaus gemocht zu haben. Er war stets freundlich, höflich und hilfsbereit, habe mal eine Flasche Bier oder eine Schale Pommes frites spendiert, ohne eine Gegenleistung einzufordern. Er stellte sogar seinen Pkw für Spritztouren zur Verfügung oder fuhr selbst mit. Es findet sich niemand, der etwas Negatives über den Mann berichtet.

Glaubt man den übereinstimmenden Aussagen der jugendlichen Zeugen, soll Joachim Grauert ein eher devoter und genügsamer Mann ohne Macken gewesen sein, jemand, der nicht aneckt, der aber auch kaum wahrgenommen wird. Ein Opfertyp?

Die Ermittler fragen die Jugendlichen vom König-Heinrich-Platz insbesondere nach Personen, die Joachim Grauert näher gekannt haben. Und dabei fällt immer derselbe Name: Thomas Basler. Der 16-Jährige soll noch am Abend des Todestages mit dem Opfer zusammen gewesen sein. Allerdings habe Joachim Grauert den König-Heinrich-Platz gegen 20.30 Uhr verlassen – allein.

Bevor Thomas Basler vernommen wird, machen sich die Ermittler ein Bild von dem jungen Mann: Er ist das dritte und letzte Kind einer Beamtenfamilie mit tadellosem Ruf. Thomas besuchte vier Jahre lang einen Kindergarten, kam danach in die Grundschule, vier Jahre später wurde er auf die Realschule gegeben. Die achte Klasse wiederholte er. Ein Jahr später musste Thomas die Schule zwangsweise verlassen, nachdem er insgesamt 58 Tage unentschuldigt gefehlt hatte. Eine darauf folgende Lehre als Kfz-Mechaniker brach er ab. Von seinem ehemaligen Lehrherrn erfährt die Kripo, Thomas habe sich in den letzten Monaten zu seinem Nachteil verändert, er sei des Öfteren nicht zur Arbeit erschienen, habe sich uneinsichtig und aufsässig gezeigt, auch sei er in

Verdacht geraten, Geld unterschlagen zu haben. Und weil er zuletzt drei Wochen unentschuldigt gefehlt habe, sei ihm schließlich fristlos gekündigt worden.

Zwei Ermittler holen den hochgewachsenen, auffallend hageren und langhaarigen jungen Mann zu Hause ab und bringen ihn ins Präsidium. Er bestreitet nicht, Joachim Grauert gekannt zu haben. Auf beharrliches Nachfragen räumt Thomas Basler später ein, von dem Getöteten gelegentlich kleinere Geldbeträge erhalten zu haben, mal zehn D-Mark, mal 20 D-Mark. Die Aussage, das Geld wurde für sexuelle Kontakte gezahlt, muss ihm förmlich abgerungen werden. Thomas Basler weist in diesem Zusammenhang ungefragt und energisch darauf hin, er, Joachim Grauert, habe am Hauptbahnhof regelmäßig mit Strichjungen verkehrt. Wesentlich gelassener gibt sich der jugendliche Zeuge, als ihm vorgehalten wird, er sei derjenige gewesen, der Joachim Grauert letztmals lebend gesehen habe. Ja, er habe den Mann an dem besagten Abend noch getroffen, räumt er bereitwillig ein, aber nein, er sei Joachim Grauert nicht gefolgt, als er gegen 20.30 Uhr den König-Heinrich-Platz verließ. Dies könnten die damals Anwesenden gewiss bezeugen.

Alle in Frage kommenden Jugendlichen werden namentlich ermittelt, überprüft und nacheinander befragt. Die Aussagen widersprechen sich mitunter in wiederkehrenden Aspekten, beispielsweise wenn es darum geht, zeitliche Zuordnungen für bestimmte Ereignisse vorzunehmen: Wann kam bzw. verließ wer mit wem zu welcher Zeit den König-Heinrich-Platz? Nur in einem Punkt herrscht Einigkeit: Joachim Grauert verließ den Bolzplatz gegen 20.30 Uhr. Niemand war bei ihm. Niemand folgte ihm später, insbesondere Thomas Basler nicht. Der soll sich weiter im Kreis der Jugendlichen aufgehalten haben.

Die Widersprüche in den zeitlichen Abläufen lassen sich

auch durch weitere Nachforschungen nicht ausräumen. Entweder resultieren die abweichenden Aussagen aus typischen Erinnerungsfehlern, oder aber jemand soll geschützt werden, überlegen die Fahnder – vielleicht Thomas Basler?
Die Mordkommission erhofft sich weitere Aufklärung durch ein gemeinsames Gespräch mit allen Jugendlichen. Verplappert sich einer? Hält jemand dem Druck dieser Situation nicht stand? Lassen sich einzelne Jugendliche auf diese Weise besser erreichen und zur Vernunft bringen? Oder tut man ihnen unrecht?

Alle Zeugen werden ins Präsidium bestellt und in einem großen Raum, der normalerweise für Dienstbesprechungen genutzt wird, versammelt. Der Chef der Mordkommission und zwei Mitarbeiter erklären den Jugendlichen, worum es geht und warum man hier zusammengekommen ist. Doch die Beamten ernten nur Gekicher, Gelächter, Unverständnis und Unmut.
»Was wollt ihr von uns?«
»Keiner von uns hat was damit zu tun!«
»Lasst uns doch endlich in Ruhe!«
»Wir sind unschuldig!«
»Leckt uns doch am Arsch!«
Die Veranstaltung muss nach nur zehn Minuten abgebrochen werden.

Folgen die Fahnder einer falschen Fährte? Begegnete Joachim Grauert seinem Mörder eventuell wesentlich später als 20:30 Uhr, fernab der Szenerie am König-Heinrich-Platz? Gabelte er möglicherweise am Bahnhof wie üblich einen Strichjungen auf, fuhr mit ihm weg und wurde später attackiert und getötet? Gab es einen Streit, der schließlich eskalierte und die Vielzahl der Verletzungen erklärt? Die Brutalität? Die Maßlosigkeit?

Und tatsächlich: Als die Fahnder in Joachim Grauerts Lieblingslokal vorstellig werden, erfahren sie von dem Bedienungspersonal, dass der Getötete sich zur tatkritischen Zeit in dem Restaurant aufgehalten haben soll, und zwar noch bis etwa 21.15 Uhr. Eine Verwechslung kann ausgeschlossen werden. Und er sei in Begleitung eines etwa 40 bis 50 Jahre alten Mannes gewesen, berichten die Kellner, der einen sehr seriösen Eindruck gemacht habe. Wurde Joachim Grauert, der die Rechnung nicht bezahlt haben soll, von seinem Mörder erst zum Essen eingeladen und kurz darauf gefoltert und umgebracht?
Bevor die Ermittler dieser Hypothese nachgehen können, wird Joachim Grauerts Wagen gefunden: verschlossen und ordentlich am Straßenrand geparkt, nur etwa 300 Meter vom König-Heinrich-Platz entfernt. Auf der Rückbank, am Fahrzeughimmel, an den Rückseiten der Lehnen der Vordersitze und auf einem cremefarbenen Sitzkissen entdecken die Kriminaltechniker Blutverschmierungen. Als der Wagen auf der Hebebühne steht, sehen sie, dass die Bodenplatte links eingedrückt ist; auch hier werden großflächige Blutspuren gefunden, unter dem Kotflügel, massiv an der hinteren linken Stoßdämpferhalterung haftend. Von dort ist das Blut wohl abgetropft und hat entsprechende Spuren gelegt, die noch knapp 400 Meter vom Leichenfundort entfernt entdeckt wurden.

Die Ermittler bezweifeln weniger, wer auf der Rückbank saß und sein Blut dort hinterließ, sondern vielmehr in welchem Zustand er sich befand. War Joachim Grauerts Körper schon zu diesem Zeitpunkt übersät mit Stichwunden? Waren seine Rippen bereits serienweise gebrochen? Lag er längst im Sterben?
Nach längerer Erörterung und Rücksprache mit dem rechtsmedizinischen Gutachter wird angenommen, Joachim Grau-

ert habe während des Transports das Schlimmste noch bevorgestanden, weil die Blutspuren in seinem Wagen zu gering ausgeprägt waren, um mit der Vielzahl der erlittenen Verletzungen in Einklang gebracht werden zu können. Auch die Spuren und Beschädigungen unter dem Pkw sollen darauf hindeuten, dass der Mann mehrmals überrollt wurde. Jedenfalls seien durch diese Annahme die Rippenserienbrüche – nach dem rechtsmedizinischen Gutachten hervorgerufen durch massive stumpfe Gewalt – zwanglos zu erklären. Und weil überdies angenommen wird, dass derjenige, der den Wagen im Nahbereich des König-Heinrich-Platzes abstellte, auch eine Beziehung dorthin haben musste, geraten abermals die Jugendlichen ins Fadenkreuz der Ermittler.

Wieder werden die Jungen und Mädchen ins Präsidium geholt und vernommen. Lange sieht es so aus, als würde man weiter auf den Durchbruch warten müssen, weil die Zeugen einer nach dem anderen bei ihren vormals gemachten Aussagen bleiben und sich auch nicht durch eine härtere Gangart beeindrucken lassen.

Dann ist Chantal Breitkreuz an der Reihe. Die 14-Jährige geht in die siebte Klasse einer Hauptschule und hat bei ihrer ersten Aussage erzählt, sie habe keine Freunde unter den anderen Jugendlichen und halte sich eher selten an dem Bolzplatz auf. Sie könne aber bestätigen, dass Joachim Grauert das Gelände zur besagten Zeit alleine verlassen habe.

Die Vernehmungsbeamten lassen Chantal zunächst reden, ohne Fragen zu stellen oder sie zu unterbrechen. Nach nicht ganz vier Minuten hat sie ihre Geschichte erzählt, haargenau so wie die erste Version drei Tage zuvor. Ob das ihr Ernst sei, wird Chantal gefragt. Das Mädchen antwortet nicht. Ob sie glaube, dass man ihr die Geschichte einfach so abkaufen werde? Chantal tut unbeteiligt und sagt nichts. Ob sie sich mit einer Falschaussage und den sich daraus ergebenden Konsequenzen ihr weiteres Leben verbauen wolle? Das Mädchen schweigt auch weiterhin. Doch kurz darauf beginnt Chantal unvermittelt und hemmungslos zu schluchzen. Und zu reden: »Ich halte das nicht mehr aus …«

In den nächsten Minuten redet sich Chantal alles von der Seele und erzählt den staunenden Ermittlern eine unglaubliche Geschichte. Alle hätten sie von dem Mord gewusst, der von den Tätern sogar angekündigt wurde. Nach der Tat habe man sich von den Mördern die Abläufe bei einer Flasche Bier schildern lassen, Szene für Szene, man habe kein grausiges Detail ausgelassen. Man habe sich dabei prächtig amüsiert und sei bester Stimmung gewesen.

»Alle« – das sind insgesamt 13 Jugendliche, zwischen 14 und 17 Jahre alt, darunter drei Mädchen. Nun, als der Damm gebrochen ist und die Kripo Bescheid weiß, legen alle mittelbar und unmittelbar Beteiligten ein Geständnis ab, auch die beiden Täter. Was jetzt ans Tageslicht kommt, führt die Beamten an die Grenze ihrer seelischen Belastbarkeit – und darüber hinaus.

Bei den Tätern handelt es sich um Thomas Basler – also doch! – und Peter Brückmann. Letzterer ist 17 Jahre alt und der Kripo als Autodieb und Schlägertyp bestens bekannt. Seine Vita: Als Peter vier Jahre alt ist, trennen sich seine Eltern, er bleibt bei der Mutter, die anderthalb Jahre später abermals heiratet – und nur zwei Jahre darauf wieder geschieden wird. Danach folgen diverse Männerbekanntschaften der Mutter, deren Namen Peter heute größtenteils nicht mehr weiß. Mit acht Jahren kommt er zu seiner Großmutter. Die zweite Klasse der Hauptschule muss Peter wiederholen, ein Jahr später wird er in ein Heim gegeben, weil weder die Oma noch die Lehrer mit dem Jungen zurechtkommen. Er gilt als frech und aufsässig. Auch drastische Erziehungsmethoden zeigen nicht die gewünschte Wirkung.

Der Heimaufenthalt währt nur kurz, weil Peter seine Mitbewohner beklaut und verprügelt. Der Junge wird wieder auf die Hauptschule gegeben, die Mutter weigert sich, ihn aufzunehmen, die Großmutter erbarmt sich schließlich abermals. Als Peter die Schule nach fortwährend unbeachtlichen Leistungen und beachtlichen Fehlzeiten als 16-Jähriger verlassen muss, beginnt er eine Lehre als Industrieschlosser. Sechs Monate später wird er nach einer Schlägerei mit seinem Ausbilder aber auch hier geschasst. Weitere Versuche, einen Beruf zu erlernen, unterlässt Peter, er lebt auf Kosten seiner Oma und begeht Einbrüche, die ihm allerdings nicht nachgewiesen werden können. Vier Monate vor dem Mord an Joachim Grauert lernt er am König-Heinrich-Platz Thomas Basler kennen und freundet sich mit ihm an. Das Unheil nimmt nun seinen Lauf. Alles beginnt in einer öffentlichen Toilettenanlage knapp einen Monat zuvor. Peter Brückmann, Thomas Basler und vier andere Jungs lungern dort herum. Sie warten auf eine Gelegenheit. Als ein älterer Herr mit Hut die Toiletten aufsucht, gibt Peter das vereinbarte Zeichen. Sie folgen dem Mann, der jetzt vor einem Pinkelbecken steht und sich erleichtert. Peter nähert sich dem Mann und schlägt wortlos von hinten mit einem Knüppel so lange auf Kopf und Körper, bis das Opfer stöhnend zu Boden geht. Johlend flüchtet die Gruppe.

Kripo: Warum hast du den Mann geschlagen, was wolltet ihr von dem?
Peter: Weiß nicht.
Kripo: Das macht man doch nicht einfach so. Wolltet ihr dem an die Brieftasche?
Peter: Nee.
Kripo: Was denn?
Peter: Das hat einfach Laune gemacht. Ein geiles Gefühl.

Stunden später stehen etwa zehn Jugendliche am König-Heinrich-Platz zusammen, darunter zwei Mädchen. Peter erzählt von dem Überfall auf den älteren Herrn. Alle hören sie gebannt zu. Eine tolle Geschichte. Aufregend. Faszinierend. Und zur Nachahmung empfohlen.

Kripo: Wann bist du auf die Idee gekommen, den Joachim Grauert zu töten?
Peter: Das war nicht meine Idee.
Kripo: Wessen Idee war es denn?
Peter: Nachdem ich den Alten weggeklatscht hatte, ist das so hochgekommen.
Kripo: Kannst du das mal genauer erzählen?
Peter: Wir standen an dem Abend zusammen, Thomas und die anderen. Da hat einer gemeint, man müsste einen mal in echt allemachen. Das wäre doch viel geiler.
Kripo: Wer hat das gemeint?
Peter: Weiß nicht.
Kripo: Und wie seid ihr auf Joachim Grauert gekommen?
Peter: Einer meinte: am besten so'n Schwuler. Das war für alle okay.

Also Joachim Grauert. In den nächsten Tagen werden Pläne geschmiedet, wann, wo und wie man »die schwule Sau plattmachen« will. Am besten in dessen Wohnung. Die Möchtegern-Täter übertreffen sich gegenseitig mit grausigen Ideen, wie »das abgehen soll«: den Leichnam beispielsweise zerstückeln, mit Stöcken aufspießen und an der Decke aufhängen – »ein schönes Mobile«; oder den Kopf des Toten aufschlagen, das Gehirn herausnehmen und »einfach an die Wand klatschen«.
Die Jugendlichen kennen auch in den nächsten Tagen nur ein Thema: Joachim Grauert soll »kaltgemacht werden«. Alle drängen sich danach, mitzumachen. Selbst die Mädchen wollen vor der Tötung eines Menschen, den sie kennen und der ihnen nichts getan hat – im Gegenteil –, nicht zurückschrecken.

Kripo: Wenn doch angeblich alle mitmachen wollten, warum habt dann nur Thomas und du die Tat begangen?
Peter: Die Mädels wollten wir nicht dabeihaben, die hätten später gequatscht. Maximal drei Mann. Der Bernd wollte auch mitmachen, der war richtig heiß drauf. Hat aber dann doch nicht geklappt.

Bernd heißt mit Nachnamen Fischer und ist 16 Jahre alt. Als Peter und Thomas den Termin für die Tötung Joachim Grauerts festlegen, ist Bernd verhindert. Er muss auf seine jüngeren Geschwister aufpassen, weil die Eltern zu einer Geburtstagsfeier eingeladen sind.
Es ist 21.30 Uhr, als Peter von einer Telefonzelle aus Joachim Grauert anruft. Ob sie ihn jetzt noch besuchen dürften? Einverstanden. Eine Viertelstunde später öffnet Joachim Grauert bereitwillig seinen Mördern die Tür. Peter hat unter seiner Kleidung zwei Messer versteckt.

Kripo: Warum seid ihr von dem Plan abgewichen, den Mann in seiner Wohnung zu töten?
Peter: Kam uns irgendwie komisch vor.
Kripo: Kannst du das genauer erklären?
Peter: Als der mal auf dem Klo war, hab ich mit Thomas gelabert. War uns irgendwie zu unsicher, das Ganze. Wenn wir den killen, schreit der doch. Die Nachbarn hören das. Nee.

Als Joachim Grauert seinen Toilettengang beendet hat, erzählt Thomas ihm von einem Zelt, das noch am Baggerloch steht und dringend abgeholt werden muss. Ob er ihm dabei behilflich sein und ihn dorthin fahren könne? Peter würde auch dabei sein wollen. Kein Problem. Joachim Grauert willigt ein.
Die Fahrt geht zu einem sieben Kilometer entfernten Bag-

gerloch an der Peripherie der Stadt. Zehn Minuten später laufen die drei am Ufer entlang und suchen in der Dunkelheit nach einem Zelt, das es nicht gibt.
Peter lässt sich kurz zurückfallen. Jetzt ist Joachim Grauert vor ihm. Peter zieht das Fleischermesser aus seinem Hosenbund und stößt es Joachim Grauert in den Rücken. Der zweite Stich dringt wesentlich tiefer in den Körper ein, bis zum Schaft. Das Messer bleibt stecken.

Kripo: Was hast du beim Zustechen empfunden?
Peter: Geiles Gefühl. Warm. Kribbeln.
Kripo: Warum hast du nicht weiter zugestochen?
Peter: Ging nicht.
Kripo: Warum nicht?
Peter: Der hat sich weggedreht und wollte weglaufen.

Joachim Grauert stöhnt vor Schmerzen und versucht, seinen Peinigern zu entkommen. Doch Thomas stoppt ihn mit einem wuchtigen Faustschlag ins Gesicht. Joachim Grauert bricht zusammen. »Stich doch weiter!«, brüllt Thomas. Er weiß nicht, dass das Messer noch im Rücken des Opfers steckt.
Also wird getreten, mit aller Kraft: gegen den Kopf, gegen den Hals, gegen den Oberkörper. »Hört doch bitte auf!«, fleht Joachim Grauert. Aber es wird weiter zugetreten. »Ihr bringt mich ja um!« Die Antwort sind weitere Fußtritte.
Plötzlich Stimmengewirr. Spaziergänger nähern sich. Thomas und Peter halten ein und spähen gebannt in die Dunkelheit. Währenddessen versucht Joachim Grauert, sich aufzurappeln, fällt wieder hin und stürzt eine kleine Böschung hinunter.
Sekunden später ist Thomas bei ihm und beruhigt den Schwerstverletzten. Man werde ihm sofort helfen und in ein Krankenhaus bringen. Er müsse nur versprechen, sie nicht zu verraten.

Schließlich ist auch Peter wieder da. Man richtet Joachim Grauert auf. Der hat Schmerzen und jammert und stöhnt. Er wird lauter. »Jetzt sei doch endlich ruhig!«, zischt Peter. Die Spaziergänger kommen in Sichtweite. Joachim Grauert hält die Schmerzen nicht aus, keucht, röchelt, fleht leise: »Helft mir doch! Es tut so weh!«

Kripo: Als Joachim Grauert um sein Leben gebettelt hat, was ging dir da durch den Kopf?
Peter: Versteh die Frage nicht.
Kripo: Er war doch dein Freund. Hattest du kein Mitleid?
Peter: Nee.

Weil Joachim Grauert seine Schmerzen nicht unterdrücken kann, beginnt Peter laut zu pfeifen. Thomas auch. Jetzt ist Joachim Grauerts Stöhnen nicht mehr zu hören – nur noch das Pfeifen der Mörder.
Die Spaziergänger bemerken die Männer am Ufer, reagieren aber nicht auf sie. Dann sind die unliebsamen Zeugen weg. Thomas will von Joachim Grauert wissen, wo das Messer ist. »Ich habe es rausgezogen und weggeworfen.« Einige Minuten lang wird gesucht, vergeblich.
Erst jetzt bemerken Peter und Thomas im Uferbereich einen Lagerplatz, etwa dreißig Meter entfernt. Ob sich dort jemand aufhält, können sie nicht feststellen. Es könnte aber so sein. Die Sache am See wird ihnen zu heiß. Joachim Grauert muss »weg«.

Kripo: Wann habt ihr den Entschluss gefasst, Joachim Grauert zu töten?
Peter: War sowieso klar.
Kripo: Kannst du das genauer erklären?
Peter: Das war so abgemacht.
Kripo: Bevor ihr zu ihm hingefahren seid?
Peter: Klar.

Peter belügt Joachim Grauert, er werde seinen Wagen holen und ihn ins Krankenhaus fahren. In der rechten Hosentasche des Verletzten findet Thomas den Autoschlüssel und übergibt ihn Peter. Der macht sich auf den Weg.
Joachim Grauert liegt jetzt seitlich auf dem sandigen Boden und krümmt sich vor Schmerzen, blutet.
»Ich halte das nicht mehr aus.«
»Doch, du schaffst das, gleich kommt Hilfe.«
»Ich schaffe es nicht. Ich verblute.«
»Quatsch, das schaffen wir schon. Kannst dich drauf verlassen.«
»Ich habe so starke Schmerzen. Ich schaffe das nicht.«
So geht es eine Weile hin und her.
Thomas bekommt es mit der Angst zu tun. Er befürchtet, alsbald von Passanten bemerkt zu werden, noch bevor sein Kumpan zurück ist.
»Pass auf, Joachim. Wenn einer kommt und uns entdeckt, sage ich, dass ich dich so gefunden habe. Klar?«
Joachim Grauert versteht, worauf Thomas hinauswill. Er muss den jungen Mann, der ihn eben noch töten wollte, jetzt für sich gewinnen, ihm eine menschliche Regung abgewinnen, um zu überleben. Und er muss ihn davon überzeugen, keine Gefahr für ihn darzustellen.
»Wenn einer kommt«, flüstert Joachim Grauert, »sage ich, dass es Ausländer waren, die mich überfallen haben. Mach dir keine Sorgen, das geht klar.«
Joachim Grauert hält Wort. Als kurz darauf abermals Spaziergänger vorbeikommen und so dicht an ihnen vorbeigehen, dass man sich die Hände reichen könnte, unterdrückt Joachim Grauert seine Schmerzen und ruft auch nicht um Hilfe. Und so bleibt es bei der Begegnung mit den Passanten nur bei einem gegenseitigen »Hallo«.
Endlich ist Peter zurück. Shakehands der Mörder. Joachim Grauert wird rüde auf den Rücksitz des Wagens bugsiert. Pe-

ter fährt in die Nähe eines Waldgebietes, das er kennt, und hält unweit einer Wiese. »Wir sind da. Am Krankenhaus. Komm, steig aus«, lügt Peter. Doch Joachim Grauert hat längst bemerkt, dass man auf freiem Feld steht. Er will nicht aussteigen. Er will nicht abgelegt werden wie Müll. Er will nicht sterben. Nicht hier. Nicht jetzt. »Könnt ihr mich nicht wenigstens unten an der Straße rauslassen?« Thomas und Peter schauen sich nur kurz in die Augen. Kein Zurück. Kein Pardon!

Kripo: Warum habt ihr ihn nicht ins Krankenhaus gefahren? Er hatte doch versichert, die Geschichte vom Überfall durch Ausländer zu erzählen?
Peter: Homos kann man nicht trauen.
Kripo: Worum ging es dir eigentlich bei der Sache?
Peter: Töten. Ich wollte einen killen.

Thomas und Peter steigen aus. »Ich habe noch ein zweites Messer«, sagt Peter leise, »damit machen wir den alle.« Seelenruhig setzt er sich wieder in den Wagen und kramt ein Paar Handschuhe hervor, die er sich überstreift. Joachim Grauert ahnt, was nun folgen soll. Mit letzter Kraft bäumt er sich auf und versucht zu flüchten. Wieder ist es Thomas, der ihn aufhält, diesmal tritt er dem Schwerstverletzten unbarmherzig die Beine weg. Sekunden später kniet Peter über Joachim Grauert und rammt ihm ein Klappmesser in die Brust. Einmal. Zweimal. Dann so lange, bis Joachim Grauert kein Lebenszeichen mehr von sich gibt.
Annehmend, der Mann sei tot, gehen sie zurück zum Wagen. Feixend. Als Thomas sich noch einmal umdreht, sieht er, wie Joachim Grauert versucht, sich aufzurichten. »Gib mir das Messer!« Thomas stürmt auf Joachim Grauert zu und sticht in kurzen Abständen auf den Sterbenden ein. »Gib her!« Peter ist hinzugeeilt und fordert das Messer zurück.

Kripo: Die Stiche im Gesichtsbereich. Warum hast du gerade dorthin gestochen?
Peter: Weiß nicht.
Kripo: Keine Ahnung?
Peter: Der sollte endlich ruhig sein. Seine Fresse halten. Tot sein. Der war echt zäh.
Kripo: Warum hast du denn in die Augen gestochen?
Peter: Der hat so blöd geguckt. Da war ich ganz oben. So wie high sein.

Um sicherzugehen, dass Joachim Grauert diese Tortur nicht vielleicht doch überlebt haben könnte, wird das Opfer noch achtmal mit seinem Pkw überrollt und anschließend hinter einem Gebüsch abgelegt. Es ist jetzt 22.45 Uhr.
Thomas und Peter fahren zurück zum König-Heinrich-Platz und säubern den Wagen von ihren Fingerspuren. Wenig später prahlen sie vor den anderen Jugendlichen mit dem, was sie soeben verbrochen haben. Keiner der Anwesenden bedauert Joachim Grauert. Keine Anteilnahme. Es werden keine Bedenken geäußert. Es regt sich kein Widerspruch. Es werden auch keine Vorwürfe laut. Stattdessen unverhohlene Bewunderung für die Mörder. Und alle sind sich einig, die Geschichte für sich zu behalten. Die Hand drauf. Thomas und Peter müssen geschützt werden.
»Grausiger Mord im Wald«, »Verstümmelte Leiche gefunden«, »Bestialische Tat in den Abendstunden«. Die Tageszeitungen der Region haben ihren Aufmacher, und die Mörder haben allen Grund, sich darüber zu freuen. Thomas kommt euphorisiert, lauthals jubelnd und eine Zeitung schwenkend zum Bolzplatz: »Perfekter Mord – immer gut getroffen!« Er liest den entsprechenden Artikel den anderen laut vor. Wieder herrscht allgemeine Begeisterung, die auch noch einige Tage anhält – bis die verhinderte Mörderin und Mitwisserin Chantal Breitkreuz das allgemeine Totschweigen beendet.

Dass Thomas Basler und Peter Brückmann aus reiner Mordlust gehandelt haben, erscheint naheliegend. Denn: »Dieses Merkmal ist gegeben, wenn der Täter aus unnatürlicher Freude an der Vernichtung eines Menschenlebens handelt« und es dem Täter darauf ankommt, einen Menschen sterben zu sehen, urteilt dazu der Bundesgerichtshof. Das Opfer wird also aus Zeitvertreib, aus Angeberei, aus Mutwillen ermordet, oder aber der Täter empfindet die Tötung als Nervenkitzel bzw. »sportliches Vergnügen«. Kennzeichnend ist auch die grundsätzliche Austauschbarkeit des Opfers. In diesem Zusammenhang drängt sich der Vergleich mit einschlägigen Computer- bzw. Videospielen auf – sogenannten Ego-Shootern –, die einzig darauf angelegt sind, frei von gesellschaftlicher Relevanz und Zweckmäßigkeit möglichst viele Menschen in möglichst kurzer Zeit zu vernichten. Massenmord per Mausklick.

Die Tötung aus Mordlust unterscheidet sich von anderen Mordmotiven im Sinne des Paragraphen 211 des Strafgesetzbuches dadurch, dass bei ihr der Tod des Opfers der alleinige Zweck der Tat ist. Mit diesem Merkmal sollen insbesondere solche Fälle erfasst werden, bei denen weder ein in der Person des Opfers oder in der besonderen Tatsituation liegender Anlass noch ein über das Tötungsdelikt hinausgehender Zweck die Tat bestimmt. Mit anderen Worten: Ich töte allein, um zu töten. Und ich habe Spaß dabei. Allerdings sollte »Spaß« bzw. »Freude« nicht mit einem allgemeinen psychopathologischen Zustand gleichgesetzt werden, der in dieser Form nicht existiert und auch nicht zweifelsfrei nachgewiesen werden kann.

Haben die Täter im vorliegenden Fall aus Mordlust gehandelt? Spielten andere Motivationen eine Rolle? Thomas Basler und Peter Brückmann litten jedenfalls nicht unter Geldmangel. Joachim Grauert wurde auch nicht beraubt. Habgier als Motiv scheidet also aus. Auch sexuelle Motive wurden weder vor der Tat geäußert, noch wurden später Missbrauchshandlungen ausgeführt. Wut, Hass oder Rache spielten auch unter Berücksichtigung der intimen Vorbeziehung zwischen Joachim Grauert und Thomas bei der Tat ebenfalls keine Rolle, weil das Opfer innerhalb der Gruppe der Jugendlichen insbesondere wegen seiner Umgänglichkeit und Freigiebigkeit allgemein als »netter Kerl« galt. Es ging den Tätern allein darum, einen Menschen zu töten, seine Existenz auszulöschen, sich am Sterbevorgang zu berauschen. Peter jedenfalls fand das einfach nur »geil«. Ein Fall wie aus dem juristischen Lehrbuch, zumal Joachim Grauert als Opfer austauschbar erscheint. Wäre er nicht verfügbar gewesen, hätte man ein anderes Opfer ausgeguckt, wahrscheinlich einen x-beliebigen »Homo« bzw. jemand aus einer anderen sozialen Randgruppe.

Auch wenn das Motiv der Mordlust zwanglos und plausibel hergeleitet werden kann, erscheint dieser Fall weniger geeignet, um nach der Ursache für das »großartige Gemetzel« zu fragen.

Zugegeben: Thomas Basler und Peter Brückmann haben sich durch ihr unstetes und undiszipliniertes Verhalten in eine soziale Außenseiterposition manövriert, sie ignorieren elterliche und schulische Autoritäten, erscheinen demotiviert, derangiert und deplaziert, zeigen kaum Eigeninitiative, vernachlässigen ihre Berufsausbildung, lassen erhebliche Persönlichkeitsdefizite erkennen, insbesondere Gemütsarmut, emotionale Instabilität, hohes Aggressionspotenzial, verminderte Impulskontrolle und ausgeprägte Insuffizienzgefühle, neigen dementsprechend zu kriminellen Handlungen und Gewalttätigkeiten. Verlieren sie sich schließlich *deshalb* in von Mordlust geprägten surrealen Gewalt- und Tötungsszenarien, die sie letztlich auch kaltblütig und skrupellos umsetzen?

Aber: Falls solche idealtypischen Voraussetzungen und Entstehungsbedingungen für Mordlust existieren sollten, dann müsste es dementsprechend auch so viele Täter geben. Doch das Gegenteil ist der Fall. Kriminalstatistisch gesehen spielt »Mordlust« keine Rolle, selbst dann nicht, wenn man sich bei dieser vergleichenden Betrachtung auf Tötungsdelikte beschränkt. Zudem gibt es viele Menschen, die ähnlich brüchige Viten aufweisen und vergleichbare Charakteranomalien erkennen lassen wie Thomas Basler und Peter Brückmann, die jedoch ganz überwiegend nicht kriminell werden. Es sind demnach nicht nur die oben beschriebenen ungünstigen sozialen Rahmenbedingungen und die von der Norm abweichenden Charaktereigenschaften der Täter, die als Ursachen für derlei Gewaltexzesse in Betracht zu ziehen sind, gleichwohl dürften sie mit im Einzelfall unterschiedlicher Ausprägung und Intensität dazu beitragen. Diese vorsichtige Schlussfolgerung erscheint gerechtfertigt, zumal sie kriminalgeschichtlich vielfach und eindrucksvoll belegt werden kann.

Trotzdem ist dieser Kriminalfall lehrreich und darf als Paradebeispiel für ein soziologisches Modell gelten, das einzelne Phasen beschreibt, die auf gruppenspezifischen Prozessen basieren und eine entsprechende Täterklientel generieren, also mindestens zwei, die später gemeinschaftlich als Täter agieren und tödliche Gewalt ausüben.

Prägungsphase

Die Gruppe besteht aus Personen mit ähnlichem sozialem Status und bekennt sich zu nicht gesellschaftskonformen Werten: Straftaten werden gebilligt, körperliche Gewalt gilt als akzeptiertes Mittel zur Durchsetzung gruppenspezifischer oder individueller Bedürfnisse. Das Gruppengefüge

wird dominiert von Wortführern und Mitläufern. Eine alleinige Führerschaft ist eher die Ausnahme. Das Miteinander wird insbesondere gekennzeichnet von Imponiergehabe. Freundschaften entstehen in diesem Rahmen selten, es entwickelt sich vielmehr eine Zweckgemeinschaft.
Nicht selten handelt es sich um Jugendliche, die selbst Opfer von Gewalt geworden sind, meist in der eigenen Familie. Das Freizeit- und Sozialverhalten ist vornehmlich geprägt von Langeweile, Desorientierung, Misserfolgserlebnissen und Zurückweisungen. Die Gruppenzugehörigkeit indes garantiert persönliche Sicherheit, sofern die Gruppenregeln nicht verletzt werden. Häufig entstehen Vorstellungen von allgemeiner Überlegenheit, da man gesellschaftliche Konventionen negiert und Grenzen häufig folgenlos überschreitet. Prägend ist die Erkenntnis, durch die Stärke der Gruppe die eigene Unzulänglichkeit und Ohnmacht überwinden zu können. Grenzverletzungen sind erwünscht und legitimiert. Mitunter existiert ein entsprechender Ehrenkodex, der zum gegenseitigen Stillschweigen Dritten gegenüber verpflichtet.
Thomas Basler und Peter Brückmann gehören einer Gruppe von Jugendlichen an, die zwar nur lose untereinander verbunden sind, aber, wenn es darauf ankommt, als Gruppe nach außen geschlossen auftreten. Straftaten werden teilweise gemeinsam ausgeführt, wie beispielsweise der Überfall auf den älteren Herrn in der Toilettenanlage. Sie befeuern das Gemeinschaftsempfinden und vermitteln auch dem Einzelnen Gefühle der Überlegenheit und Stärke. Einen wehrlosen Menschen gnadenlos niederzuknüppeln wird als aufregend und abenteuerlich erlebt. Auch persönliche Bedürfnisse dürfen in diesem Rahmen rigoros ausgelebt werden, ohne interne oder juristische Konsequenzen fürchten zu müssen. Gewalt ist immer ein Thema. Peter Brückmann hat es in einfachen Worten so ausgedrückt: »Hat Laune gebracht.«

Diskussionsphase

Wie es dazu kam, wissen die meisten Angehörigen der Gruppe später nicht mehr, aber plötzlich ist es da: ein Thema, das viele anspricht und inspiriert. Es wird immer wieder aufgegriffen und erfährt bald allgemeine Akzeptanz und eine übergeordnete Bedeutung, weil es geeignet erscheint, die Stärke und Einzigartigkeit der Gruppe, aber auch des Einzelnen zu unterstreichen. In der Regel geht es bei den Gedankenspielen um die gewaltsame Abgrenzung der Gruppe nach außen, in diesem Kontext können beispielsweise politische, gesellschaftliche oder religiöse Themen eine Rolle spielen, die geeignet sind, ein eigenes soziales Profil zu entwickeln bzw. zu schärfen und zu stärken. Dabei werden unterschiedliche Gewaltszenarien aufgebaut, die Bilder im Kopf überschlagen sich.

»Einen allemachen« – darüber schwadronieren nicht nur Thomas Basler und Peter Brückmann, sondern nach kurzer Zeit die gesamte Gruppe; vornehmlich dann, wenn man bei einer Flasche Bier zusammensteht. Das müsse »doch geiler sein«, als »den Alten wegzuklatschen«, ist der allgemeine Tenor. Bald gibt es kein anderes Thema mehr, das so oft und so offen diskutiert wird. Die gedanklichen Ausschmückungen, wie ein Mensch getötet werden soll, sind durchdrungen von Zynismus und Grausamkeit, plötzlich erscheint alles leicht und alles möglich: Es müsse ein »herrliches Massaker« werden, meint beispielsweise Peter Brückmann. Wen es letztlich treffen soll, bleibt zunächst zweitrangig.

Identifikationsphase

Das Thema ist nun allgemein anerkannt und allgegenwärtig. Die Gruppe identifiziert sich mit diesem Leitgedanken. Eine Gegenrede Einzelner unterbleibt in der Regel, weil sie befürchten, innerhalb der Gruppe ihren Status einzubüßen oder ausgegrenzt zu werden. Die Verantwortung des Einzelnen für die beabsichtigte Grenzüberschreitung wird abgelegt auf der Ebene der Gruppenverantwortlichkeit. Damit sinkt auch die Hemmschwelle, Verbotenes zu tun. Das bloße Gedankenspiel wird jetzt als realisierbares Szenario anerkannt und angestrebt. Auch wird häufig während dieser Phase eine bestimmte soziale Randgruppe als opfertauglich etikettiert, die mit gängigen Vorurteilen belegt werden kann. Die angestrebte Grenzverletzung hat inzwischen etwas Demonstratives und erfährt so eine Pseudo-Rechtfertigung. Erst jetzt erscheinen inkriminierte Handlungen aus der Gruppe heraus tatsächlich realistisch und durchführbar, die sich der Einzelne unter anderen Umständen nicht zutrauen und auch nicht anstreben würde.

Innerhalb der Jugendgruppe am König-Heinrich-Platz herrscht bald Einigkeit, nicht nur darüber zu palavern, wie ein Mensch ermordet werden soll, sondern es auch zu tun. Das macht die ganze Sache noch spannender, aufregender, lebendiger. So entwickelt sich schon nach kurzer Zeit eine pathologisch eingefärbte, emotionale Eigenwelt innerhalb der Gruppe, es erscheint grundsätzlich reizvoll, sich mit gewalttriefenden Vorstellungen gegenseitig zu beeindrucken und zu übertrumpfen. Schließlich einigt man sich auf einen »Homo« als Opfer, solche Menschen hätten es »sowieso verdient«, lautet die jenseits der sozialen Wirklichkeit und Sinnhaftigkeit verortete Begründung. Nun ist es keine Frage mehr, ob es passieren wird, sondern nur noch, wann. Die Uhr tickt immer lauter.

Zielfindungsphase

Während dieser Periode verliert das Thema seine Unverbindlichkeit, weil mit ihm konkrete Ziele verknüpft werden – das Opfer wird personalisiert. Obwohl das Opfer grundsätzlich beliebig erscheint, besteht häufig zwischen der Gruppe, das heißt zwischen den einzelnen Mitgliedern und dem Opfer, eine Vorbeziehung, weil das diskriminierende Merkmal sonst nur schwer oder gar nicht festgestellt werden kann. Als Gruppenziel wird ebenso vereinbart, den Tätern nach der Tat beizustehen und Hilfestellungen zu geben.

Joachim Grauert wird als Opfer nur deshalb favorisiert, weil er homosexuell und grundsätzlich verfügbar ist. Ihm können bedenkenlos negative Eigenschaften zugeschrieben werden, die aus Vorurteilen abgeleitet sind und die sonst positive Meinung über ihn atomisieren. So entsteht ein entpersonalisiertes Feindbild. Joachim Grauert ist jetzt in der Vorstellungswelt der Gruppe kein beachtenswerter Mensch mehr, sondern nur noch bloße Zielscheibe.

Rollenverteilungsphase

Nun werden konkrete Tatbeteiligungen festgelegt. Entscheidend sind dabei Alter, Status innerhalb der Gruppe und das persönliche Durchsetzungsvermögen. Rollenverteilung bedeutet aber in der Regel nicht, dass dezidiert darüber entschieden wird, wer welchen Tatbeitrag wie ausführt, sondern wer an der Tat überhaupt teilnehmen soll und auch darf. Diese Aufteilung ist erforderlich, weil die Gruppe häufig zu groß ist, um als solche die Tat begehen zu können, und einzelne Mitglieder lediglich bedingt oder überhaupt nicht geeignet erscheinen. Die Gruppe teilt sich deshalb jetzt in zwei Fraktionen auf: Mittäter und Mitwisser.

Als am König-Heinrich-Platz über Joachim Grauerts weiteres Schicksal entschieden wird, drängen alle danach, doch mitmachen zu dürfen, selbst die Mädchen wollen es sich nicht nehmen lassen, das ausgeguckte Opfer möglichst eigenhändig niederzumachen. Vier Jungen im Alter von 15 bis 17 Jahren werden nach kurzer Diskussion für die Tat nominiert, wobei Thomas Basler und Peter Brückmann die Führungsrolle zugesprochen wird. Sie gelten als besonders brutal und kaltblütig. Insbesondere den Mädchen traut man eine solche Tat nicht zu, »weil die später vielleicht quatschen«.

Vorbereitungsphase

In der Mehrzahl der Fälle erfolgt keine minutiöse Tatplanung, es wird vielmehr ein grober Rahmen abgesteckt, in welchem Zeitraum (Wochentag oder Wochenende) die Tat zu welcher Tageszeit (Tageslicht oder Dunkelheit) stattfinden und wie (Auswahl der Tatmittel) sie durchgeführt werden soll. An den Vorbereitungshandlungen beteiligen sich meistens nur die als Täter in Frage kommenden Gruppenmitglieder.

Während Thomas Basler sich gar nicht auf die Tat vorbereitet, beschafft sich Peter Brückmann zwei Messer: eins aus dem Bestand seiner Großmutter, das andere stiehlt er im Supermarkt. Dann präpariert er noch seine Kleidung, um die Messer ungesehen transportieren zu können. Schließlich trainiert er, die Messer blitzschnell hervorzuziehen und zuzustechen. Dann ist er so weit. Dann ist es so weit.

Umsetzungsphase

Die Tat wird regelmäßig geprägt von erschreckender Grausamkeit, Mitleidlosigkeit und Kaltblütigkeit der Täter und erstreckt sich über einen vergleichsweise längeren Zeitraum. Nach dem ersten Kontakt mit dem Opfer muss erst noch nach einer geeigneten Örtlichkeit gesucht werden. Die Tötungshandlung ist nahezu ausnahmslos gekennzeichnet durch überbordende Gewalt, die auch einen folterähnlichen Charakter haben kann. Alle Täter üben Gewalt, teils in unterschiedlicher Form, unmittelbar aus. Selten werden dabei Distanzwaffen eingesetzt. Die Leiche wird nicht versteckt, sondern liegengelassen – entweder als Symbol der vermeintlichen eigenen Großartigkeit und Stärke oder aus purer Gleichgültigkeit.

Für Thomas Basler und Peter Brückmann besteht von vornherein kein Zweifel daran, dass Joachim Grauert die Fahrt zum Baggersee nicht überleben darf. Der Tötungsakt wird – wenn auch im Wesentlichen bedingt durch die äußeren Umstände (Spaziergänger) – über quälend lange 30 Minuten hinweg vollzogen. Joachim Grauert erleidet eine Vielzahl von Verletzungen: immer wieder Stiche, Schläge, Stiche, Tritte, Stiche, verteilt auf Kopf und Oberkörper. Peter Brückmann wird es dabei »warm«, er spürt ein »Kribbeln«. Thomas Basler hat sich zur inneren Tatseite nicht geäußert. Aber auch sein Verhalten, insbesondere die dem Opfer beigebrachten Stichverletzungen, lassen auf große Entschlossenheit und eine hohe Emotionalität schließen. Nachdem der Sterbende mehrfach mit dem Pkw überrollt worden ist, wird der Leichnam in einem Waldstück abgelegt. Es ist vollbracht.

Reflexionsphase

Die Täter kehren nicht selten schon kurz nach der Tötung zur Gruppe zurück und berichten detailliert über den Tathergang. Sie ernten dabei nicht nur Zustimmung, sondern auch Bewunderung. Durch die positive Rückmeldung fühlen sich die Täter abermals bestätigt, eine gerechtfertigte Tat ausgeführt und letztlich den Gruppenwillen vollstreckt zu haben. Gefühle der Reue oder Skrupel kommen deshalb gar nicht erst auf.

Thomas Basler und Peter Brückmann werden nicht nur am König-Heinrich-Platz für ihre vermeintliche Großtat gefeiert, sie fühlen sich auch durch die Berichterstattung in den Medien in ihrer besonderen Rolle als Täter vollauf bestätigt. Nicht nur das Gruppenziel ist erreicht worden, auch die Täter glauben ernsthaft, man müsse ihnen Respekt zollen. Gleichzeitig wird der Taterfolg durch einzelne Mitglieder der Gruppe auch als Herausforderung verstanden, es ihren Vorbildern gleichzutun. Es ist sicher kein Zufall, dass sechs Monate später wieder jemand aus der Gruppe am König-Heinrich-Platz einen Mord an einem Homosexuellen begeht: Täter ist diesmal Bernd Fischer, der bereits bei Joachim Grauerts Tötung »liebend gerne« mitgemacht hätte, nur eben an diesem Abend »leider« verhindert war.

Maximalphantasie

Jonas Klingbeil hat schon reichlich getrunken, wie viele Gläser Bier es waren, weiß er nicht, vielleicht sieben oder acht. Der 23-Jährige ist allein unterwegs, wie immer, und beobachtet verstohlen die Gäste, auch wie immer, vor allem die weiblichen. Alles wie gehabt. Er gibt der Kellnerin ein Zeichen. Bald steht das nächste Glas Bier vor ihm auf dem Tresen. Er schaut der Bedienung hinterher. Die vielleicht? Seine Gedanken schweifen ab.

Das war in der ersten Zeit, da war ich vielleicht sieben oder acht Jahre alt, keine konkreten Phantasien. Das war eher ein Abgleiten oder ein Übergang in eine andere Ebene, also mehr nach innen gerichtet. Das funktionierte nur, wenn ich alleine war. Das war so, als wenn ich mich nach außen hin abgeschaltet hätte, also um mich herum nichts mehr wahrgenommen habe. Tagtraum ist wohl der richtige Begriff dafür. Einfach eine Welt, in die man flüchten kann, wo man nicht geärgert wird, wo einem keiner was kann. Ich war dann umgeben von Farben oder Landschaften, Sonne, Meer. Es war warm und angenehm. Da waren aber keine Personen. Ich konnte mich selbst nicht sehen. Das hat mich sehr beruhigt. Das war richtig gut. Ich fühlte mich da irgendwie sicher.

Seit Jahren ist er von dieser Vorstellung regelrecht besessen. In seiner Phantasie ist es schon x-mal passiert. Wieder und wieder stellt er es sich vor: Er ist ein überaus erfolgreicher Jäger, der keine Gnade kennt. Ein Zerstörer. Ein kaltblütiger Killer.
Jetzt sitzt er wieder in einer Kneipe und kämpft mit sich: Soll

ich? Wo? Wen? Wann? Nur wie er sein Opfer töten will, das steht fest. Das muss so sein. Anders geht es nicht.

Irgendwann gab es eine Veränderung. Aus den Träumereien wurden bestimmte Situationen und Handlungen, die ich beeinflussen konnte. Ich war jetzt nicht mehr einfach nur anwesend, also Teil eines Geschehens, sondern konnte die Personen beeinflussen. Die mussten dann das machen, was ich wollte. Es waren aber keine vollständigen Bilder wie im Fernsehen, sondern das war irgendwie abstrakt, so einzelne Szenen. Ich gebe mal ein Beispiel: Meine Mutter kommt in mein Zimmer, wenn ich bei den Hausaufgaben bin, und schaut mir über die Schulter. In der Wirklichkeit gab es dann regelmäßig Gemotze, in meiner Phantasie aber nicht. Die ging einfach wieder raus und sagte nichts. Das war für mich eine einschneidende Erfahrung. Ich konnte die Realität verformen, und zwar in meinem Sinne. Deshalb war ich ab diesem Zeitpunkt häufiger als vorher in dieser anderen Welt. Wenn ich eine schlechte Phase hatte, dann war ich fast ständig dort.

Er trinkt das Bier aus und bezahlt, verlässt die Kneipe, schlurft Richtung Henselmann-Arkaden. Es wird allmählich dunkel. Jonas Klingbeil schaut auf die Uhr: 17.15 Uhr. Das großflächige Einkaufszentrum wurde vor drei Jahren gebaut und befindet sich südöstlich der Innenstadt. Nur noch fünf Gehminuten, dann ist er da. Das ehemalige Künstlerviertel entwickelte sich zu einem vielbesuchten Shoppingcenter, und er ist gerne dort. Da kennt ihn niemand. Vor allem erkennt ihn niemand. Anonymität bedeutet für ihn Schutz und Sicherheit. Niemand achtet auf ihn. Niemand interessiert sich dafür, was er denkt, fühlt, begehrt. Das würde auch niemand verstehen. *Das* nicht.

Meine Phantasien als Junge im Alter von zehn oder elf Jahren waren keine vollständigen Bilder wie im Fernsehen, also mit Personen und einer bestimmten Umgebung. Es war eher so, dass ich wusste, wer das war und wo ich mich mit dieser Person befand. Mehr konnte ich eigentlich nicht sehen. Das hat mich auch nicht interessiert. Es war also kein klares Bild, sondern eher verschwommen. Entscheidend war für mich, dass ich diese Person, manchmal war es auch eine Gruppe, beeinflussen konnte, also in meinem Sinne. Ich fühlte mich dadurch stark und irgendwie auch unbesiegbar. Keiner kam an mich ran, aber umgekehrt schon.

Die lichtdurchfluteten Ladenstraßen mit Rotunden und Springbrunnen befinden sich auf vier Ebenen der Einkaufsgalerie. Zielstrebig durchquert er das weitläufige Gebäude im Parterre, die zahlreichen Lebensmittelgeschäfte und Fachmärkte links und rechts interessieren ihn nicht. Er nimmt die Rolltreppe. Im ersten Stock angekommen, stellt er sich an das Geländer und hält Ausschau; wie ein Jäger auf seinem Hochsitz. Seine Augen kleben förmlich an Frauen, die ihm gefallen und die er gerne töten würde.
Als er sich sattgesehen hat, führt ihn sein Weg ins »Pavillon«, eine eher unauffällige Kneipe, etwas versteckt gelegen am Ende der Ladenzeile, keine 20 Meter entfernt. Er verkehrt hier nicht regelmäßig. Dadurch will er vermeiden, dass man sich an ihn erinnert, wenn es passiert. Jonas Klingbeil realisiert mittlerweile, dass es passieren wird. Es ist nur noch eine Frage der Zeit. Und einer sich bietenden Gelegenheit.

In meiner Phantasie habe ich bestimmte Personen zu einer bestimmten Handlung gezwungen. Damit meine ich, dass die nicht nur machen mussten, was ich wollte, sondern die wurden von mir auch beschimpft oder beleidigt. Ich habe die richtig zur Sau gemacht. Das waren immer die Leute, die mich in der Schule beleidigt oder verprügelt haben. Zum Schluss lagen die auf dem Boden und haben mich mit weit aufgerissenen Augen angeglotzt. Da konnte ich mich richtig reinsteigern. Das mit dem Auf-dem-Boden-Liegen musste so sein, das war schon irgendwie zwanghaft. Sonst hätte es mir nichts gebracht, also kein gutes Gefühl. Diese Phantasien waren für mich so eine Art Ausgleich. Gedacht habe ich mir dabei nichts. Ich fand das normal.

Jonas Klingbeil ist jemand, der nicht auffällt, an dem man eher vorbeischaut: 1,75 Meter groß, schmale Statur, dunkelbraunes, akkurat nach links gescheiteltes Haar, schlitzartige, dunkle Augen, dickrandige Brille mit Horngestell, leicht nach unten gebogene Nase, schmale Lippen, blasse Gesichtsfarbe. Ein Jedermann.
Noch ein Bier. Er schaut sich um. Frauen in Begleitung scheiden aus. Zu gefährlich. Genau genommen ist es ihm egal, wie eine Frau aussieht. Er ist nicht fixiert auf einen bestimmten Typ, nur fraulich sollte sie sein. Und nicht unbedingt jünger als er, eher älter.

Mädchen spielten in meinen Phantasien erst eine Rolle, als ich in die Pubertät kam, als ich mir des anderen Geschlechts bewusst wurde. Es war ja nicht so, dass ich bei denen gut angekommen wäre. Das habe ich schon gemerkt. Das Interesse meinerseits war schon da. Ich wollte auch mal mit einem Mädchen in Kontakt kommen, auch sexuell. Wobei ich mir darunter erst mal nicht sehr viel vorstellen konnte. Meine Klassenkameraden haben mir davon aber immer vorgeschwärmt, wie toll das ist. Aber es war eben so, dass ich mich nicht getraut habe. Ich hatte große Angst, abgewiesen zu werden und wie der letzte Depp dazustehen. Und dann habe ich angefangen, Mädchen in meine Phan-

tasien einzubauen. Das Sexuelle spielte erst mal keine Rolle. Es ging mehr darum, die Mädchen zu unterdrücken, denen meinen Willen aufzuzwingen. Ich war ganz oben, die waren ganz unten.

Die Zeit geht dahin. Gegen 19.30 Uhr verlässt Jonas Klingbeil etwas missmutig das Lokal und fährt mit dem Fahrstuhl ins Untergeschoss des Einkaufszentrums. Dort wird zurzeit umgebaut, nur die öffentlichen Toiletten können benutzt werden. Ein ziemlich unwirtlicher Ort.
Kein Mensch ist zu sehen. Stille. Irgendwie unheimlich, denkt er. Andererseits bieten sich ihm aus seiner Sicht hier ideale Rahmenbedingungen, um eine Frau zu überfallen und zu töten. Niemand würde etwas sehen oder hören. Niemand käme ihm in die Quere. Jetzt fehlt nur noch ein Opfer.
Jonas Klingbeil wartet also. Fünf Minuten. Zehn Minuten. Eine Viertelstunde. Außer einer Familie, die mit dem Fahrstuhl heruntergefahren kommt und sich wohl in der Etage geirrt hat, kommt niemand. Irgendwann verlässt ihn der Mut. Kein Verlangen mehr. Kein Kribbeln. Keine Geilheit. Schließlich geht er wieder nach oben und setzt sich im Erdgeschoss auf eine Bank. Er wartet, beobachtet, wägt ab.

Die Mädchen, die ich in meiner Phantasie zu einem bestimmten Verhalten gezwungen habe, waren identisch mit denen, die ich nett fand, die mich aber ignoriert haben oder die abweisend zu mir waren. Andere Mädchen waren für mich uninteressant. Es war also so, dass von diesem Mädchen irgendwas Negatives in meine Richtung kam. Eine blöde Bemerkung oder so. Oder dass die mich so blöd angeguckt hat, dass ich wusste, was die von mir hält: nichts. Genau die hab ich mir dann in meiner Phantasie vorgenommen. Die mussten sich aber wehren. Ich habe die dann an den Haaren gezogen, auch mal geschlagen, übel be-

schimpft. Die nächste Stufe war, dass ich denen die Kleider vom Leib gerissen habe. Die Nacktheit war mir wichtig, weil das Mädchen mir dann besonders hilflos vorkam. Am wichtigsten war mir aber, dass die Angst vor mir hatten. Die mussten vor mir zittern. Ich musste die Panik in den Augen der Mädchen sehen können. Dieses Ausgeliefertsein. Ich habe die Macht über dich! Nur das hat mich befriedigt.

Als Jonas Klingbeil geradezu stoisch auf der Bank verharrt und überlegt, wie er die Tat begehen will, erinnert er sich unwillkürlich an eine Reportage, die er kürzlich bei einem Regionalsender gesehen hatte. Darin wurde berichtet, wie drei Jugendliche eine ältere Frau in einem Park überfallen, beraubt und anschließend getötet haben. Wenn er einmal so weit ist, denkt er, dann wird er sich nicht so dumm anstellen. So etwas wird ihm bestimmt nicht passieren. *Ihm* nicht.
Gerade als Jonas Klingbeil von der Bank aufstehen will, um sich einen anderen Standort zu suchen, geht eine ziemlich auffällig gekleidete und recht attraktive Frau an ihm vorbei. Ihr Alter schätzt er auf Anfang 30. Er bleibt sitzen und schaut der Frau hinterher. Sie benutzt nicht den Fahrstuhl oder die Rolltreppe, sondern steuert auf die Treppenanlage zu. Dann geht sie – nach unten!

Sexuelle Dinge kamen erst dazu, als ich zu onanieren anfing. Es war so, dass ich mir dann zum Beispiel vorgestellt habe, wie ich ein Mädchen in der Disco kennenlerne. Wir reden so, die findet mich nett. Wir tanzen miteinander. Dann möchte sie, dass ich sie nach Hause bringe. Das muss so sein. Dass sie mir vertraut, ist sehr wichtig. Wir gehen bei Dunkelheit durch einen Park. Erst bin ich noch nett, dann rede ich nur noch im Befehlston. Stehenbleiben! Fresse halten! Wenn du nicht stillhältst, bringe ich dich um!

Das Mädchen wehrt sich, ich überwältige sie aber. Sie liegt auf dem Boden. Dann reiße ich ihr die Klamotten runter. Sie liegt nackt vor mir und hat eine Riesenangst. Dann stehe ich auf und onaniere zwischen ihren Beinen. Genau an dieser Stelle kam ich zum Höhepunkt, also in der Realität.

Jonas Klingbeil steht auf und folgt der Frau. Jetzt oder nie! Das Adrenalin schießt ihm ins Blut. Er geht die Treppen hinunter. Die Frau ist nicht zu sehen. Sie kann eigentlich nur in der Damentoilette sein. Er dreht sich um und schaut, ob ihm jemand gefolgt ist.
Dann steht er vor der Damentoilette. Aufgeregt. Das Herz schlägt ihm bis zum Hals. Angriffsmodus. Er will die Frau nicht vergewaltigen, nicht missbrauchen, auch nicht quälen – einfach nur töten, auslöschen, beobachten, wie sie stirbt. Solch eine Chance ergibt sich so schnell nicht wieder. Die muss es sein. Die oder nie!

Im Grunde habe ich die Phantasien jeden Tag ausgelebt, so mit 15, 16 Jahren wurde es deutlich mehr, manchmal drei bis vier Mal am Tag. Weil ich an Mädchen nicht rangekommen bin, hat sich da schon ziemlich viel Frust angestaut. Es war so, dass ich irgendwie immer unter Strom stand, ich hatte so ein Druckgefühl, als wenn mir etwas auf der Seele liegt. Reden konnte ich mit niemandem über meine Probleme. Ich kam mir vor, als wäre ich lebendig begraben, könnte man sagen. Die einzige Möglichkeit, diese negativen Gefühle loszuwerden, waren meine Phantasien. Das hat mir schon Erleichterung verschafft. Es hat aber nicht lange angehalten. Dann ging es wieder los.

Er hat jetzt sein Bowie-Messer in der Hand. Das muss so sein, weil er sich die Sache immer so ausgemalt hat: mit dem Messer drohend, die Frau panisch, er dominant, sie unten, er

oben. Machtvoll. Ein ganz bestimmtes Szenario. Genau das hat er jetzt im Kopf. Genau das will er machen.
Vorsichtig lugt er um die Ecke. Die Frau steht mit dem Rücken zu ihm am Waschbecken. Das Wasser läuft. Die Frau ist so sehr mit Händewaschen und Lippenstift-Nachziehen beschäftigt, dass sie Jonas Klingbeil gar nicht bemerkt. Jedenfalls schätzt er die Situation so ein.

Neue Anregungen habe ich durch Videos bekommen. Da gab es in einem Horrorfilm eine Szene, die hat mich besonders angemacht: Ein Mann fährt mit seinem Wagen auf einer einsamen Landstraße. Dann taucht eine junge Frau auf, die am Straßenrand steht und mitgenommen werden möchte. Der Mann lässt die Frau einsteigen und fährt weiter. Es beginnt eine Unterhaltung. Dann biegt der Wagen in einen Feldweg ab. Der Mann zückt ein großes Bowie-Messer und zwingt die Frau auszusteigen. Die Frau wehrt sich. Der Mann schlägt die Frau brutal zusammen. Dann steht die Frau an einem Baum. Der Mann ist bei ihr und schneidet der Frau mit dem Messer die Klamotten vom Leib. Dann schaut er die Frau eine Weile verächtlich an. Die Frau hat große Angst. Ohne ein Wort zu sagen, schlitzt der Mann der Frau die Kehle auf. Diese Szene hat mich stark beeindruckt. Sie passte genau in mein Schema, also meine Phantasien. Danach habe ich mir immer vorgestellt, dass ich der Mann mit dem Bowie-Messer bin.

Er mustert sie: dunkelblonde Haare, schulterlang, lockig, knallrote Steppjacke, hautenge Jeans, hochhackige Schuhe. Er könnte jetzt über sie herfallen. Er dreht sich nochmals sichernd um. Plötzlich dreht sich aber auch die Frau um. Und mit dem, was sein eigentliches Opfer nun tut, hat er nicht gerechnet, damit nicht. Das kann doch nicht sein!
Die Frau bedroht ihn mit einer Pistole, die verdammt echt

aussieht. »Schmeiß das Messer weg!«, fordert sie ihn auf. Das Bowie-Messer schlittert über die Fliesen. »Und jetzt ein paar Meter zurück!« Jonas Klingbeil pariert. Er will wohl etwas sagen, nur bekommt er kein Wort heraus. Sie könnte jetzt alles von ihm verlangen. Nicht sie ist ihm ausgeliefert, sondern er ihr. Die Lust am Töten spürt er nicht mehr. Vielmehr wird er sich seiner erbärmlichen Situation bewusst, schämt sich. Jetzt will er nur noch weg, einfach weg.

Die Frau geht mit der Pistole auf seinen Kopf zielend an ihm vorbei, erst langsam, dann schneller werdend. Jonas Klingbeil macht keine Anstalten, sie aufzuhalten oder zu verfolgen. Stattdessen ist er ungemein erleichtert, als die Frau am Ende des Treppenaufgangs aus seinem Blickfeld endlich verschwindet. Es dauert noch eine Weile, bis er wieder klar denken kann, bis er begreift, was da gerade passiert ist. Dass es *ihm* passiert ist.

Später wird sich herausstellen, dass es eine Prostituierte gewesen ist, die ihm den Schneid abgekauft hat. Sie wird bei der Kripo aussagen: »Ich konnte den Typen durch den Spiegel hinter mir sehen. Dass der was von mir wollte, war mir schon klar. Da habe ich meine Gaspistole aus der Jackentasche gezogen und ihm die unter die Nase gehalten. Der hat nur noch blöd geguckt.«

Jonas Klingbeil verlässt in den nächsten Tagen, Wochen und Monaten seine Wohnung nur dann, wenn es sich nicht vermeiden lässt. Der Schock sitzt tief. Und die Angst, dass sie ihn wegen der Sache im Bahnhof holen kommen, einsperren und der Öffentlichkeit als Monster präsentieren. Er kann nicht ahnen, dass die Frau keine Anzeige erstattet hat.

Erst nach und nach kehrt das Gefühl der Sicherheit zurück, dann flammen die abnormen Phantasien wieder auf und beginnen ihn und sein Dasein und Sosein zu formen und zu beherrschen. Er nimmt diese inneren Vorgänge jetzt aber auch als unangenehm und unnatürlich wahr, wesensfremd, bedrohlich. Jonas Klingbeil hat nämlich verinnerlicht, dass er tatsächlich bereit ist, eine eigentlich unverrückbare Grenze zu überschreiten, ein Menschenleben auszulöschen. Diese Vorstellung geilt ihn nicht nur auf, sie macht ihm auch Angst. Im Laufe der Zeit entwickelt er regelrechte Abwehrmechanismen, um die ihn überfallenden Gedanken abzuwehren.

In der ersten Zeit war ich ziemlich erschrocken über mich selbst. Du bist doch krank, habe ich überlegt, du musst doch krank sein. Das kannst du doch nicht machen. Das war ein richtiger Kampf zwischen der Vernunft und der Gier, der Geilheit. Es war so, dass mir nach der Geschichte mit der Nutte im Bahnhof klar war, wie die Sache ausgehen konnte. Wenn ich klar im Kopf war und darüber nachgedacht habe, wollte ich das eigentlich nicht. Da habe ich schon mit mir gekämpft. Das war schon so ein bisschen wie Gut gegen Böse.

Jonas Klingbeil beginnt damit, seine Mobilität einzuschränken. Der Wagen bleibt stehen. Wenn er die Wohnung verlässt, geht er zu Fuß oder nimmt den Bus. Die Frauen, denen er begegnet und die als Opfer geeignet wären, schaut er nicht mehr an, er schaut nur noch weg. So gelingt es ihm, eine innere Distanz zu schaffen und sich abzulenken. Erst wenn er wieder zu Hause ist, gibt er seinen inneren Widerstand auf und lässt sich gehen.

Wie die Opfer in meiner Phantasie aussahen, war mir egal. Kinder und ältere Frauen gingen nicht. Männer auch nicht. In meinen früheren Phantasien waren es Mädchen, die mich verarscht hatten, jetzt richtete sich mein Hass irgendwie gegen alle Frauen. Es war mir auch egal, was die anhatten. Für mich war der Ablauf entscheidend, also Gegenwehr der Frau, überwältigen und Widerstand brechen,

Panik bei der Frau, Klamotten vom Körper schneiden. Und das Finale war dann die nackte und panische Frau, die von mir abgestochen wird.

Als Jonas Klingbeil beruflich zu scheitern droht, gerät er nicht nur finanziell unter Druck, sondern auch seelisch. Jetzt hat er plötzlich viel Zeit zum Nachdenken. Keine Ablenkung mehr. Den sich überschlagenden Phantasien hat er nun nicht mehr viel entgegenzusetzen. Er will sich aber auch nicht mehr zurückhalten.
Also beschafft er sich eine neue Waffe: ein Bowie-Messer der Firma Herbertz, AISI 420, Zinkdruckguss, Lederscheide. Die Klinge besteht aus rostfreiem Hochleistungsstahl und hat eine Länge von 15,5 Zentimetern. Für das Messer bezahlt er 29 D-Mark.

Die Opfer waren in meiner Phantasie namenlose Wesen. Erst hatten sie Ähnlichkeit mit der Frau, die im Film abgestochen wurde. Dann hat sich das irgendwie verlaufen. Wie die Frauen aussahen, war mir im Grunde egal, Hauptsache Frau. Es musste so sein, dass die sich irgendwann wehrten und richtig Panik bekamen. Alles andere hätte mich nicht erregt. Es kam mir darauf an, den Widerstand einer Frau zu brechen und sie zu besitzen. Der Tod der Frau war für mich der Höhepunkt. Einfach die Macht zu haben, das Leben dieser Frau zu beenden. Das war ein phantastisches Gefühl. Da ging nichts drüber.

Er ist jetzt wieder regelmäßig auf Tour – immer dann, wenn er diesen Drang, eine Frau zu töten, auch körperlich spürt. Dieses Kribbeln in der Magengegend. Diese innere Unruhe. Allerdings ist er nicht mehr zu Fuß unterwegs oder mit Bus oder Bahn, er nimmt seinen dunkelblauen Ford Escort. So erweitert er allmählich seine Jagdreviere, die er fast täglich abfährt – stets in der Hoffnung, es möge sich eine günstige Gelegenheit ergeben.

Und dann kam die Zeit, wo die Phantasie mich nicht mehr restlos satt machte. Mir fehlte etwas. Die Vorstellung allein reichte nicht mehr aus. Ich wollte das machen, endlich mal machen. Sexualität stand dabei nicht im Vordergrund. Es ging mir um das Töten an sich. Ich habe gedacht, dass es keinen größeren Kick geben kann, als eine Frau so abzustechen, wie ich es in meiner Phantasie schon so oft gemacht hatte. Ich möchte sagen, das war meine Maximalphantasie.

Seit etwa zwei Wochen stellt Jonas Klingbeil seinen Wagen auf dem Parkplatz der Universität ab, er steigt aber nicht aus. Mittlerweile hat er herausbekommen, dass es viele Studentinnen gibt, die altersmäßig seinem Opferprofil entsprechen und allein unterwegs sind. Schon die Szenerie zu beobachten und auf Frauen zu warten, über die er herfallen könnte, erregt ihn.

Es ist ja nicht so, dass du dir vorstellst, wie du eine Frau abstichst, und am nächsten Tag gehst du los und machst das. Nein, das ist eher ein langsames Herantasten. Wenn ich diesen Drang hatte, habe ich nicht meine Phantasie abgerufen und onaniert, sondern bin einfach mal losgezogen und habe mich rumgetrieben. Einfach mal geguckt, was geht, wo Frauen sind, die man überfallen kann.

Wenn er eine Frau erspäht, die er sich bei einer Tat vorstellen kann und die alleine unterwegs ist, verlässt er seinen Wagen und nimmt die Verfolgung auf.

Ich bin den Frauen hinterhergelaufen. Aber ich habe mich nicht an die rangetraut. Stattdessen habe ich mich in die

Büsche geschlagen und onaniert und mir vorgestellt, ich hätte die Frau weiter verfolgt und dann tatsächlich abgestochen. Diese Erlebnisse waren besonders stark.

Bei allem Jagdeifer realisiert Jonas Klingbeil aber auch, noch nicht so weit zu sein; sich auch tatsächlich wieder an ein Opfer heranzuwagen, es zu attackieren, in seine Gewalt zu bringen, zu beherrschen. Das Fiasko mit der Frau im Einkaufszentrum hat er nicht vergessen.

Als ich anfing, Frauen zu verfolgen, gab es in meiner Phantasie eine Veränderung. Die Opfer waren nicht mehr irgendwelche Frauen, sondern die, die ich verfolgt hatte. Ich habe mir vorgestellt, wie die Tat dann abgelaufen wäre. Dabei lag das Bowie-Messer vor mir auf dem Tisch. Das hat es für mich realer gemacht, das war der besondere Kick dabei. Also irgendwie an der Wirklichkeit näher dran zu sein. Für mich war das dann in dieser Situation Realität. Wenn ich fertig war, war das wie ein Aufwachen. Ich merkte aber auch, dass da etwas fehlte. Im Grunde war mir schon zu diesem Zeitpunkt klar, worauf das hinauslaufen würde.

Mehr und mehr findet er auch Gefallen daran, Elemente seiner imaginären Verbrechen und reale Schauplätze miteinander zu verbinden. Wenn er durch bestimmte Bezirke der Stadt stromert, ist er nicht einfach nur in Gedanken, sondern sucht gezielt nach Örtlichkeiten, die seinen abgründigen Vorstellungen entsprechen und die Durchführung einer Tat erlauben würden.

Dieser Drang, eine Frau abzustechen, der war im Grunde jeden Tag vorhanden. Besonders stark war dieses Gefühl, wenn es mal nicht so lief, ich Probleme hatte oder ich mir meiner beschissenen Situation bewusst wurde. Mir war schon klar, dass ich nicht normal bin, aber der Drang, eine Frau abzustechen, der hat irgendwann die Vernunft verdrängt. Ich konnte nichts dagegen tun. Und wenn ich ehrlich bin: Irgendwann wollte ich es auch nicht mehr. Dann war nicht die Frage, ob ich es mache, sondern nur noch, wann.

Im Laufe der Zeit lernt er nicht nur seine Jagdreviere immer besser kennen, sondern auch die potenziellen Opfer und deren Gewohnheiten.

Ich hatte mir mit der Zeit verschiedene Jagdzonen ausgesucht. Es war so, dass es Stadtgebiete waren, die ich kannte und wo die Möglichkeit bestand, auf eine Frau zu treffen, die alleine unterwegs war. Mit der Zeit wusste ich genau, an welcher Stelle ich zu welcher Zeit eine Tat machen könnte. Jedenfalls habe ich das angenommen. Es war so, dass ich mit der Zeit die eine oder andere Frau immer wieder beobachten und verfolgen konnte, weil die zu bestimmten Zeiten unterwegs war. Man kann schon sagen, dass ich so etwas wie eine Beziehung zu diesen Frauen aufgebaut habe, so eine Vertrautheit. Mit der Zeit habe ich denen Namen gegeben. Wenn die kamen, hab ich mir gedacht: Ach, guck mal, da kommt ja die Martina.

Es vergehen noch insgesamt sieben Monate, in denen Jonas Klingbeil Frauen nachstellt, sie aber letztlich unbehelligt lässt. Er tötet sie nur in seiner morbiden Parallelwelt, die keine Grenzen kennt, keine Scham, keinen Mut erfordert, keine Kaltblütigkeit. Doch irgendwann will er sich nicht mehr damit begnügen. Er ist fest entschlossen, *es* zu vollbringen. Bei nächster Gelegenheit.

Das hatte sich angedeutet, würde ich heute sagen. Das war kein Zufall. Zu der Zeit ging es mir auch nicht besonders. Ich war arbeitslos und hatte kaum Geld zur Verfügung. Große Spritztouren konnte ich deshalb nicht mehr machen. Da bin ich aufs Fahrrad umgestiegen.

Es ist etwa 15.45 Uhr, als Jonas Klingbeil an diesem Samstag mit seinem Fahrrad in einem Naherholungsgebiet unterwegs ist und eine Pause einlegt. Er stellt das Rad ab und setzt sich auf eine Bank. Kurz darauf sieht er, dass jemand denselben Weg genommen hat und auf ihn zufährt. Es ist eine Frau. Niemand ist bei ihr. Es ist eine junge Frau, erkennt er Augenblicke später. Seine Gedanken überschlagen sich. Bald ist sie da. Kurzer Blickkontakt. Nein. Er lässt sie vorbeifahren.

Es war so, dass mir das in dem Moment alles zu schnell ging. Ich konnte das Risiko nicht richtig einschätzen. Ob da irgendwo noch andere Leute waren. Das wollte ich unbedingt vermeiden.

Er überlegt einen Moment, schnappt sich dann aber sein Rad und fährt der Frau nach. Einige Minuten später überholt er die Radfahrerin, ohne sie eines Blickes zu würdigen. Er will keinen Verdacht erregen. Er fährt also weiter. Als er überzeugt ist, dass sonst niemand in der Nähe ist, stoppt er, stellt das Rad ab und geht der Frau entgegen. Er hat jetzt einen Plan.
Als die Frau in Sichtweite kommt, bückt er sich und tut so, als würde er sich die Schuhe binden. Dann trennen Täter und Opfer nur noch wenige Meter. Jonas Klingbeil steht auf, und als beide auf gleicher Höhe sind, schubst er die Frau vom Rad.

Ich war tierisch aufgeregt. Die Frau hat erst nichts gesagt, die war total überrascht. Als ich sie mit dem Messer bedroht habe, hat sie angefangen zu schreien.

Er stürzt sich auf die noch am Boden liegende Frau und versucht, ihr den Mund zuzuhalten. Er droht, sie zu töten, sollte sie weiter schreien. Die Frau gehorcht.

Als ich sie unter Kontrolle hatte, war das ein unglaubliches Gefühl. Da war die Angst, dass jemand kommt. Da war aber auch dieses Gefühl der Macht, endlich mal eine Frau unter Kontrolle zu haben. Du machst jetzt, was ich will! Das ging mir durch den Kopf.

Jonas Klingbeil lässt die Frau aufstehen. Es handelt sich um Bettina Penger, eine 24-jährige Jurastudentin, die mit ihren Eltern zum Kaffeetrinken verabredet ist. Der Vater hat Geburtstag.
Er bedroht die Frau mit seinem Messer und treibt sie zu einer Stelle im Wald, die von außen kaum einzusehen ist. Bettina Penger wehrt sich nicht. Sie sagt auch nichts. Sie ist schockiert.

Die hatte richtig Panik in den Augen. Als wir dann im Wald waren, hatte ich keine Angst mehr, dass uns einer sehen könnte. Dann habe ich ihr befohlen, dass sie sich ausziehen soll. Hat sie auch gemacht.

Dann bittet Bettina Penger ihn, er möge das Messer doch weglegen. Sie sei zu allem bereit, aber das Messer würde sie stören. Ohne das Messer sei es doch viel schöner. Nach einem Moment des Schweigens setzt Bettina Penger neu an. Er könne mit ihr über alles reden, sagt sie, gerne auch über seine Probleme.

Es war so, dass die Frau gebettelt hat wegen des Messers. Dann kamen diese blöden Sprüche. Das passte aber nicht in mein Konzept. Ich meine damit, dass sie irgendwie die Stimmung kaputtgemacht hat. Also meine Stimmung. Die sollte doch einfach nur ruhig sein und vor mir Angst haben. Ich kam mir ziemlich verarscht vor. Da bin ich tierisch sauer geworden.

Sie soll sich hinlegen, befiehlt Jonas Klingbeil. Als Bettina Penger auf dem Waldboden liegt, nimmt er ihr T-Shirt und legt es der Frau auf das Gesicht. Dann sticht er zu. Das Messer dringt in die linke Brust ein. Bettina Penger schreit vor Schmerz.

Es war so, dass ich sie bestrafen wollte. Meine Maximalphantasie spielte keine Rolle mehr. Irgendwie war ich aus dem Tritt gekommen. Die Sache mit dem T-Shirt auf dem Gesicht war nur ein Ablenkungsmanöver. Ich wollte nicht, dass die sieht, wie das Messer kommt. Ich habe auf das Herz gezielt. Der erste Stich war aber zu tief. Dann bin ich höher gegangen. Die hat geschrien und gezappelt. Da hab ich Panik gekriegt und immer wieder zugestochen, bis die ruhig war.

Später werden die Gerichtsmediziner 24 Stichverletzungen zählen, von denen 13 für sich genommen schon tödlich gewesen wären.

Die Sache ist nicht so abgelaufen, wie ich mir das immer vorgestellt hatte. Eigentlich hat es mir nichts gebracht. Das war schon enttäuschend.

Jonas Klingbeil lässt die Leiche im Wald liegen. Bettina Pengers Fahrrad schmeißt er in ein Gebüsch. Dann fährt er weg.

Kurz darauf begegnet er – Kommissar Zufall will es so – einem ehemaligen Schulkameraden, der mit seiner Freundin eine Radtour macht. Erst am nächsten Tag realisiert der Zeuge, dass die rötlichen Flecken und Spritzer auf Jonas Klingbeils T-Shirt mit dem Mord im Wald in Zusammenhang stehen könnten, über den die Medien berichten. Die Kripo bekommt einen Hinweis. Wenige Stunden später wird Jonas Klingbeil festgenommen, der noch am gleichen Tag ein ausführliches Geständnis ablegt.

28 Jahre später. Ich stoße auf diesen Kriminalfall bei meinen Recherchen zum Thema Mordlust im Inhaltsverzeichnis einer Fachzeitschrift. Über die Presseveröffentlichungen erfahre ich, welcher Rechtsanwalt ihn seinerzeit verteidigt hat. Zwei Mausklicks weiter weiß ich, dass der Mann heute noch praktiziert.

Ich schreibe Jonas Klingbeil einen längeren Brief, stelle mich kurz vor und erkläre ihm, warum und worüber und zu welchen Konditionen ich mit ihm sprechen möchte. Dieses Schreiben übersende ich seinem Anwalt, von dem ich zuvor in einem Telefonat erfahren habe, dass zwischen ihm und Jonas Klingbeil nach wie vor Kontakt besteht. Er will den Brief weiterleiten. Jonas Klingbeil möge selbst entscheiden, ob er sich melden und mit mir zusammenarbeiten möchte.

Etwa drei Wochen später bekomme ich Post von Jonas Klingbeil. Er sagt nicht zu, er sagt aber auch nicht ab. Er hat Fragen: »Was ist an meiner Geschichte für Sie so interessant?«, »Was genau wollen Sie von mir wissen?«, »Wie intensiv wird dieses Gespräch werden?«, »Wie tief wird das gehen?«, »Sind Sie noch im aktiven Dienst?«, »Warum sollte ich Ihnen vertrauen?«

Ich schreibe zurück und beantworte seine Fragen. Zwei Wochen darauf liegt seine Antwort samt Anlage in meinem Briefkasten. Er habe sich die Sache reiflich überlegt, versichert er mir, aber zu einem Gespräch sei er derzeit nicht bereit. Vielleicht zu einem anderen Zeitpunkt. Allerdings hat er das Gerichtsurteil und das psychiatrische Gutachten seinem Schreiben beigelegt, um diese Unterlagen hatte ich ihn als Vorbereitungslektüre für ein mögliches Gespräch gebeten. Darüber bin ich einigermaßen überrascht, weil Jonas Klingbeil einerseits nicht mit mir zusammenkommen möchte, er mir aber andererseits Urteil und Gutachten überlässt und somit viel über sich preisgibt. Meiner Erfahrung nach ist das eher ungewöhnlich.

Gespannt beginne ich die Verfahrensunterlagen zu lesen und erfahre dabei, wie Jonas Klingbeil aufgewachsen ist: Er kommt in einer baden-württembergischen Kleinstadt zur Welt, sein Vater ist von Beruf Buchhalter, die Mutter Hausfrau. Die ersten Lebensjahre verlaufen eher unauffällig. Erst nachdem sein Bruder geboren wird, Jonas ist jetzt vier Jahre alt, zeigt der Junge ein ungewöhnliches Verhalten: Er wirkt unruhig, kann sich schlecht konzentrieren, rutscht beim Essen auf dem Stuhl hin und her, lässt sich leicht ablenken, erscheint unberechenbar, wird aggressiv, wenn die Mutter ihm etwas verbietet, redet sehr viel.

Die Mutter geht mit dem Jungen zu einem Kinderpädagogen, der letztlich keinen Behandlungsbedarf sieht, weil es sich lediglich um Reifungsstörungen handeln soll. Therapie? Nein. Medikamente? Nein. Verhaltenshinweise? Nein. Die Probleme werden von ganz allein wieder verschwinden, versichert der Experte. Heute würde man bei diesem Symptombild wohl an ADHS denken, die Aufmerksamkeitsdefizit-/Hyperaktivitätsstörung.

Jonas' Verhalten bessert sich auch in den nächsten Monaten nicht. Im Gegenteil. Wenn der Junge einen Schub bekommt, gibt es kein Zurück mehr, kein Halten. Dann schmeißt er sich scheinbar grundlos auf den Boden, beginnt zu schreien.

Oder er bekommt plötzliche Wutanfälle, und er schlägt um sich, verletzt dabei seinen Bruder oder andere Kinder. Seine sehr engagierte Mutter versucht es mit viel Geduld, doch irgendwann sind ihre Kräfte aufgezehrt, zumal auch Jonas' jüngerer Bruder besondere Zuwendung braucht – er leidet an einer chronischen Darmentzündung.
Als Jonas sieben Jahre alt ist und zum x-ten Male nicht bekommen soll, was ihm seiner Meinung nach eigentlich zusteht, baut er sich mit hochrotem Kopf vor seiner Mutter auf und brüllt: »Wenn ich keine Kekse kriege, hacke ich dir den Kopf ab!« Die Mutter verliert die Contenance, ohrfeigt den Jungen und gibt sich auch in den nächsten Tagen unversöhnlich: keine Erklärung, keine Entschuldigung, dafür eisiges Schweigen. Derlei drastische Auseinandersetzungen zwischen Mutter und Sohn häufen sich in der Folgezeit.
Der Vater indes versagt als Erziehungsberechtigter vollends, weil er von seiner Berechtigung zur Erziehung erst gar keinen Gebrauch macht. Kinder gehen ihn nichts an, das ist angeblich Frauensache. Er lebt lieber an der Familie vorbei in einer eigenen Welt, von ihm sind weder Anteilnahme noch Hilfestellungen zu erwarten. Zu Hause bastelt er lieber an seiner Modelleisenbahn herum oder geht nach dem Abendessen nebenan in die Kneipe.
Weil sich Jonas' Verhalten nicht bessert, wird der Junge nochmals ärztlich begutachtet. Diesmal diagnostiziert man eine »neurotische Fehlentwicklung« und verschreibt Tabletten, die ihm seine Mutter wegen der zu befürchtenden drastischen Nebenwirkungen nicht geben will und wird. Schließlich gibt man den als schwer erziehbar geltenden Jungen in eine Pflegefamilie. Dort kommt man mit ihm aber auch nicht zurecht. Sechs Monate später wird Jonas in ein Erziehungsheim abgeschoben. Zu diesem Zeitpunkt ist er neun Jahre alt. Seine schulischen Leistungen sind regelmäßig bestenfalls durchschnittlich. Im Kreis der Klassenkameraden findet er

keinen Anschluss. Stattdessen gibt er immer wieder – meistens ungewollt – Anlass zu Streitereien, die nicht selten auch in wüste Raufereien und Prügeleien münden. Der eher schmächtige Junge zieht dabei stets den Kürzeren, zumal er es meistens gleich mit mehreren Widersachern zu tun bekommt.

Als Jonas elf Jahre alt ist und sich seine Leistungen in der Schule spürbar verbessern, er insgesamt auch deutlich ruhiger und ausgeglichener wirkt, darf er zu seiner Familie zurückkehren. Doch schon nach kurzer Zeit kommt es wieder regelmäßig zu Konflikten mit der Mutter, die bemüht ist, ihren Sohn in ein sehr stringentes Erziehungskonzept einzupassen, und dabei vor allem eins ist: unnachgiebig. Jonas fühlt sich, wie in den Jahren zuvor schon, schlecht und ungerecht behandelt, er glaubt, sein Bruder würde ihm vorgezogen.

Das weibliche Geschlecht spielt für Jonas erst eine Rolle, als er in die Pubertät kommt. Er verliebt sich in ein Mädchen aus seiner Klasse, traut sich aber nicht, es anzusprechen. Überhaupt erlebt er Mädchen überwiegend als unberechenbar und unnahbar, wie eine fremde Spezies, der man nicht trauen kann, vor der man sich vielmehr in Acht nehmen muss. Die Mädchen schauen eben lieber an ihm vorbei oder lassen ihn ihre Geringschätzung deutlich spüren. Sexualität lebt er deshalb ausschließlich nach innen aus, zeit seines Lebens wird er keinen Geschlechtsverkehr mit einer Frau haben.

Auf der Realschule muss er die achte Klasse wiederholen, weil er zu einem Nachprüfungstermin nicht erscheint. Während er sich insgesamt sprachbegabt zeigt, liegen ihm die naturwissenschaftlichen Fächer weniger. Später wird man bei ihm einen Intelligenzquotienten von 118 messen, ein überdurchschnittlicher Wert.

Dennoch erreicht Jonas nur einen mittelprächtigen Schulabschluss und beginnt eine Lehre als Elektromonteur, die er nach drei Jahren erfolgreich abschließt. Eine Übernahme durch seinen Lehrherrn bleibt jedoch aus. Diverse Bewerbungsschreiben haben im Wesentlichen keinen Erfolg, nur zweimal wird er zu einem Vorstellungsgespräch eingeladen, den Job bekommt aber bei beiden Malen ein anderer. Jonas hält sich fortan mit Gelegenheitsarbeiten finanziell über Wasser, seine Familie unterstützt ihn monatlich mit 300 D-Mark.

Bis zu seiner Festnahme gelingt es Jonas Klingbeil nicht, Freunde zu gewinnen. Das will er auch gar nicht. Er hat zu viele schlechte Erfahrungen gemacht, wurde über Jahre hinweg schikaniert und drangsaliert. Aber andere Menschen interessieren ihn auch nicht. Er geht lieber seine eigenen Wege, er möchte sich nicht mitteilen oder erklären. Und so erfährt auch niemand etwas von den ungeheuerlichen Dingen, die ihn in seiner Phantasie beschäftigen. Er bleibt für sich, allein, ungehört und ungestört, gefangen in einer bizarren Scheinrealität, die von einer einzigen Motivation dominiert wird: Mordlust.

Der psychiatrische Sachverständige hat bei Jonas Klingbeil eine kombinierte Persönlichkeitsstörung festgestellt, bei der schizoide und narzisstische Elemente dominieren. Auffällig sei der soziale Rückzug, sein Kontaktvermeidungsverhalten, einhergehend mit der deutlich eingeschränkten Fähigkeit, eigene Gefühle auszudrücken, ebenso sexuelle Bedürfnisse. Markant sei auch die ausgesprochen konfliktbehaftete Beziehung zu seiner Mutter, die mit ihren perfektionistischen erzieherischen Ansprüchen gescheitert sei. Die vorübergehende Trennung von der Familie und der fortwährende Mutter-Sohn-Konflikt habe bei Jonas Klingbeil massive Verlassenheitsängste hervorgerufen, auf die er mit starker Selbstbezogenheit und einem pathologisch eingefärbten Streben nach größtmöglicher Unabhängigkeit reagiert habe.

Post von Jonas Klingbeil. Er habe sich die Sache noch einmal überlegt, schreibt er mir, er sei jetzt doch zu einem Interview bereit. Den Grund für seinen überraschenden Meinungsumschwung teilt er mir auch mit: Anfangs habe er befürchtet, seine Therapeutin könnte ihm ein solches Interview verübeln oder er seine erstmalige Chance auf Lockerungsmaßnahmen verschlechtern. Kürzlich sei er dann aber in einem Therapiegespräch auf mein Anliegen zu sprechen gekommen. Die Therapeutin habe ihm dazu gesagt, er sei grundsätzlich frei in seiner Entscheidung, Bedenken grundsätzlicher Art würden jedoch nicht bestehen. Allerdings müsse auch die Klinikleitung informiert werden. Und so schließt der Brief mit dem Hinweis, ich möge mich mit den Verantwortlichen des psychiatrischen Krankenhauses in Verbindung setzen und die Angelegenheit erörtern.

Zweieinhalb Wochen später begegne ich Jonas Klingbeil in einem schmucklosen Besuchsraum der Klinik. Der 51-Jährige wirkt vorgealtert. Obwohl er sich den Schädel inzwischen kahl rasiert hat, erkenne ich ihn an seinen auffälligen, wie zugekniffen wirkenden Augen und den schmalen Lippen, die mir schon auf älteren Pressefotos aufgefallen sind. Er hat immer noch eine ausgesprochen schlanke Statur und trägt eine randlose Brille. Die Haut seiner von Nikotin gelblich verfärbten Fingerspitzen sieht aus wie abgekaut, jedenfalls deuten frische Hautablösungen und kleinere, noch blutunterlaufene Vernarbungen darauf hin. Sonst keine Besonderheiten. Kleidung: blaues T-Shirt, Jeans, weiße Turnschuhe.

Ich lasse ihn zunächst von seinen Erfahrungen in der Klinik berichten. In der ersten Zeit habe er sich zurückgezogen, mit niemandem gesprochen, auch nicht mit den anderen Patienten, erzählt Jonas Klingbeil, der, bevor er etwas sagt, genau überlegt, lange nachdenkt. Es habe etwa sechs Jahre gedauert, bis er bereit gewesen sei, sich auf Therapiegespräche überhaupt einzulassen. Aber auch dann habe er sich noch nicht öffnen und über die Taten sprechen können, die Hintergründe, seine grotesken Phantasien, den Abgrund in ihm. Das habe noch eine Weile gedauert, Jahre. Erst ein Therapeutenwechsel habe schließlich den Durchbruch bewirkt. Heute gelte er als austherapiert, versichert er mir mit einem gewissen Stolz in den Augen, aber auch tiefer Resignation in der Stimme. Denn ein Patient gilt allgemein als austherapiert, wenn die Möglichkeiten der Behandlung erschöpft sind und keine weiteren Therapieoptionen bestehen, die zu einer Heilung oder erheblichen Besserung des Gesundheitszustandes führen könnten. Mit anderen Worten: ein hoffnungsloser Fall. Endstation. Lebenslange amtliche Zwangsverwahrung. In gewisser Weise auch ein Todesurteil.

Jonas Klingbeil weiß sich wohl auszudrücken und benutzt diverse Fachbegriffe: Die Tat ist ein »Tötungsdelikt«, sein abweichendes Verhalten bezeichnet er als »Devianz«, das Verhältnis zu seiner Mutter, die er seit 20 Jahren nicht mehr gesehen hat und auch nicht mehr sehen möchte, ist eine »Objektbeziehung«. Seine Ausführungen erwecken den Eindruck, als seien sie regelrecht einstudiert oder auswendig gelernt, als würden sie aus einem forensischen Gutachten oder einem Lehrbuch für gerichtliche Psychiatrie stammen. Alles nur Fassade? Spielt er mir nur etwas vor? Den geläuterten Patienten, der eigentlich ein netter Kerl ist? Dem man vertrauen kann?
Selbstverständlich besteht die Gefahr, dass er mir Märchen auftischt oder hie und da Dinge weglässt oder hinzufügt, die ihn in einem besseren Licht dastehen lassen, also entmonstern sollen. Nur sitze ich nicht zum ersten Mal mit einem Patienten zusammen, der als austherapiert gilt. Ich habe gerade bei diesen Ex-Tätern sehr gute Erfahrungen gemacht, sie bleiben in der Regel bei der Wahrheit, soweit man davon im engeren Sinne überhaupt sprechen kann, wenn diese

schrecklichen Dinge doch schon Jahrzehnte zurückliegen und jetzt noch einmal hervorgeholt und detailliert berichtet werden sollen. Da sind ungewollte Erinnerungsfehler vorprogrammiert.

Sein Tagesablauf: gegen 7.30 Uhr aufstehen, auf nüchternen Magen am vergitterten Fenster des Balkons eine Zigarette rauchen, Kaffee kochen, Frühstück, Morgentoilette, danach manchmal ein Therapiegespräch, Gartenarbeiten, Mittagessen, später am Tag Computerspiele, mit anderen Patienten musizieren – er spielt Akkordeon –, Videos gucken, gelegentlich ein Buch lesen, Abendessen, 21 Uhr Einschluss. Mit kleinen Abweichungen geht das jeden Tag so.
Besuch bekommt er nicht. Seine Familie wollte nach der Gerichtsverhandlung nichts mehr von ihm wissen. Andere Verwandte auch nicht. Niemand. Funkstille. Es gibt auch sonst keine Kontakte in die unvergitterte Welt. Jonas Klingbeil lebt mit sich und für sich, förmlich absorbiert, ausgenommen die wenigen Berührungspunkte mit den anderen Patienten, die er größtenteils nicht mag, weil sie angeblich zu laut sind und ihm ganz schön lästig werden können. Er vertraue nur seiner Therapeutin, erzählt er mir, allein ihr sei es gelungen, ihn von der »Täterperspektive wegzubringen«, Bedürfnisse anderer Menschen zu erkennen und anzuerkennen, insbesondere die »Opferperspektive«. Das sei der Wendepunkt gewesen. Er sehe die Welt nun »mit anderen Augen«.
Warum er überhaupt mit mir spricht, frage ich ihn schließlich. Er schaut mich unverwandt an, nestelt an seiner Brille und überlegt eine Weile. Er habe »richtig Angst gehabt« vor dem Gespräch, sagt Jonas Klingbeil, nach so vielen Jahren der sozialen Abstinenz. Dieser Schritt sei indes notwendig und überfällig gewesen, es habe sich bis dahin nur keine Gelegenheit ergeben. An wen hätte er sich denn wenden sollen, fragt er mich. Und überhaupt sei das eine willkommene Ab-

wechslung. Dann wiederholt er ein Argument, das ich ihm in meinem ersten Brief genannt habe: das eigene Schicksal mit dem seiner Opfer verknüpfen, sich der sozialen Verantwortung bewusst werden und durch eigene Unvoreingenommenheit und Offenheit den Blick frei werden lassen für die Ursachen dieses Dramas, damit Lehren gezogen werden können, die dazu beitragen, dass es in vergleichbaren Fällen nicht wieder zu einer Katastrophe kommt. In gewisser Weise Anschauungsunterricht, wie man sich besser nicht verhalten sollte. Er habe zwar kein tieferes Gefühl für diese Argumentation, sagt Jonas Klingbeil, aber es würde ihm durchaus einleuchten.

Nachdem ich überzeugt bin, nun mit ihm auch über seine Tötungsphantasien und insbesondere den Mord an Bettina Penger sprechen zu können, frage ich ihn, wann und wie er diese Vorstellungen von Gewalt und Tod entwickelt habe. Jonas Klingbeil sinniert wieder, lehnt sich zurück, schließt die Augen, schweigt. Man hört nur noch, wie irgendwo im Haus eine Tür zugeschlossen wird. Sich entfernende Schritte. Dann ist es still.

Schließlich bricht es förmlich aus ihm heraus. Er gibt seine bedächtige Erzählweise auf, reiht übergangslos Satz an Satz, stakkatoartig, schaut an mir vorbei, er scheint in eine andere Welt einzutauchen, schleudert mir die Worte förmlich entgegen. Ich muss an einen Vulkanausbruch denken und bekomme ein Gefühl dafür, wie es gewesen sein könnte, als Bettina Penger seine Mordlust zu spüren bekam, die Gier, seine Maßlosigkeit, diesen unbedingten Vernichtungswillen.

Ich nutze die Gelegenheit und stelle ihm systematisch alle Fragen, die ich mir zu diesem Thema vorher aufgeschrieben habe. Jonas Klingbeil lässt bei seinen bildreichen Schilderungen nichts aus, kein scheußliches Detail, es scheint keine Tabuzone zu geben. Ich lasse mich entführen in eine abgründige und verschlungene Innenwelt, die zunächst nur in seinem

Kopf existierte und erst nach vielen Jahren auch seine Außenwelt prägte – mit tödlichen Folgen.
Ich erkenne diese fatale Wechselwirkung von mütterlicher Einengung und väterlicher Ignoranz und sozialer Ausgrenzung, die bei Jonas Klingbeil eine normale Entwicklung seiner Sexualität und seiner Persönlichkeit verhindert, dafür aber seine menschenfeindlich anmutende Grundhaltung und seine Gedankenflucht befeuert hat. Am Ende dieser langwierigen Entwicklung entstand das Bedürfnis, die Wut über die eigene Unzulänglichkeit und die fortwährende Zurückweisung andere Menschen spüren zu lassen, die unbequeme und angsteinflößende Rolle des Losers loszuwerden, sich besser als Täter zu sehen, der Macht ausübt und sogar den Tod bringt – eine lustvolle Vorstellung, die aber erst dann ihre volle Wirkung entfalten kann, wenn es tatsächlich passiert.
Nach diesen Schilderungen verstehe ich, warum Jonas Klingbeil als austherapiert gilt, warum er nicht damit rechnen darf, auf Dauer wieder als freier Mensch leben zu dürfen. Denn er hat irgendwann auch diesen einen entscheidenden Satz gesagt, der jeden Therapieerfolg relativiert und diesen Patienten unberechenbar macht: »Ich habe diese Gedanken vom Töten auch heute noch.«

Das Schweigen der Lämmer

6.40 Uhr

Morgengrauen. Leichter Nieselregen. Es ist kalt. Markus Breitinger sitzt am Steuer seines Wagens, er ist auf dem Weg zur Arbeit. Der 32-jährige Fliesenleger nimmt wie immer die Bundesstraße, biegt an der Tennishalle ab, fährt noch etwa 800 Meter geradeaus und muss an einer beampelten Kreuzung anhalten. Rotlicht.

Er lässt seinen Blick schweifen. Er sieht drei Kinder auf dem Bürgersteig, eins davon hält ein Fahrrad, daneben steht eine Frau. Alle überqueren die Fahrbahn. Auf der gegenüberliegenden Straßenseite befindet sich unterhalb der Böschung eine Wiese. Markus Breitinger traut seinen Augen nicht: Mann und Frau in eindeutiger Pose, sie unten, er oben. Zuckende Bewegungen. Plötzlich springt das Pärchen auf. Die Frau zieht sich im Laufen die Jeans hoch. Der Mann eilt ihr hinterher. Markus Breitinger denkt spontan an eine bestimmte Szene aus einem Sexfilmchen der 1970er Jahre und muss lachen. Dumm gelaufen!

Die Ampel schaltet auf Grün. Markus Breitinger fährt los und biegt in die nächste Querstraße nach links ab. Im Rückspiegel sieht er noch, wie das Pärchen auf einen Bach zuläuft. Arm in Arm. Dann verliert er die beiden aus den Augen.

6.55 Uhr

Joachim Polanski fährt seinen Range Rover auf die Tankstelle, er will sich dort eine Zeitung kaufen. Der Mann ist 52 Jahre alt und Frührentner. Der Tankstellenpächter erzählt ihm beim Bezahlen, er habe eben eine verdächtige Beobachtung gemacht, etwa 100 Meter von der Tankstelle entfernt. Da habe sich irgendetwas im Gras bewegt, vielleicht ein Betrunkener, ein verletzter Hund oder jemand, der Hilfe benötigt. Man müsse doch mal nachschauen.

Zwei Minuten später erreicht Joachim Polanski die genannte Örtlichkeit, stellt seinen Wagen ab und überquert die Straße. Was er dann auf einer Wiese beobachtet, lässt ihn wütend werden. Mann und Frau liegen nackt in der Missionarsstellung. Öffentlich. Er macht sich lautstark bemerkbar: »Das kann doch nicht wahr sein! Das gibt's doch wohl nicht!« Die Gescholtenen lassen sich aber nicht stören. Im Gegenteil. Der Mann vergräbt sich nun förmlich in der Frau und steigert das Tempo seiner rhythmischen Bewegungen.

Neben dem Pärchen liegen diverse Kleidungsstücke, wie hingeworfen. Der Mann ist offenbar schlank und wirkt eher jung, die Frau kann Joachim Polanski nicht erkennen. Er wundert sich über die Jugend von heute. Und dass Geschlechtsverkehr auch bei Regen und Kälte auf einer Wiese vollzogen wird. »Könnt ihr das nicht zu Hause machen!«, schreit er. Wieder keine Reaktion der Liebenden. Joachim Polanski gibt die Sache auf, macht kehrt und fährt zurück zur Tankstelle.

»Das ist doch wohl die Höhe!« Der Tankstellenpächter will nicht glauben, was Joachim Polanski ihm berichtet. Man geht vor die Tür, macht noch ein paar Schritte, späht zum Ort des Geschehens hinüber. Augenblicke später sehen die Männer, wie sich das Pärchen davonmacht, eng umschlungen.

7.05 Uhr

Hedwig Vogel ist eben aufgestanden und zieht die Rollladen im Wohnzimmer hoch. Dabei beobachtet sie, wie etwa 30 Meter entfernt ein Pärchen über die Brücke am Bach gelaufen kommt und kurz darauf an ihrem Haus vorbeigeht, Richtung Ortsmitte. Der Mann umarmt die Frau. Eigentlich nichts Besonderes.

Der 68-Jährigen kommt die Sache erst etwas merkwürdig vor, als das Pärchen kurz darauf wieder zurückkommt, auf demselben Gehweg. Sie können also nicht weit gelaufen sein. Jetzt schaut sich Hedwig Vogel die jungen Leute etwas genauer an. Er ist Mitte 20, etwa 1,85 Meter groß, schmal, zottelige Haare, schulterlang, dunkle Lederjacke, und die Jeanshose ist am vorderen linken Hosenbein aufgerissen. Sie ist deutlich kleiner als der Mann. Mehr kann Hedwig Vogel nicht erkennen, weil die Frau von ihrem Freund fast vollständig verdeckt wird. Was will dieses nette Mädchen nur von diesem abgerissenen Typen, überlegt Hedwig Vogel. Als das Pärchen nicht mehr zu sehen ist, verwirft sie den Gedanken.

Acht Tage später, 14.35 Uhr

Melanie und Thomas Kretschmann gehen am Flussufer spazieren. Sie diskutieren, ob der jüngste Sohn die Realschule besuchen sollte oder nicht doch besser das Gymnasium. »Guck mal, da schwimmt doch was. Da vorne.« Auch Thomas Kretschmann erkennt nun diesen Gegenstand, der vielleicht 20 Meter von ihnen entfernt bei starker Strömung im Wasser treibt, umgeben von Gehölz und Unrat, und durchaus einem menschlichen Körper ähnelt. »Wird wohl über das Stauwehr angeschwemmt worden sein«, überlegt Melanie Kretschmann laut. Ein Mensch kann es aber ihrer Meinung nach nicht sein, weil, und das ist deutlich zu sehen, Gesicht und Haare fehlen. Das kann nur eine Schaufensterpuppe sein, die jemand ins Wasser geworfen hat, vermuten sie. Das Ehepaar geht weiter.

Weitere elf Tage darauf, 19.55 Uhr

Johannes Giebeler macht eine grausige Entdeckung, als er am Ufer des Bachlaufes steht und angelt: Eine Leiche wird angetrieben, grässlich verstümmelt, skalpiert, das Gesicht fratzenhaft entstellt. Der 45-Jährige alarmiert seine Bekannten bei der Freiwilligen Feuerwehr, die den Leichnam kurz darauf bergen. Anschließend wird die Kripo verständigt.
Erste Ermittlungen ergeben, dass es sich bei der Toten um Johanna Brauer handeln könnte. Die 21-Jährige wird seit drei Wochen vermisst. Die äußere Besichtigung des Leichnams ergibt keine Hinweise darauf, wie die Frau ums Leben gekommen sein könnte. Dafür steht wenig später die Identität der Toten zweifelsfrei fest: Es ist Johanna Brauer. Noch am selben Abend ordnet die Staatsanwaltschaft eine Obduktion an.

Der Rechtsmediziner findet überwiegend an der linken Körperhälfte des Leichnams, insbesondere am Oberkörper, im Lendenbereich, am Oberschenkel, dem Knie und der Wade, großflächige Einblutungen in das Unterhautgewebe, die auf weniger intensive stumpfe Gewalt hindeuten. Werkzeuge oder einfache körperliche Gewalt schließt der Obduzent als Ursachen aus. Kleidung und Haupthaar dürften im Bereich eines Stauwehrs abgestoßen worden sein, als die Leiche dort längere Zeit herumgewirbelt wurde. Hinweise auf sexuelle Misshandlungen werden am Leichnam nicht entdeckt.
Kopfzerbrechen bereitet dem Sachverständigen ein Fund in der Bauchhöhle: Dort steckt ein 22 Zentimeter langer Ast, der im Darmbereich zwischen Scheide und After eingedrungen sein muss. Wahrscheinlich ist das Rundholz postmortal dorthin gelangt. Eine Beibringung der Pfählungsverletzung zu Lebzeiten kann jedoch nicht ausgeschlossen werden. Denkbar ist indes auch »eine postmortale Perforation durch einen Holzzweig während des Treibens im Wasser«.

Die Untersuchungen der Lungen ergeben eine eher geringe Lungenblähung, und es sind keine Erstickungsblutungen unter dem Lungenfell zu finden. Nach Einschätzung des Gutachters sind diese Symptome für einen Ertrinkungstod eher untypisch, jedenfalls kann nicht von einer andernfalls zu erwartenden »Wasserlunge« gesprochen werden. Demnach besteht die Möglichkeit, dass Johanna Brauer bereits tot war, bevor sie ins Wasser kam.

Zusammengefasst: Eine eindeutige Todesursache ist derzeit nicht feststellbar, Hinweise darauf, die Frau könnte getötet worden sein, sind nicht belegbar. Also eher ein Unfall? Oder nahm Johanna Brauer sich das Leben? Um der Sache aus rechtsmedizinischer Sicht auf den Grund zu gehen, werden weitere feingewebliche Untersuchungen angeregt.
Am folgenden Tag findet im Präsidium eine Pressekonferenz statt, um die Bevölkerung über den Stand der Ermittlungen zu informieren und mögliche Zeugen zu animieren, sich mit der Kripo in Verbindung zu setzen. Wer hat Johanna Brauer wann letztmals lebend gesehen? Wer kann Hinweise zum Verschwinden der Frau geben?
Nacheinander melden sich bei der Kripo als Zeugen Markus Breitinger, Joachim Polanski, der Tankstellenpächter, Hedwig Vogel und das Ehepaar Kretschmann. Ihre Aussagen nähren den Verdacht, Johanna Brauer könnte am Tag ihres Verschwindens mit einem Mann unterwegs gewesen und intim geworden sein. Unfreiwillig?
Die von den Zeugen genannten Örtlichkeiten werden von Polizeibeamten abgesucht. Und die finden im niedergedrückten Gras nahe der Tankstelle einen Büstenhalter und einen Ohrring. Beide Gegenstände werden Johanna Brauers Eltern vorgelegt, die sie als Eigentum ihrer Tochter wiedererkennen. Aufgrund der eher ungewöhnlichen Gesamtumstände: frühmorgendlicher Sexualverkehr bei Nieselregen

und Kälte auf einer Wiese mit einem Mann, dessen Beschreibung auf niemanden passt, den die Frau näher gekannt hat, vermuten die Ermittler, Johanna Brauer könnte vergewaltigt worden sein. Allerdings widerspricht diese Annahme den Beobachtungen sämtlicher Zeugen, die einen ganz anderen Eindruck von diesem Geschehen gewonnen haben: Gewalt soll von dem Mann allem Anschein nach jedenfalls nicht ausgeübt worden sein.
Die Fahnder überlegen, wie Johanna Brauer in diese mysteriöse Geschichte hineingeraten ist. Lassen sich aufgrund ihrer Persönlichkeit, des sozialen Umfelds und der näheren Lebensumstände Rückschlüsse ziehen? Sind ihr sexuelle Ausschweifungen an ungewöhnlichen Orten zuzutrauen? Hatte sie häufig wechselnde Sexualpartner? Galt sie als selbstmordgefährdet?

Bei den Ermittlungen kommt heraus, dass Johanna Brauer ein eher unstetes Leben führte, ihre Lebenssituation soll ausgesprochen problematisch gewesen sein. Vor dreieinhalb Jahren hat sie während eines Ferienaufenthalts in Südfrankreich einer Freundin gegenüber davon gesprochen, sich das Leben nehmen zu wollen. Über den Grund hat sie sich jedoch beharrlich ausgeschwiegen. Möglicherweise hatte diese Ankündigung mit der innerfamiliären Situation zu tun, die zu dieser Zeit sehr angespannt gewesen sein soll. Die Eltern standen kurz vor der Scheidung.
Johanna Brauer hatte bis zu ihrem Tod durchgehend erhebliche schulische und berufliche Probleme. Ihre Lehre als Dekorateurin brach sie vor drei Monaten ab. Seitdem war sie arbeitslos und bewarb sich nur sporadisch um eine neue Lehrstelle. Ihre Berufsaussichten waren auch wegen ihres dürftigen Schulabschlusses eher ungünstig.
Die Beziehung zu ihrem drei Jahre älteren Freund Christian Manteuffel indes soll harmonisch gewesen sein, gleichwohl

sei man nicht intim geworden, berichtet er sichtlich deprimiert der Kripo. Der 23-jährige Stuckateur gibt weiter zu Protokoll, Johanna sei einerseits zurückhaltend und schüchtern gewesen, andererseits durchaus unternehmungslustig und neugierig, jemand, dem er unbedingt hätte vertrauen können. Vor dem Verschwinden seiner Freundin habe es mit ihr keinen Streit gegeben. Sie sei auch nicht verstimmt gewesen oder habe sich Sorgen gemacht.

Christian Manteuffel kann als Johanna Brauers letzter Begleiter ausgeschlossen werden, weil er ein nicht zu erschütterndes Alibi hat und auch nicht der von den Zeugen gegebenen Beschreibung entspricht. Die Ermittler stehen vor einem Rätsel: Warum hat Johanna Brauer, sollte sie vergewaltigt worden sein, nicht bei sich mehrfach bietender Gelegenheit energisch auf ihre prekäre Lage aufmerksam gemacht oder versucht zu flüchten? Warum hat sie, sollte ein Selbstmord vorliegen, sich vorher ihrer Kleidung entledigt, die mittlerweile flussaufwärts gefunden worden ist? Wie ist es zu erklären, sollte eine Vergewaltigung stattgefunden haben, dass sämtliche Zeugen das Geschehen als harmonisch, friedlich, einträchtig und gewaltfrei einschätzen? Warum hat Johanna Brauer, sollte der Geschlechtsverkehr einvernehmlich erfolgt sein, diese doch sehr ungewöhnlichen Rahmenbedingungen gewählt bzw. toleriert?

Um diese Fragen zu beantworten, wird schließlich ein Kriminalpsychologe zu Rate gezogen. Der Experte für die Beurteilung menschlichen Verhaltens kommt nach dem Studium der Akten, einer Besichtigung der relevanten Örtlichkeiten und einer Besprechung mit den Ermittlern zu folgender Einschätzung: Johanna Brauer dürfte ihr Intimleben von ihrer sonstigen sozialen Existenz abgespalten haben. Wegen ihrer starken Hemmungen sei sie nach außen sehr zurückhaltend gewesen, auch in sexuellen Dingen. Gefühle habe sie vornehmlich nach innen ausgelebt.

Gleichzeitig habe die junge Frau starke Triebansprüche gehabt. Für diese Annahme würden Kontakte zu jungen Ausländern aus einem Übergangswohnheim sprechen, die Johanna Brauer nachweislich gehabt habe, und von ihr mehrfach annoncierte Kontaktanzeigen in Zeitschriften. Auch die Tatsache, dass sie sich Verhütungsmittel habe verschreiben lassen, könnte für bisher unbekannt gebliebene sexuelle Abenteuer sprechen. Es sei durchaus denkbar, dass Johanna Brauer zielgerichtet flüchtige Sexualkontakte gesucht und auch gefunden habe.

Ihr letzter Begleiter soll nach Einschätzung des Psychologen ein hemmungsloser und eindeutiger Typus sein, der sein Sexualverhalten zur Schau trägt. Johanna Brauer sei es in dieser Beziehung allein um sexuelle Dinge gegangen, die Persönlichkeit des Mannes hingegen habe sie gleichgültig gelassen. Diese Verbindung dürfte bereits über einen längeren Zeitraum bestanden haben. Deshalb sei Johanna Brauer auch mit einem ungewöhnlichen Ort einverstanden gewesen, um dort intim zu werden. Möglicherweise habe der Mann dabei exhibitionistische Neigungen ausgelebt. Also keine Vergewaltigung? Kein Verdeckungsmord?

Mittlerweile liegen die Ergebnisse der weiteren rechtsmedizinischen Analysen vor. Nach einer feingeweblichen Untersuchung der Lunge steht fest: Johanna Brauers Lungen wurden vor Eintritt in das Wasser durch Einatmen entgegen der ersten Annahme stark gebläht, ohne dass die Luft wieder ausgeatmet werden konnte. Möglicherweise wurde diese Reaktion durch einen Schock nach Eintritt in das kalte Wasser ausgelöst. Demnach dürfte Johanna Brauer ertrunken sein. Ungewiss bleibt immer noch, unter welchen Umständen.

Die Ermittlungen werden fortgeführt, fieberhaft wird nach dem mysteriösen Mann gefahndet. Doch trotz aller Bemühungen der Kripo bleibt der Unbekannte ein Phantom.

Auch drei Monate später ist das Ermittlungsergebnis geprägt von Unwägbarkeiten: Ob Johanna Brauer ertrunken ist oder ertränkt wurde, ist nicht zweifelsfrei zu beweisen. Es erscheint den Ermittlungsbehörden nach Würdigung aller Umstände auch keineswegs ausgeschlossen, dass die junge Frau nach den frühmorgendlichen Intimitäten – allein oder in Begleitung – ohne Selbsttötungsabsichten zum Fluss gelaufen sein, dabei infolge von Unterkühlung bzw. Erschöpfung einen Kreislaufkollaps erlitten haben, unter Wasser geraten und ertrunken sein könnte. Als die Fahnder schließlich keine erfolgversprechenden Ermittlungsansätze mehr sehen, verfügt die Staatsanwaltschaft die Einstellung des Verfahrens, vorläufig zumindest. Johanna Brauers Tod bleibt ein Rätsel. Und besonders ihre Eltern quält diese bleierne Ungewissheit.

Zweieinhalb Jahre später

Samstagabend. 80 Kilometer entfernt von jenem Ort, an dem Johanna Brauer zu Tode kam.

Ein Mann sitzt in seiner Wohnung und starrt aus dem Fenster. Draußen ist es bereits dunkel. Eine junge Frau nähert sich dem Haus. Es ist Jutta Klöppel. Die 22-jährige Floristin will sich ihr Fahrrad holen, das sie am Abend zuvor an einen Laternenmast gekettet hat. Sie wurde kurz darauf von einem Freund nach dem gemeinsamen Besuch einer Geburtstagsparty nach Hause gefahren.

Der Mann beobachtet Jutta Klöppel sehr genau, als sie nur wenige Meter von ihm entfernt das Sicherungsschloss öffnet, sich aufs Rad setzt und losfährt. Er kennt die hübsche Frau flüchtig, vom Sehen. Schnell steht sein Entschluss fest – hinterher! Der Mann schnappt sich ein Küchenmesser, Kabelbinder, streift sich hastig eine Jacke über, holt sein Rad aus dem Keller und fährt der Frau nach. Er holt rasch auf und

folgt ihr in den nächsten Minuten mit einem Abstand von etwa 30 Metern. Der Mann weiß, dass er vorsichtig sein muss. Und geduldig.
Als Jutta Klöppel sich nach zweieinhalb Kilometern Fahrt einem Waldgebiet nähert, sieht der Mann seine Chance gekommen. Er holt die Frau ein, schubst sie vom Rad, baut sich vor ihr auf, droht mit dem Küchenmesser. »Schnauze!«, brüllt er. Dann zerrt er Jutta Klöppel in den Wald und fesselt ihr die Hände. Die junge Frau leistet keinen Widerstand; auch nicht, als der Mann sie entkleidet und betatscht. Einige Minuten geht das so. Dann überlegt der Mann. Eine bestimmte Phantasie kommt ihm in den Sinn, die sich hier aber keinesfalls verwirklichen lässt. Er muss umdenken.

Es ist jetzt 23.15 Uhr. Die Fahrräder stellt der Mann an einem Baum ab. Zu Fuß geht es zurück. Eine halbe Stunde später erreichen sie das Ziel. Niemand bemerkt, wie er mit der Frau in seiner Wohnung verschwindet. Jutta Klöppel ist jetzt seine Sklavin. Er hat sich oft in grellen Farben ausgemalt, wie das wohl wäre. Jetzt ist es endlich so weit. Er kann über die Frau verfügen, sich ihrer bemächtigen.
In den nächsten Stunden wird Jutta Klöppel mehrfach geschändet und geschlagen. Später wird im Protokoll zu lesen sein, dass sie nicht aufbegehrt, nicht schreit, nur leise wimmert. Der Mann spricht überwiegend im Befehlston, herrscht sie an, sein durchdringender Blick ist furchteinflößend, vor allem dann, wenn er sich aufregt oder erregt ist. »Auf die Knie!«, »Beine breit!«, »Mach dich sauber!«
Die Nacht ist kurz. Der Mann ruft gegen 7 Uhr in der Firma an und bittet um einen freien Tag. Kein Problem, es wird genehmigt. Jutta Klöppel ist noch nicht aufgewacht. Er legt sich wieder neben sein Opfer ins Bett und schläft erneut ein. Gegen 11 Uhr stehen beide auf, der Mann kocht Kaffee und frühstückt, alleine. Jutta Klöppel hingegen trinkt nichts und

verspürt auch keinen Appetit. Ihr Körper ist gezeichnet von den Folgen brutaler Gewalt: Schleimhauteinrisse, Schürfwunden, Gewebeeinblutungen, Prellungen, Blutergüsse, Kratzspuren. Während er in der Folgezeit stundenlang fernsieht, bleibt Jutta Klöppel im Bett regungslos und verängstigt liegen. Es ist etwa 17 Uhr, als der Mann einen dramatischen Entschluss fasst. Er zwingt sie, mehrere Gläser mit reichlich Wodka und wenig Himbeersirup zu trinken. Danach schnauzt er sie an: »Los, duschen!« Jutta Klöppel gehorcht ihm. Eine halbe Stunde später verlassen beide die Wohnung, er verschleppt sie in ein nahe gelegenes Waldgebiet.

Nachdem der Mann sein Opfer im Wald zurückgelassen hat, geht er spazieren. Als es zu dämmern beginnt, schaut er bei seinem Vater vorbei, den er seit einem halben Jahr nicht mehr gesehen hat. Man sitzt zusammen, trinkt Bier und redet – Smalltalk.

Doch dann, zur vorgerückten Stunde, tut der Sohn etwas sehr Ungewöhnliches: Er beichtet. Mit tonloser Stimme erzählt er von seinem Verbrechen. Auch von seinem Motiv. Der Vater ist fassungslos, entsetzt und vermutet einen besonders makabren Scherz. Der Sohn lässt sich aber nicht darauf ein und zeigt ein silbernes Teppichmesser vor, mit dem er die Frau getötet haben will. Dem Vater wird es zu viel. Wort- und grußlos geht man auseinander. Erst als die Medien Tage später über das Verbrechen berichten, realisiert der Vater, dass sein Sohn ein Mörder ist. Trotzdem schweigt er.

Es ist nicht der Vater, der die Kripo auf die richtige Spur bringt, sondern eine kaputte Fensterscheibe mit Blutspuren, auf die Jutta Klöppels Chef beiläufig hinweist, als er im Präsidium seine Zeugenaussage macht. Diese Beschädigung habe er nur deshalb bemerkt, weil er der Eigentümer des Hauses sei und wie gewöhnlich nach dem Rechten gesehen habe.

Bei der Mordkommission wird aus diesem Hinweis die »Spur 178«. Zwei Kriminalbeamte schauen sich das Fenster genauer an und sichern die von dem Zeugen erwähnten Blutantragungen als mögliche Beweismittel. Heiß wird diese Spur erst, als sich herausstellt, dass gegenüber der Wohnung mit der defekten Fensterscheibe Jutta Klöppels Fahrrad gestanden haben soll, bevor sie verschwand, und der Mieter bereits mit dem Gesetz in Konflikt geraten ist, als er vor drei Jahren eine Frau tätlich angriff.
Die Überfallene schilderte den Vorfall bei der Kripo damals so:

Ich ging mit meinen Kindern durch den Wald. Plötzlich kam mir ein Mann entgegen, der aber ganz normal an uns vorbeiging. Obwohl er überhaupt nichts gemacht oder gesagt hat, fand ich den Mann merkwürdig. Ich hatte so ein komisches Gefühl, rein von der Erscheinung des Mannes her.
Eine Viertelstunde später kam uns derselbe Mann entgegen. Er war noch etwa 20 Meter von mir weg und kam mit einer Kette in der Hand und erhobenen Armen auf mich zugelaufen. Ohne etwas zu sagen, schlug er mir die Kette auf den Kopf. Dann ging alles sehr schnell. Es kam zu einer Rangelei, der wollte mich ins Gebüsch zerren. Ich schrie um Hilfe. Er sagte, ich solle aufhören zu schreien, sonst würde er meinen Kindern etwas antun. »Du kommst jetzt mit!«, brüllte er. Dann sah ich, wie Spaziergänger kamen. Ich schrie wieder laut um Hilfe. Als die Leute uns bemerkten und näher kamen, lief der Mann weg.

Als Analysen des Landeskriminalamts schließlich ergeben, dass das genetische Profil des Verdächtigen mit am Körper von Jutta Klöppel gesicherten Spuren übereinstimmt, wird der Mann frühmorgens in seiner Wohnung festgenommen.

Der Beschuldigte heißt mit bürgerlichem Namen Udo Gassen, ist 29 Jahre alt, ledig und arbeitet als Radio- und Fernsehtechniker in einem mittelständischen Betrieb. Der Kettenraucher ist 1,82 Meter groß und hat einen Spitzbart. Udo Gassen gesteht ohne Umschweife den Mord an Jutta Klöppel und schildert das grausige Geschehen außerordentlich sachlich, unaufgeregt, scheinbar emotionslos. Und als man diesen Fall ausführlich besprochen hat, überrascht Udo Gassen die Ermittler mit einem weiteren Geständnis, als ihm das Foto einer jungen Frau gezeigt wird. Darauf ist Johanna Brauer zu sehen. Jetzt kommt Licht in diese düstere Geschichte, endlich erfahren auch die Angehörigen, unter welchen Umständen und warum Johanna ums Leben gekommen ist.

»Wie lief der erste Kontakt mit der Frau ab?«, fragt ein Ermittler.
»Ich kam von meinem Bruder und bin in Richtung Ortsmitte gegangen. An der Kirche vorbei, auf der Hauptstraße. Dort an der Kreuzung habe ich sie gesehen«, antwortet Gassen kooperativ.
»In welche Richtung ging sie?«
»In Richtung Zentrum.«
»Was ist dann passiert?«

Udo Gassen erzählt, er sei Johanna Brauer nachgegangen, etwa 300 Meter. An einer Böschung habe er sie von hinten gepackt und über die Straße geschoben. Auf der anderen Straßenseite habe er sie die Böschung hinuntergeschubst.
Udo Gassen wird gebeten, eine Skizze der von ihm beschriebenen Örtlichkeit zu zeichnen. Er malt eine einspurige Straße, links ein Verkehrsschild, dann eine Querstraße, schließlich Wohnhäuser. Ein Pfeil nach rechts zeigt an, wo er mit seinem Opfer in Kontakt kam und es die Böschung hinunterstieß.

»Wie ging es dann weiter?«
»Ich habe sie aufgefordert, sich auszuziehen. Da war aber zu viel Verkehr auf der Straße. Deshalb habe ich ihr befohlen, einen Teil ihrer Sachen wieder anzuziehen. Dann sind wir über die Wiese in die entgegengesetzte Richtung gelaufen.«
»Wie hat sich Johanna Brauer verhalten?«
»Ruhig.«
»Wo sind Sie mit der Frau hingelaufen?«
»Richtung Ortsausgang. Wir sind bestimmt eintausend Meter Luftlinie gelaufen.«
Wieder soll Udo Gassen auf einem Blatt Papier zeichnen, wo genau er sich mit Johanna Brauer befand und in welcher Laufrichtung sie unterwegs waren. Nach fünf Minuten wird die Befragung fortgesetzt.
»Was war das für eine Örtlichkeit?«
»Eine Wiese.«
»Genauer bitte.«
»Normale Wiese, so wie eine Kuhweide.«
»Wie ist die Vergewaltigung abgelaufen?«
Viele Mörder scheuen in vergleichbaren Situationen vor einer detaillierten Schilderung der Tat zurück, Udo Gassen nicht.
»Hat das Opfer während der Vergewaltigung etwas gesagt?«
»Schmerzensschrei.«
»Hat das Opfer vor der Vergewaltigung versucht, Sie mit Worten zu beschwichtigen?«
»Nein.«
»Das ist doch eher ungewöhnlich. Was glauben Sie, warum sich die Frau so verhalten hat?«
»Angstzustand von dem Mädchen.«
»Ab wann war das denn so?«
»Von Anfang an.«
»Was haben Sie zu dem Mädchen gesagt?«
»Nichts.«

»Kein einziges Wort?«
»Halt nur, dass sie sich ausziehen soll.«
»Haben Sie ihr gedroht?«
»Nein.«
»Hat sich das Mädchen mal gewehrt?«
»Nein.«
Die Vernehmungsbeamten wollen nicht glauben, dass Johanna Brauer ohne Anwendung von Gewalt dem Täter gefolgt sein soll.
»Noch einmal: Die Frau ist, als Sie ihr begegnet sind, einfach so mitgekommen?«
Udo Gassen überlegt eine Zeitlang, bevor er antwortet. Er habe Johanna Brauer mit der Faust ins Gesicht geschlagen, gibt er schließlich zu Protokoll, »dreimal, vielleicht fünfmal«. Mehr Gewalt sei »nicht nötig« gewesen, um das Opfer gefügig zu machen.
»Wie muss man sich diese Situation vorstellen, wann genau haben Sie zugeschlagen?«
»Das war eine ganz normale Reaktion von ihr: Ich habe sie von hinten gepackt, sie hat sich umgedreht, und in dem Moment habe ich zugeschlagen.«
»Welche Folge hatten Ihre Schläge?«
Udo Gassen bittet die Beamten um ein Glas Wasser. Kurze Pause. Nachdem er etwas getrunken hat, berichtet er, dass Johanna Brauer aus der Nase geblutet, aber nicht geweint habe. Nach der Vergewaltigung sei man zu einem 20 oder 30 Meter entfernten Bach gelaufen.
»Hatten Sie die Frau noch unter körperlicher Kontrolle?«
»Nein.«
»Sie haben sie also nicht zum Wasser geführt?«
»Nein. Erst als wir am Bach waren, habe ich sie in Richtung Wasser geschubst.«
»Hat die Frau etwas gesagt?«
»Nein.«

»Hat die Frau in dieser Situation geweint?«
»Kann sein.«
»Hatte die Frau immer noch Angst vor Ihnen?«
»Auf alle Fälle.«
»Wie ging es dann weiter?«
Der Beschuldigte erzählt, er habe Johanna Brauer »befohlen«, sich das Gesicht abzuwaschen, weil überall »ekliges Blut« gewesen sei. Die Frau habe ihm aber nicht leidgetan, versichert Udo Gassen auf Nachfrage der Beamten.
»Was haben Sie dann gemacht?«
»Ich bin von hinten auf sie zu. Dann haben wir beide bis zu den Knien im Wasser gestanden.«
»Nutzten Sie nun die Arglosigkeit der Frau aus, die sich bückte, um sich das Gesicht zu waschen?«
»Ja.«
»War die Frau Ihnen gegenüber wehrlos?«
»Ja.«
»Nutzten Sie diese Wehrlosigkeit aus?«
»Offensichtlich.«
»Was passierte dann?«
Udo Gassen schaut den Beamten jetzt nicht mehr in die Augen, sondern auf den Boden. Und schweigt. Es dauert einige Minuten, bis er berichtet, dass er Johanna Brauer mit beiden Händen von hinten am Nacken gepackt und ihren Kopf unter Wasser gedrückt habe.
»Wie lange ging das so?«
»Bis sie sich nicht mehr bewegt hat.«
»Haben Sie das Opfer nach dem Ertränken liegenlassen, oder haben Sie noch andere Sachen gemacht?«
»Ich habe sie wieder ausgezogen. Die Kleidung habe ich im Bereich der Böschung weggeschmissen, irgendwo da am Waldrand. Und den Rest wissen Sie aus dem medizinischen Bericht, nehme ich an.«
»Bitte schildern Sie das mit eigenen Worten!«

»Nein, mache ich nicht.«
»Warum nicht?«
»Weil es mir unangenehm ist.«
»Dürfen wir davon ausgehen, dass die an der Leiche festgestellten Manipulationen von Ihnen kommen?«
»Ja.«
»Wie lange waren Sie mit dem Leichnam noch zusammen?«
»Vielleicht 15 Minuten.«
»Warum haben Sie das Mädchen getötet?«
»Darauf kann ich nicht antworten.«
»Das glauben wir Ihnen nicht. Was war Ihr Motiv?«
»Was mein Motiv von Anfang an war, kann ich nicht sagen.«
»In was für einer Stimmungslage befanden Sie sich, als Sie die Frau angriffen?«
»Ich weiß nicht, in was für einer Stimmung ich war. Wahrscheinlich war ich nicht gut drauf.«
»Wie fühlen Sie sich jetzt?«
»Auf der einen Seite erleichtert, auf der anderen Seite ewig traurig.«
Udo Gassen hat, dies wird sich später herausstellen, in allen Punkten die Wahrheit gesagt, nur als er die innere Tatseite schildern und seine Beweggründe preisgeben soll, hat er wie ein Pferd den Mauersprung verweigert, weil es dem Reiter genau in diesem Moment misstraut. Es sind nicht die Vernehmungsbeamten gewesen, die ihn gestört haben, sondern die Protokollant*in.*
Der psychiatrische Gutachter hingegen ist ein Mann mit viel Berufserfahrung und Udo Gassen ein Proband, der drei Monate später bereit ist, unter diesen Bedingungen sein Innerstes nach außen zu kehren. Es gibt keine Tabus. Nun beginnt über Wochen hinweg eine Spurensuche im Leben des Serienmörders. Dabei kann der Experte für die Abgründe der menschlichen Seele auch auf die Ermittlungsergebnisse der Kripo zurückgreifen.

Zu Hause wurde er in den ersten Jahren überwiegend von seinem Vater geschlagen, meistens gab es Ohrfeigen, hin und wieder waren es auch der Teppichklopfer oder die Reitpeitsche, die er zu spüren bekam. Allerdings war er schon als kleines Kind ein richtiges Schlitzohr, das genau das Gegenteil von dem getan hat, was ihm vorgeschrieben und von ihm erwartet wurde. Die Mutter erzählte dem Vater regelmäßig von den Verfehlungen des Sohnes. Er fühlte sich von ihr verraten. Der Vater war dafür zuständig, die Strafe zu vollstrecken. Gassen fühlte sich ungerecht behandelt. »Es gibt keinen Grund, Kinder zu schlagen«, sagt er dem Protokollanten. Auch der ältere Bruder musste Prügel einstecken, aber Udo Gassen fühlte sich wesentlich häufiger als Leidtragender: »Ich war der Rabe in unserer Familie.«

Die Mutter erlebte er als streng und kalt. Sie habe ihn »nie leiden können«, er war immer der Überzeugung, ein unerwünschtes Kind zu sein. Der Vater war bis zu seinem zehnten Lebensjahr berufsbedingt selten zu Hause, zeigte kaum Interesse für die Familie, war »ein echter Kampftrinker«. Als die Ehe der Eltern scheiterte, ließ die Mutter ihren Sohn zurück. »Dich will ich nicht haben, du machst nur Probleme. Bleib bei deinem Vater«, soll sie zu ihm gesagt haben. Seitdem hatte er keinen Kontakt mehr zu seiner Mutter. Einerseits sei der Weggang der Mutter für ihn unbegreiflich gewesen, andererseits habe er sich gefreut. »Endlich war die weg.« Nach der Scheidung führte er eine intensive und gute Beziehung zu seinem Vater. Zwischen dem zwölften und vierzehnten Lebensjahr habe sich der Vater intensiv um ihn bemüht, ihm viel beigebracht: Fußballspielen, Schwimmen, Judo, Angeln. Er vertraute seinem Vater, er war sein Vorbild. »Als ich in der Schule immer schlechter wurde und die Klauereien losgingen, bekamen wir Probleme.« Richtig zum

Bruch kam es allerdings erst, als er dem Vater den von ihm begangenen Mord beichtete.

Schule und Beruf

Im Laufe der Zeit wurde die Schule »ein zunehmender Horror«, er bemühte sich nicht ausreichend und blamierte sich mit seinem Unwissen vor der Klasse. Er schwänzte die Schule zwar nicht, war aber trotzdem häufig nicht anwesend: »Ich habe so getan, als wäre ich krank.« Nur die Mutter durchschaute seine Täuschungsmanöver schließlich doch und schrieb keine Entschuldigungen mehr: »Dann bin ich einfach nicht mehr hingegangen.«
Eine Klassenlehrerin berichtet über ihren ehemaligen Schüler, dass er sehr unsicher war, wenig selbstbewusst, bei Konflikten herumschrie und lange Zeit benötigte, bis er sich dazu durchringen konnte, ein klärendes Gespräch zu führen. Er wurde als kontaktscheu wahrgenommen, eher introvertiert, nachtragend, rauchte stark. An Mädchen traute er sich kaum heran, ihnen gegenüber war er sehr unsicher und recht naiv.

Udo Gassen erzählt dem Psychiater, dass er einmal sitzenblieb, dann aber »die Kurve gekriegt« habe. Diese Leistungssteigerungen dürften auf das verbesserte Verhältnis zu seinem Vater zurückzuführen sein, der ihm auch ein Gefühl von Geborgenheit vermitteln konnte. Insgesamt aber war er ein bestenfalls durchschnittlicher Schüler. Nach der Realschule absolvierte er eine Lehre zum Radio- und Fernsehtechniker, danach wurde er von seinem Lehrherrn übernommen.
Arbeitskollegen berichten der Kripo, Udo Gassen sei mitunter hektisch und gedankenlos, reagiere empfindlich auf Kritik, lasse sich ungern verbessern, sei unnahbar und gelegentlich geheimnisvoll, auch habe er anderen deutlich gezeigt,

wenn ihm etwas gegen den Strich gegangen sei. Andererseits habe er für seinen Beruf gelebt, sei zäh, kräftig, zupackend und habe auch zumindest phasenweise Durchhaltevermögen erkennen lassen.

Sozialverhalten

Er wusste nichts mit seiner Freizeit anzufangen, ihm fiel oft die Decke auf den Kopf. Er brauchte Menschen um sich, war aber zu schüchtern, um sich zu öffnen. Die meiste Zeit verbrachte er alleine. Er war wohl ein typischer Einzelgänger, jedenfalls hatte er nie einen richtigen Freund. Hin und wieder kam er mit Literatur in Berührung, eher zufällig, beispielsweise las er »Das Schweigen der Lämmer« oder »Die Brücke über die Drina«.

Kriminelle Karriere

Mit 13 Jahren kam er erstmals mit der Polizei in Kontakt, weil er Mofas oder Fahrräder klaute, im Grunde nahm er alles mit, »was irgendwie zu gebrauchen war«. Damit konnte er nicht aufhören, bis heute nicht. Er fühlte sich dabei auch stets wohl. Bei den Diebstählen und Einbrüchen war er meist alleine. Bei Einbrüchen trieben ihn die Neugier und der Reiz des Verbotenen: »Ich kam mir schlauer vor als die anderen. Das war ein richtiger Kick für mich, dieser Adrenalinstoß.« Er findet es auch interessant, davon leben zu können. Entscheidend für ihn ist aber das Gefühl, das er dabei spürt: »Ich habe das einfach gebraucht. Das hat mir unheimlich Spaß gemacht.« Nicht die kriminelle Handlung an sich war von entscheidender Relevanz, sondern die beabsichtigte Grenzüberschreitung: »Alles, was verboten ist, macht Spaß.«

Sexualität

Er hatte niemals Probleme, erzählt Udo Gassen. Mit 14 Jahren kam es zum ersten Geschlechtsverkehr, seitdem hatte er verschiedene sexuelle Kontakte, nur keine mit Männern. Zweimal war er über einen längeren Zeitraum mit einem Mädchen liiert, die letzte feste Beziehung liegt drei Jahre zurück.

Im Alter von 16 oder 17 Jahren entwickelte er erstmals aggressive Sexualphantasien: »Ich habe kapiert, dass es mir richtig was gebracht hat, wenn ich Frauen beherrschen konnte.« Er stellte sich vor, in seiner Wohnung eine Sklavin halten zu können, die ihm ausgeliefert ist und mit der er alles machen kann. »Das wäre ideal gewesen«, sagt er dazu.

Gewaltneigung

Es überkommt ihn einfach, wie ein Kick, Adrenalin, das ihm hochsteigt. Er gibt zu Protokoll, dass es bei Johanna Brauer besonders stark gewesen sei. Wenn es zu einer Tat kommt, ist er »unheimlich aufgeregt und nervös, am ganzen Körper angespannt«. Er sagt auch: »Irgendwie ist der Drang in mir, es zu tun. Erst die Aktion, das Überwältigen, dann vergewaltigen, zum Schluss der Tod.« Es habe sich aber nicht um genau geplante Aktionen gehandelt. »Das ist nach und nach passiert, bis zur Tötung.« Manchmal sei der Drang stärker gewesen, manchmal schwächer.

> *Es überkommt mich, ein Gefühl kommt auf, ich glaube, ich denke da nicht mehr viel, ich weiß nicht, es kommt einfach hoch, ich schaue nicht nach einer günstigen Gelegenheit. Mit Sicherheit ist da bei mir irgendwas, nur kann ich nicht sagen, was es ist. Ich kann nicht sagen, was der Aus-*

löser ist. Vielleicht die Stimmung. Es hätte viel häufiger passieren können. Ich bin sogar mit Frauen in der Sauna gewesen. Denen hätte ich nur hinterherfahren müssen. Passiert ist aber nichts.
Manchmal habe ich dieses Gefühl nicht, da sage ich mir dann, lass es bleiben, und denke dabei an meine Arbeit am nächsten Tag. Dann wieder ist mein Gefühl so stark, dass ich es tun muss, ich kann nicht anders. Und dann fahre ich in der Nacht herum, ziellos, irgendwo, und wenn ein Mädchen kommt und mein Gefühl ist zu stark, dann hat es Pech gehabt, dann wird ein Versuch gestartet. Das Gefühl unmittelbar vor der Tat ist schon ein halber Orgasmus.

Tötungsmotive

Johanna Brauer tötete er mit der Absicht, er musste die vorherige Vergewaltigung verdecken. Allerdings sei da noch ein anderes Bedürfnis gewesen: »Ich war eigentlich immer ein leicht feiger Mensch, und wahrscheinlich wollte ich bei Johanna mal ausprobieren, ob ich das kann. Ich wollte sehen, wie das ist, wenn ein Mensch stirbt.«
Bei Jutta Klöppel sei die Motivation eine andere gewesen. »Da habe ich gewusst, ich kann's, da war ich eiskalt. Das war reine Kaltschnäuzigkeit, damit meine ich mein Gefühl, das ich im Moment der Tötung Jutta gegenüber gehabt habe. Ich habe ja gewusst, dass ich es kann.« Es sei ihm ausschließlich darum gegangen, die Frau als mögliche Zeugin auszuschalten, »und zwar für immer«. »Vergewaltigung und Tötung, das war für mich eine Sache. Mal hat's geklappt, mal nicht.« Ob er je Mitleid für die Frauen empfunden habe? »Nein, die waren mir egal.«

Resümierend stellt der Sachverständige fest, bei Udo Gassen handele es sich um einen gemütsarmen, an seinen Mitmenschen wenig interessierten Mann, der auch keine emotionalen Bindungen einzugehen scheine und sich Normen nicht verpflichtet sehe. Er sei kühl, affektiv und emotional distanziert, misstrauisch und berechenbar. Bedeutsam sei auch die Unfähigkeit, aus Erfahrungen zu lernen, konstante Beziehungen habe er weder im privaten noch beruflichen Umfeld aufrechterhalten können. Darüber hinaus seien Dominanz- und Geltungsstreben, aber auch die fehlende Bereitschaft, sich anzupassen, erkennbar geworden. Ursächlich für dieses Verhalten sei mit hoher Wahrscheinlichkeit eine ausgeprägte Selbstwertproblematik, Udo Gassen leide unter erheblichen Minderwertigkeitsgefühlen.

Ein besonderes Risiko gehe von solchen abnormen Persönlichkeiten wie Udo Gassen dann aus, wenn ihr kriminelles Verhalten auch den Bereich der Sexualität betreffe, weil sexuelle Dinge von der eigenen Gefühlswelt gänzlich getrennt blieben. Sexualität diene Udo Gassen ausschließlich der eigenen Bedürfnisbefriedigung, die Sexualpartner würden lediglich für experimentelle Zwecke benutzt. Die damit verbundene starke Erregung, die noch gesteigert werde durch die Befriedigung narzisstischer Bedürfnisse wie Macht und Omnipotenz, kennzeichne das sexuell aggressive Verhalten und ziehe häufig Wiederholungen nach sich. Dabei werde die ohnehin schon niedrige Hemmschwelle, Grenzverletzungen zu begehen, nochmals gesenkt, falls sie mit ihrem kriminellen Tun erfolgreich seien.

Um dieser für die Allgemeinheit dauerhaft bestehenden Gefahr vorzubeugen, wird das Gericht vier Monate später nach einem ungewöhnlich kurzen Prozess die in Deutschland höchstmögliche Strafe aussprechen: lebenslange Haft, besondere Schwere der Schuld und anschließende Sicherungsverwahrung.

Udo Gassen zu seiner Motivation beim ersten Mord: »Ich wollte mal sehen, wie das ist, wenn ein Mensch stirbt.« Bei der Tötung von Johanna Brauer ist die Lust am Morden demnach kein sich peu à peu intensivierendes Dauerthema einer sich über Jahre hinweg allmählich zuspitzenden Fehlentwicklung gewesen, sondern ein sich eher spontan akzentuierendes Bedürfnis und letztlich singuläres Fehlverhalten. Geboren aus der Situation heraus, einer sich bietenden Gelegenheit.

Diese Form der unnatürlichen Freude an der Vernichtung eines Menschenlebens wird geprägt von pathologischer Neugier: Wie ist das, einen Menschen zu töten? Wie fühlt sich das an? Halte ich das aus? Schaffe ich das? Das muss schön sein. Ich schaffe das. Ich mache das! In solchen Fällen kommt es wegen dieser Motiveinfärbung regelmäßig deshalb nicht zu Tatwiederholungen, weil der Tötungsakt – entgegen der eigenen Erwartungshaltung – eben nicht als stimulierend oder erotisierend erlebt wird und eine tiefere, an rege Phantasietätigkeit geknüpfte Einbindung in das kriminelle Gesamtkonzept fehlt.

Ein weiterer Aspekt erscheint – nicht nur in diesem Fall – beachtenswert. Johanna Brauer hat nicht geschrien, als sie überfallen wurde. Sie hat sich angesichts der bevorstehenden Vergewaltigung auch nicht gewehrt. Und sie hat trotz sich mehrfach bietender Gelegenheit keinen Fluchtversuch unternommen. Bei Jutta Klöppel verhielt es sich sehr ähnlich. Waren die Frauen gelähmt vor Angst? Sind sie vor Schreck innerlich erstarrt? Unfähig, eine Gegenstrategie zu entwickeln? Warum wehren sich Opfer wie Johanna Brauer und Jutta Klöppel in derart lebensbedrohlichen Situationen denn nicht?

Ein Erklärungsversuch: Der von Mordlust dominierte Tötungsakt ist aus der Sicht des Täters ausschließlich auf den Tod des Opfers gerichtet. Es geht dem aus der Opferperspektive übermächtig erscheinenden Peiniger um Entrechtung, Entmenschlichung und anschließende Eliminierung. Aufgeführt wird immer dasselbe Stück: eine Lotterie des Todes, die Tötung als Vabanquespiel. Der Täter setzt das fremde Leben wie einen Jeton am Spieltisch im Kasino der Emotionen. Kommt der Kick?

Diese perverse Zielrichtung bleibt dem Opfer naturgemäß nicht verborgen, Erbarmungslosigkeit und Vernichtungswille sind in jeder Phase des Verbrechens spürbar, erlebbar und in der hässlichen Fratze des Mordlüsternen auch ablesbar. Der Täter nimmt das Opfer gefangen, beraubt es seiner Subjektqualität, das Gefühl der eigenen Sicherheit wird unwiderruflich atomisiert. Die Welt, eben noch so selbstverständlich, hört auf zu existieren. In diesem zunächst inneren, später auch äußeren Auflösungsprozess wirken überwältigende Kräfte, das Opfer, reduziert auf die eigenen biologische Körperfunktionen, wird zum bloßen Spielball der Bösartigkeit. Gerade der höchst intime Vorgang des Sterbens wird instrumentalisiert und zweckentfremdet, wenn der unheimliche Fremde das Leben einfordert und seinen Spaß daran haben will.

Es erscheint schwer vorstellbar, was Menschen in solch entwürdigenden und unheilvollen Situationen empfinden. Doch die Vorstellung, das unmittelbare Erleben, einem Fremden bedingungslos und unabwendbar ausgeliefert zu sein, bis nach wahren Höllenqualen der Tod eintritt, kann dazu führen, dass das Opfer eine entwaffnende Wehrlosigkeit empfindet und sich wie paralysiert in sein Schicksal fügt. Und genau aus diesen Gründen dürften Johanna Brauer und Jutta Klöppel geschwiegen und auf jede Form der Gegenwehr verzichtet haben, als sie überfallen und ermordet wurden.

Halloween unchained

Es ist Frühling, die Sonne scheint.

Ein Junge mit gelockten, dunklen Haaren kommt von der Schule und ist auf dem Weg nach Hause. Er nimmt die Abkürzung durch den Wald. Die Bäume tragen schon grüne Blätter. Vogelgezwitscher. Eine Krähe keift. Der Junge hüpft über mehrere kleine Felsbrocken, die vor ihm auf dem Waldboden liegen. Er läuft weiter. Zweige knacken unter seinen Schuhen, das Laub raschelt.

Als der Junge an einer mächtigen Eiche vorbeikommt, springt urplötzlich jemand auf ihn zu, der sich hinter dem Baum versteckt hat. Nach Kleidung und Statur zu urteilen, handelt es sich um einen etwa gleichaltrigen Jungen, der eine Clownsmaske trägt. Er kreischt und schwingt einen dicken Ast. Der erste Schlag trifft den Jungen im Bereich der Oberschenkel. Er fällt hin, bleibt bäuchlings liegen, schreit vor Schmerzen. Der zweite Schlag wird auf den Rücken gesetzt. Das Opfer dreht sich um und flucht: »Scheiße, du Wichser, ich mach dich fertig!«

Der Junge mit der Maske steht neben ihm. Und schlägt abermals zu. Das Opfer dreht sich auf den Rücken, stützt sich mit den Armen ab, will aufstehen. Wieder ein Schlag, diesmal ins Gesicht. »Dich mach ich fertig!«, brüllt das Opfer. Noch ein Schlag. »Bitte, hör auf! Hör auf, bitte!« Der Junge mit der Maske holt weit aus und schlägt zu. Stöhnen. Schreie. Das Opfer ist jetzt kampfunfähig und versucht, mit letzter Kraft wegzukriechen. Der Junge mit der Maske folgt ihm langsam.

Wieder wird das Opfer von Schlägen getroffen, diesmal am Gesäß, im Rücken. Das Opfer rollt sich über den Boden und versucht verzweifelt, dem Angreifer zu entkom-

men, fleht um Gnade: »Bitte!« Die Antwort sind weitere Schläge. Das Gesicht des Opfers ist inzwischen blutverschmiert. Der Angreifer lüftet seine Maske: pausbackiges Gesicht, lange, strähnige, blonde Haare, kalter Blick, triumphierend, erbarmungslos. »Bitte hör auf. Es tut mir leid!« Das Opfer weint, die Augen sind weit aufgerissen. »Bitte tu mir nicht weh!«

Der Junge mit der Maske beobachtet das leidende Opfer ausgiebig. Dann zieht er das künstliche Clownsgesicht langsam wieder vor seine Augen und holt aus. »Nein! Nein!« Das Opfer bettelt um Gnade. »Nein!« Mit großer Wucht ausgeführte Schläge verletzen den Jungen schwer. »Nein!« Schließlich hört man nur noch das Gekreische des Jungen mit der Maske. Nach unzähligen Hieben stirbt das Opfer Augenblicke später. Der Junge mit der Maske steht daneben, bewegungslos, beobachtend. Schließlich wirft er den Ast weg und geht.

Roman suchte genau diese DVD aus. Es ist sein Zimmer, in dem er mit Rüdiger fernsieht, und er mag Filme, in denen es zu Gewalttätigkeiten kommt, Blut fließt, Menschen grausam getötet werden. Rüdiger hingegen steht eher auf Western, besonders wenn John Wayne mitspielt. Sein Lieblingsfilm ist »The Shootist – der letzte Scharfschütze«, in dem John Wayne einen an Krebs erkrankten ehemaligen Revolverhelden gibt, der am Ende des Films nach einem wilden Showdown den Tod findet.

Rüdiger lernte Roman vor zweieinhalb Jahren kennen, als er in das Männerwohnheim gezogen ist. Die Sozialunterkunft liegt direkt in einem Gewerbegebiet, etwa 500 Meter von der Autobahn entfernt. In dem heruntergekommenen und baufälligen dreigeschossigen Gebäude leben bis zu 24 Männer, darunter viele mit Migrationshintergrund. Die meisten Bewohner beziehen Hartz IV oder Sozialhilfe.

Die mit schlichtem und teils abgewetztem Mobiliar aus den 1980er Jahren eingerichteten Einzelzimmer sind zwölf Quadratmeter groß und haben Kabelanschluss. Auf jeder Etage gibt es eine Gemeinschaftsdusche mit Toilette und eine Küche. Auf den Fluren reiht sich Tür an Tür, die Farbe blättert von der Decke, auf den teilweise beschädigten Bodenfliesen klebt ein dicker Schmierfilm. Manchmal liegt der Geruch von Haschisch oder Crack in der Luft. Einige der Bewohner sind drogenabhängig. Alkoholexzesse finden nahezu täglich statt. Regelmäßig fährt die Polizei Einsätze, wenn es unter den Bewohnern Streit gibt, der mit Fäusten ausgetragen wird. Oder mit Knüppeln, Baseballschlägern, Messern. In den letzten zwei Jahren sind sechs der Heimbewohner gestorben. Wer sein Leben hier verbringen muss, ist ganz unten angekommen.

Ab etwa 20 Uhr sind Roman und Rüdiger zunächst mit zwei anderen Männern aus dem Wohnheim zusammen gewesen. Man hat im Gemeinschaftsraum reichlich Bier und Wodka getrunken, ferngesehen, palavert, geraucht, Karten gespielt. Zu Handgreiflichkeiten ist es dieses Mal nicht gekommen. Gegen 23.30 Uhr sind zwei Männer müde geworden und haben sich verkrümelt. Weil Rüdiger noch ziemlich aufgedreht gewesen ist, hat er Roman gefragt, ob er noch mit auf sein Zimmer kommen dürfe. Widerwillig hat Roman eingewilligt. Jetzt ist es weit nach 2 Uhr, die beiden Männer halten sich an ihrer Flasche Bier fest und starren auf den Bildschirm.

Der Junge mit den langen, blonden Haaren sitzt einen Moment in der Küche, steht dann auf und nimmt aus einer Schublade graues Paketklebeband und ein Messer heraus. Danach geht er ins Wohnzimmer, wo sein Vater in einem Sessel sitzt, schlafend. Er legt das große Küchenmesser auf einem Stuhl ab und beginnt damit, seinen Vater mit dem

Klebeband zu fesseln und zu knebeln. Sein Blick ist verächtlich.
Schließlich ist der Körper des Vaters nahezu komplett mit Klebeband umwickelt. Der etwa 50 Jahre alte Mann ist nun wehrlos. Der Junge zieht seine Clownsmaske vor das Gesicht und beobachtet den schlafenden Vater noch eine Weile. Plötzlich Stimmen! Der Junge geht zum Fenster und sieht, wie zwei Kinder auf der anderen Straßenseite lachend und feixend vorbeigehen.
Als keine Gefahr mehr droht, geht der Junge zurück ins Wohnzimmer, stellt sich hinter seinen Vater und schneidet ihm die Kehle durch. Der Vater erwacht, kann aber nicht schreien, weil sein Mund mit Paketband verklebt ist. Blut schießt aus seinem Hals. Der Junge beobachtet den Todeskampf des Vaters genau. Erst als das Opfer nicht mehr atmet, lüftet er seine Maske. Die weichen Gesichtszüge wirken wie eingefroren.

Rüdiger hat lange, schwarze, strähnige Haare, ist 1,75 Meter groß, korpulent. Früher, als er noch Freunde hatte, nannten sie ihn »Rudi«. Damals sah die Zukunft für ihn gar nicht einmal so schlecht aus. Erst machte er eine Ausbildung zum Elektriker, später ging er kellnern, schließlich übernahm er eine Kneipe, wollte sogar heiraten, eine Familie gründen.
Doch die Sache ging gründlich schief: Rüdiger ließ sich mit den falschen Leuten ein, nahm Bankkredite auf, die er irgendwann nicht mehr bedienen konnte, versuchte sogar, das Geschäft mit dubiosen Privatdarlehen zu retten. So geriet er nicht nur in eine finanzielle Schieflage, sondern auch in eine soziale Abwärtsbewegung, begann zu trinken, vernachlässigte die Kneipe; vor lauter Verzweiflung stand er eines Tages mit einem Revolver in der Hand vor einem Bankschalter. Zwei Tage später wurde er geschnappt, vier Monate darauf zu fünfeinhalb Jahren Haft verurteilt.

Seit drei Jahren ist er wieder ein freier Mensch, allerdings lebt er nach seiner Privatinsolvenz sehr bescheiden. Den sozialen Anschluss hat er aber nicht wieder gefunden, welcher Arbeitgeber nimmt schon einen ehemaligen Insolvenzverschlepper und Bankräuber, der zudem ein massives Alkoholproblem hat. So ist als Unterschlupf nur das Männerwohnheim geblieben. Der von ihm behördlicherseits erwartete »Veränderungswille« ist indes nicht zu erkennen, Rüdiger lebt in den Tag hinein, es gibt keine Perspektive für jemanden wie ihn. Davon ist er jedenfalls überzeugt. Leben auf dem Abstellgleis. Ein bisschen Abwechslung und Zerstreuung finden er und seine Mitbewohner, wenn der DVD-Player eingeschaltet wird.

Der langhaarige Mann zieht sich an, verlässt das Zimmer und will Bier holen, um das ihn seine Freundin gebeten hat, die im Bett liegen geblieben ist, nackt. Die beiden hatten Sex. Der Mann geht die Treppe hinunter in die Küche. Ihm folgt unbemerkt der Junge mit der Clownsmaske. Er hat einen silberfarbenen Baseballschläger in der rechten Hand.

Im Kühlschrank findet der Mann aber kein Bier, sondern in Papier eingewickelten Schinken. Er setzt sich an den Tisch, nimmt zwei Scheiben Toastbrot und legt den Schinken dazwischen. Von hinten nähert sich plötzlich der Junge mit der Maske. Der Mann bemerkt ihn nicht, seine ganze Aufmerksamkeit gilt dem Schinkensandwich.

Der Junge stellt sich hinter den Mann, zögert einen Moment. Dann umfasst er mit seinen blutverschmierten Händen den Baseballschläger, holt aus und schlägt dem Mann mit großer Wucht auf den Kopf. Das Opfer fällt auf den Fußboden, es ist wehrlos. Die Füße des Mannes zucken. Der Junge schaut zu, wie sich das Opfer vor Schmerzen windet. Dann schlägt er wieder zu. Ein zweites Mal. Im-

mer wieder. Dabei schreit der Junge unentwegt. Auf dem Fußboden breitet sich Blut aus. Dann ist es vorbei. Der Junge läuft durch die große Blutlache und verlässt die Küche.

Roman denkt und fühlt ähnlich wie Rüdiger. Der 35-Jährige steht – soweit er sich erinnern kann – schon immer auf der Schattenseite des Lebens: Als jüngstes von vier Kindern, zwei Jungen und zwei Mädchen, wird er in einer hessischen Kleinstadt geboren. In der Großfamilie findet er sich nicht zurecht, die emotional kühle Mutter beachtet ihn kaum, vom strengen Vater fühlt er sich erniedrigt und gedemütigt, wenn er gemaßregelt und auch geschlagen wird. Roman ist ein sehr ängstliches, unsicheres und zurückhaltendes Kind. Er findet auch bei seinen Altersgenossen kaum Anschluss.

Bereits mit elf Jahren raucht er. Der Junge will damit die eigene Unsicherheit überspielen und seinen Klassenkameraden imponieren, die ebenfalls paffen. Später nimmt er Drogen, erst Haschisch, dann Heroin. Roman verliert sich zunehmend im Drogenrausch oder Tagträumen und fliegt schließlich von der Schule. Er wechselt auf eine weiterführende Berufsschule. Dort gelingt ihm wenigstens mit Mühe der Hauptschulabschluss. Anschließend beginnt er eine Ausbildung zum Schmied, die er jedoch abbricht.

Mit 22 Jahren versucht er, sich das Leben zu nehmen, als er einen Wagen, den er Stunden vorher gestohlen hat, eine Böschung hinunter lenkt. Roman liegt zwei Wochen lang im Koma, wacht wieder auf, wird gesund, zumindest körperlich. Nach wie vor fühlt er sich wie ein Ertrinkender, der im Strudel des Lebens unterzugehen droht. Niemand ist gewillt, ihm einen Rettungsring zuzuwerfen. Sein sozialer Abstieg vollzieht sich rasant, Etappe für Etappe geht es nach unten: Schulversager, Ausbildungsabbrecher, Berufsloser, Arbeitsloser, Obdachloser, Junkie, Gelegenheitsverbrecher, Strafgefangener.

Niemand interessiert sich für ihn. Er interessiert sich für niemanden. Aus diesem Grund gibt er sich häufig unnahbar, aggressiv, egoistisch, rücksichtslos. Das Leben im Männerwohnheim behagt ihm nicht: die häufigen Saufgelage, das stumpfe Gegröle der Betrunkenen, die ständige Langeweile, die zu laute Musik, die Schlägereien, das niveaulose Gerede, die Mäuse im ganzen Haus, der Schimmel an den Wänden seines Zimmers – das Leben ist die Hölle.
Deshalb flüchtet er sich regelmäßig in die Scheinwelt der Horrorfilme. Dort fühlt er sich heimisch, dort kann er sich mit den Protagonisten identifizieren, eine Rolle übernehmen, die ihm im richtigen Leben verwehrt geblieben ist. Am liebsten schaut er sich Filme aus der »Halloween«-Reihe an. Roman besitzt sie alle: die zwei Originalfassungen, die fünf Fortsetzungsversionen, die beiden Neuverfilmungen. Heute hat er sich für »Halloween« aus dem Jahr 2007 entschieden, das Remake des John-Carpenter-Klassikers von 1978.

Die junge Frau liegt auf dem Bett und hört Musik. Sie trägt nur ein blaues Nachthemd und einen Kopfhörer. Langsam öffnet sich die Tür, und der Junge mit der Clownsmaske kommt herein. Die Frau ist durch die Musik abgelenkt und bemerkt nichts. Der Junge bleibt etwa zwei Meter vor dem Bett stehen, verharrt einen Augenblick. Dann zieht er die Maske vom Kopf. Er wirkt traurig, melancholisch.
Vor dem Bett findet der Junge eine Vollmaske aus Latex mit Kopfbehaarung, die er sich überstülpt. Er tritt an das Bett heran und streichelt mit den blutigen Fingern seiner linken Hand über die Oberschenkel der Frau. »Steve, hör auf.« Sie lacht verlegen. »Hör auf.« Die Frau nimmt an, sie werde von ihrem Freund gestreichelt, der vor einigen Minuten das Schlafzimmer verlassen hat und jetzt tot in der Küche liegt.

»Du hattest genug. Hör auf. Hör auf damit.« Die Frau nimmt den Kopfhörer ab. »Michael!« Sie erkennt ihren jüngeren Bruder. »Was zum Teufel machst du hier?« Der Junge schweigt. »Michael!« Sie schlägt ihn. »Michael, sag endlich was!« Noch ein Schlag gegen die Maske. »Was soll die Scheiße! Michael, gib mir eine Antwort!« Unvermittelt sticht der Junge seiner Schwester mit dem Küchenmesser in den Unterleib. Nach einem kurzen Moment des Beobachtens zieht er das Messer aus dem Körper wieder heraus.

Die Schwester mobilisiert ihre letzten Kräfte, steht auf, schleppt sich aus dem Zimmer und taumelt über den Flur, schluchzend. Ihr Nachthemd ist blutgetränkt. Sie tastet sich an der Wand entlang, dann dreht sie sich kurz um. Etwa drei Meter hinter ihr steht Michael. Er hat das blutige Küchenmesser in der rechten Hand und schaut seiner Schwester nach. Dann folgt er ihr.

Als Michael sie erreicht, schneidet er mit dem großen Küchenmesser immer wieder in den Rücken seiner Schwester hinein, die außer sich ist, panisch schreit, wimmert, schreit. Die junge Frau geht schließlich zu Boden, kriecht auf allen vieren, versucht verzweifelt, ihrem Peiniger zu entkommen. Der reagiert aber nicht mehr, sondern beobachtet nur noch stoisch den aussichtslosen Todeskampf seiner Schwester.

Rüdiger ist von diesem Film nicht sonderlich begeistert. Gewalt stößt ihn ab. Er nimmt die rote Dose Tabak zur Hand, die vor ihm auf dem Tisch steht, und dreht sich eine Zigarette. Das Zimmer ist rauchgeschwängert. Roman nimmt einen kräftigen Schluck aus der Bierflasche. Die beiden Männer sind nicht befreundet, sie finden sich nicht einmal sonderlich sympathisch, aber mit irgendwem muss man sich in der Not abgeben, sonst wäre die Monotonie gar nicht zu ertragen. Und außerdem: Rüdiger ist ein ruhiger, friedlicher und hilfsbereiter Mensch, den Roman für seine Zwecke auszunutzen weiß. Aber Rüdiger fühlt sich von Roman beschützt, wenn es mit anderen Heimbewohnern Ärger gibt. Beide können also voneinander profitieren: eine Zweckgemeinschaft.

Roman ist ein sehr ungewöhnlicher, dabei aber auch recht unangenehmer Typ Mensch: Er spricht hastig und laut, die hohe Stimme überschlägt sich dabei schon mal, er kann sich schlecht beherrschen, gibt gerne Widerworte, provoziert, wirkt angespannt und hektisch, regelrecht zappelig, seine Bewegungen erscheinen überhastet, überall, wo er auftaucht, verbreitet er sofort Unruhe. Eine verschrobene Persönlichkeit mit schizoiden Zügen, in einem eigenen Mikrokosmos, unfähig, sich anderen Menschen anzuvertrauen.

Als er 25 Jahre alt war und den Drogen einfach nicht abschwören wollte, bekam er ganz plötzlich in unregelmäßigen Abständen diffuse Angstzustände, unabhängig davon, wo er sich gerade befand. In geschlossenen Räumen hielt er es gar nicht mehr aus – Panik erfasste ihn. Während dieser Zeit traute er sich überhaupt nicht mehr unter die Menschen, die ihm vorkamen wie fremde Wesen aus einer anderen Zeit. Als er ganz unten ist und ihm sein Leben zu entgleiten drohte, stellte er sich in einem psychiatrischen Krankenhaus vor. Man behielt ihn gleich da.

Roman wurde körperlich untersucht, man nahm ihm Blut und Urin ab. Als sein Blut nach fünf Wochen wieder frei von Drogenwirkstoffen war, gab man ihm täglich eine bestimmte Dosis Psychopharmaka. Die begleitenden Therapiegespräche reichten bis in die frühe Kindheit zurück. Es folgten Bewegungstherapie, Gruppendiskussionen mit anderen Patienten, Kommunikationsübungen. Insgesamt sechs Monate hielt er durch, dann wurde es ihm zu viel. »Nie wieder!«, schwor er sich.

Die Krankenschwester setzt sich zu dem Jungen mit den langen, blonden Haaren an den Tisch. Die etwa 50 Jahre alte Frau trägt einen weißen Kittel, darüber eine blaue Strickjacke. Die dunkelblonden Haare reichen ihr bis über die Stirn und werden von einem weißen Hütchen auf ihrem Kopf zusammengehalten. Die Frau ist stark geschminkt. Der Junge reagiert auf die Anwesenheit der Krankenschwester nicht. Er trägt eine braune Maske aus Pappe und starrt unentwegt auf eine Milchtüte, die vor ihm steht und aus der ein Strohhalm herausragt.

Die Krankenschwester wendet sich von dem Jungen ab, nimmt ihre mitgebrachte Zeitung zur Hand und beginnt zu lesen. Unmerklich greift der Junge vorsichtig und langsam nach einer Gabel, die vor ihm auf dem Tisch liegt. Er steht auf, schleicht sich von hinten an die Krankenschwester heran, die sich ganz in ihre Lektüre vertieft hat, und sticht ihr plötzlich mit der Gabel seitwärts in den Hals, bohrt darin herum, zerfetzt das Gewebe. Die Frau schreit auf vor Schmerzen, rutscht vom Stuhl und verblutet. Der Junge steht daneben und schaut zu, scheinbar unbeeindruckt.

Roman hat sich kürzlich ein extravagantes Klappmesser besorgt: 49-lagiger, rostfreier Damaststahl, hergestellt nach einer uralten japanischen Verarbeitungsweise, edle Schalen aus Wurzelholz und wertvolle Backen aus Neusilber machen das Messer zu einem Hingucker. Die neun Zentimeter lange und leicht nach oben gebogene Klinge wird durch eine Rückenverriegelung arretiert.

Rüdiger wird beim Fernsehen einfach nicht müde, obwohl es bereits kurz vor 3 Uhr ist. Roman möchte ihn liebend gerne loswerden, sagt aber nichts, unternimmt auch nichts. Er öffnet stattdessen noch eine Flasche Bier, die sechste oder siebte an diesem Abend. Dann gilt seine volle Aufmerksamkeit wieder dem Film, den er schon mehrmals angeschaut hat.

Während Rüdiger wenigstens hin und wieder etwas anmerkt

oder eine Frage stellt, wirkt Roman – entgegen seinen sonstigen Gepflogenheiten – regelrecht schweigsam, in sich gekehrt, irgendwie geistesabwesend. Bedächtig zieht er an seiner Zigarette. Er konzentriert sich nur noch auf den Film, seine Augen folgen dem Geschehen auf dem Bildschirm. Etwas arbeitet in ihm.

Der Mann mit der Vollmaske aus Latex geht ins Wohnzimmer. Dort sitzt eine gutgekleidete Frau, die etwa 55 Jahre alt ist. Er hat ein Küchenmesser in der Hand. Die Frau erschrickt fürchterlich, als sie den hünenhaften Mann bemerkt, greift spontan nach einem Schürhaken. Sie will sich zur Wehr setzen. Der Mann schlägt ihr aber den Schürhaken aus der Hand, drängt sie an die Wand und baut sich bedrohlich vor ihr auf. Markerschütternde Schreie der Frau. Dann sticht der Mann zu.
Die Frau kriecht schwer verletzt über den Teppich in Richtung des Sekretärs. Darauf steht ein Telefon. Da will sie hin. Die Frau stöhnt unentwegt, das Gesicht ist blutverschmiert und schmerzverzerrt. Mit letzter Kraft greift sie nach dem Telefonhörer. Der Mann mit der Maske tritt von hinten an die Frau heran. Du! Entkommst! Mir! Nicht! Er schlägt ihr den Hörer aus der Hand, würgt sie. Schreie der Frau. Dann schmeißt der Mann das Opfer auf einen Glastisch, der dabei zerbricht.
Der Mann greift der Frau in die Haare. Schreie. Er zieht das Opfer zu sich hoch und starrt es an. Wimmern der Frau. Ihre Augen spiegeln blankes Entsetzen. Todesangst. Dann sticht der Mann der Frau mit dem Messer ins Genick. Kurz darauf stirbt das Opfer.

Roman steht auf, geht zum Fenster, öffnet es, pinkelt hinaus, macht das Fenster wieder zu. Dann sperrt er leise die Zimmertür ab und lässt den Schlüssel in seiner Hosentasche ver-

schwinden, ohne dass Rüdiger davon etwas mitbekommt. Roman schaut seinen Kumpel, der ihm immer noch den Rücken zudreht, prüfend an: Rüdigers Hals wird vom Kragen seiner Strickjacke verdeckt.
»Kannst du mal deine Jacke ausziehen?«, fragt er Rüdiger.
Rüdiger ist überrascht: »Was soll ich?«
»Die Jacke ausziehen.«
»Warum denn das?«
»Mach doch einfach mal.«
»Hör auf mit der Scheiße. Setz dich hin und trink noch einen.« Rüdiger wendet sich wieder dem Film zu.
Roman setzt sich aber nicht hin, sondern zieht sein neues Klappmesser aus der Hosentasche, stellt sich hinter seinen ahnungslosen Zimmernachbarn und sticht ihm mit voller Wucht zweimal in den Rücken. Später wird im Protokoll zu lesen sein, dass er lieber in den Hals gestochen hätte, weil das Blut dann so schön herausgespritzt wäre. Die Strickjacke bedeckt allerdings die Stelle.
Rüdiger geht schnell zu Boden. Erst als er das blutbefleckte Messer in Romans rechter Hand sieht, realisiert er, was gerade passiert ist. Er rappelt sich auf, will flüchten. Roman hält ihn aber an seinen Hosenträgern fest und sticht wieder mehrmals zu. Rüdiger kann sich nicht mehr auf den Beinen halten, fällt hin und bleibt blutend und leise stöhnend liegen.
»Warum-machst-du-das?« Rüdiger spricht leise und stockend.
Roman antwortet nicht. Er steht einfach nur da und beobachtet, wie Rüdiger sich vor Schmerzen windet.
»Was-soll-das? Ich-habe-dir-doch-nichts-getan!«
Erneut antwortet Roman nicht. Er setzt sich stattdessen wieder in den Sessel, beobachtet sein Opfer sehr genau, dreht sich eine Zigarette, zündet sie an, nimmt einen kräftigen Zug. Und dann schaut er sich weiter den Film an.

Der junge Mann und seine Freundin kommen sich auf dem Sofa im Wohnzimmer näher. Sie sind dabei, sich gegenseitig zu entkleiden. Es ist dunkel, nur der Mondschein spendet etwas Licht. Plötzlich tritt der Mann mit der Latexmaske aus dem Schatten hervor. Langsam und bedächtig, geräuschlos. Er hat ein blutbesudeltes Küchenmesser in der rechten Hand und beobachtet das Pärchen einen Moment lang.

Dann stürzt er sich auf den jungen Mann, packt ihn am Nacken, wirbelt ihn herum und rammt ihm das Küchenmesser in den Unterbauch. Danach schleudert er das Opfer über das Sofa hinweg auf den Fußboden. Dort bleibt der junge Mann sterbend liegen.

Die junge Frau hastet nur mit einer Hose bekleidet zur Haustür. Gerade, als sie sich durch die halb geöffnete Tür hinauszwängen will, reißt der Mann mit der Maske sie zurück. Die Tür wird zugeschlagen. Für einen Augenblick herrscht gespenstische Stille. Nur ein Hund bellt irgendwo da draußen.

Drinnen kann sich die Frau durch einen Tritt in den Unterleib von ihrem Peiniger befreien. Sie rennt in die Küche, reißt eine Schublade auf, grapscht hektisch nach einem Messer. Die Frau ist voller Panik und bereit, um ihr Leben zu kämpfen, sie schreit ihre Angst heraus.

Als sie sich umdreht, steht der Mann mit der Maske direkt vor ihr. Sie will mit dem Küchenmesser zustechen, doch der Mann reagiert blitzschnell und schlägt die Frau nieder. Sie liegt auf dem Boden, bäuchlings. Er dreht sie herum. Dann verharrt er und beobachtet sein Opfer.

Die Frau stöhnt und kriecht durch die Küche. Der Mann geht ihr nach. Dann packt er den linken Fuß der Frau und zieht sie in die Küche zurück. Sie versucht, sich mit letzter Anstrengung erst an einem Teppich festzukrallen, dann am unteren Ende einer Tür. Vergebens. Die Frau weint erbarmungswürdig. Sie weiß, was nun folgen soll und wird.

Roman sitzt noch eine Weile im Sessel und raucht. Um Rüdiger herum hat sich mittlerweile eine große Blutlache gebildet.
»Lass-doch-gut-sein. Roman! Lass-mich-gehen.«
»Halt deine blöde Fresse.«
Rüdiger mobilisiert noch einmal all seine Kräfte, kommt hoch – und rutscht in seinem eigenen Blut aus, er stürzt und bleibt liegen. Erst lacht Roman lauthals über das Missgeschick seines Opfers, dann verflucht er den Schwerstverletzten und sticht wieder zu. »Hör-doch-auf!« Das Messer verletzt Rüdiger im Brustbereich, am Kopf, an den Armen, den Beinen.
Roman ist danach ganz außer Atem, das fortwährende Zustechen hat ihn angestrengt. Er braucht eine Pause, setzt sich hin, öffnet sich eine Flasche Bier, trinkt mehrere Schlucke. Dann bemerkt er, dass Rüdigers Blut an seiner Bettdecke klebt. Roman gerät darüber in Rage, nimmt das Messer wieder zur Hand und sticht mit aller Kraft auf Rüdiger ein, diesmal im Bereich des Oberkörpers.
Rüdiger stöhnt, gibt gurgelnde Geräusche von sich. Aber er lebt und ist noch bei vollem Bewusstsein.
»Roman! Bitte! Hol-Hilfe! Ich-verblute!«
Zunächst reagiert Roman nicht, dann schüttet er eine Flasche Bier über Rüdiger aus. »Du verdammtes Arschloch! Hast es doch nicht besser verdient!« Roman sieht, wie sich das Bier mit dem Blut des Opfers vermischt. Er lächelt zufrieden und dreht sich seelenruhig die nächste Zigarette. Er erwartet Rüdigers Tod. Immer, wenn er sich bewegt, sticht er noch mal zu. Eine Viertelstunde lang geht das so. Doch Rüdiger stirbt nicht.
»Okay, eins muss man dir lassen, du bist verdammt zäh. Aber

das wird dir auch nicht helfen.« Roman will Rüdiger den Kopf abtrennen und beginnt, am Hals seines Opfers herumzuschneiden. Doch das Messer ist zu stumpf. Er könnte die Axt benutzen, die in seinem Schrank steht, doch daran denkt er in diesem Moment nicht. Später wird Roman sich sehr darüber ärgern.
Also sticht er immer wieder wuchtig auf Rüdiger ein. Dann durchtrennt er seinem Opfer die Halsschlagader. Schließlich rührt sich Rüdiger nicht mehr. Er ist tot. Roman lässt das Messer im Körper seines Opfers stecken.

Später werden die Rechtsmediziner angesichts dieser Metzelei erschaudern und insgesamt 278 Stichverletzungen zählen, alle Organe des Opfers sind mehrfach verletzt oder durchstochen worden. Jeden dieser Stiche dürfte Rüdiger gespürt haben, die meisten davon, als er noch ansprechbar gewesen ist. Er muss sogar froh gewesen sein, als es nach etwa einer halben Stunde voller Schmerzen und Qualen endlich zu Ende ging.

Roman wäscht sich die blutbespritzten Hände und verlässt den Tatort. Er trommelt gegen die Zimmertüren seiner Mitbewohner. »Kommt raus! Ich muss euch was zeigen!« Alle schlafen oder geben zu erkennen, dass sie in Ruhe gelassen werden wollen. Nur Rüdigers Nachbar lässt sich erweichen und folgt Roman in dessen Zimmer.
Als der ältere Mann die Leiche sieht, glaubt er zunächst an einen besonders makabren Scherz, dann an einen Unfall. Erst als Roman das Messer aus dem toten Körper herauszieht und breit grinsend nochmals mehrfach hineinsticht, begreift der Mann, dass etwas Schreckliches passiert ist. Kurz darauf, es ist 3.35 Uhr, wählt Roman den Polizeinotruf: »Ich habe einen Mann abgestochen. Ihr könnt mich jetzt abholen.«
Den Polizisten bietet sich ein Bild des Grauens: ein verwahr-

lostes Zimmer, Blutspritzer an den Wänden, Blutlachen auf dem Boden, ein grässlich zugerichteter Leichnam – und ein derart mit Blut besudelter Tatverdächtiger, dass bei der folgenden Blutprobenentnahme im Präsidium nicht festgestellt werden kann, ob er vielleicht selbst Verletzungen erlitten hat.

Warum das alles?

Es geht den Ermittlern fortan weniger darum, dem Beschuldigten eine Tat gerichtsfest nachzuweisen, sondern zu ergründen, welches Motiv für dieses ausgesprochen grausame Verbrechen ausschlaggebend gewesen ist. Roman Stadler erzählt den Kriminalbeamten in diesem Zusammenhang, er habe Rüdiger Neitzel »schon lange gehasst«. Dennoch sei die Tat nicht geplant gewesen, er habe sich vielmehr »ganz spontan« dazu entschlossen, das Opfer zu töten. Ob der Film dabei eine Rolle gespielt habe? »Kann schon sein.« Jedenfalls sei ihm die Idee zur Tötung beim Anschauen des Films gekommen. Während der Tat habe er »Lust«, »Macht«, »Spaß« und »Vergnügen« empfunden. Er sei beseelt gewesen von dem Bedürfnis, sehen zu wollen, »wie das ist, wenn man jemanden umbringt«.

Die Aussagen des ungewöhnlich auskunftsfreudigen Beschuldigten, der mit verstörender Sachlichkeit von seiner Greueltat berichtet und dem nur wenige Nachfragen gestellt werden müssen, stimmen mit den Feststellungen der Kriminalexperten am Tatort überein. Er habe »etwas Besonderes machen« wollen, verrät Roman Stadler den um Fassung bemühten Ermittlern, »ein Kunstwerk«. Nur dass Rüdiger Neitzel so langsam gestorben sei, habe ihn »angekotzt«. Letztlich unterstreicht Roman Stadler die vermeintliche Richtigkeit und Notwendigkeit seines Handelns, als er sich abschließend so zu seiner Tat bekennt: »Ich würde das wieder so machen.«

Vom Motiv der Mordlust rückt Roman Stadler erst ab, als er

psychiatrisch untersucht wird. Dem Gutachter erzählt er, Rüdiger Neitzel habe ihn darum gebeten, getötet zu werden: »Der hat mich richtig angebettelt: ›Ich will tot sein! Bring mich um!‹« Warum er denn bei der Polizei falsch ausgesagt habe, will der Gutachter wissen. Er habe bei der Kripo »nicht rumheulen« wollen, entgegnet der mutmaßliche Mörder, und darum angenommen, die Beamten hätten »eine möglichst grausame« Version der Tatgeschehens hören wollen. »Ich hatte das Gefühl, dass ich denen etwas Besonderes erzählen sollte, etwas Sensationelles«, erklärt er, »da habe ich mir halt etwas ausgedacht und übertrieben.« Ihm sei zu diesem Zeitpunkt eh »alles scheißegal« gewesen.

Bei einer anderen Gelegenheit berichtet Roman Stadler dem Sachverständigen, es sei »in Wirklichkeit« alles ganz anders gewesen. Motiv-Version Nummer drei: Er habe Rüdiger Neitzel für den Tod seines Vaters verantwortlich machen wollen, der ein Jahr vorher an den Folgen seiner Alkoholsucht gestorben sei. »Der hat sich totgetrunken.« Doch Rüdiger Neitzel sei es gewesen, der den Vater fast täglich mit Schnaps versorgt habe und dadurch mitschuldig geworden sei. »Der hat meinen Vater auf dem Gewissen!« Demnach soll es sich um einen Mord aus »Rache« und »Wut« gehandelt haben.

Während der Gerichtsverhandlung bietet Roman Stadler schließlich noch eine vierte Motiv-Variante an. »Ich war gestresst, wegen allem. Mir war es einfach zu viel. So ist es halt passiert«, erklärt er, der Frust über sein desolates Leben, seine Drogenabhängigkeit, die bedrückenden Lebensumstände im Männerwohnheim – in dieser verhängnisvollen Nacht sei ihm seine »Scheißsituation« vollends bewusst geworden. Er habe Rüdiger Neitzel wohl nicht gehasst: »Das Verhältnis zu ihm war ganz okay, aber manchmal auch sehr stressig.« Ähnlich sei es auch in der Tatnacht gewesen, als sein Bekannter »einfach nicht gehen wollte«.

Schließlich habe er Rüdiger Neitzel eben aus diesen Gründen töten wollen. Er habe angenommen, den Mann mit wenigen Messerstichen umbringen zu können. Nur: »Als er immer wieder hochkam, da habe ich Panik gekriegt und gedacht: Der ist wie ein Roboter.« Roman Stadler will nur deshalb so oft zugestochen haben, um das Opfer möglichst schnell zu töten. Dabei sei er jedoch »total ausgerastet«. Nach Vollendung der Tat sei er hingegen »total fertig« gewesen, habe sich aber auch »wie befreit« gefühlt: »Ich hatte das blöde Gefühl, den Stress in mir getötet zu haben.«

Die Schwurgerichtskammer glaubt dem Angeklagten nicht und bewertet seine während der Hauptverhandlung geäußerten Motiv-Versionen als »Ausflüchte«. Angesichts der negativen Lebensumstände sei wohl eine gewisse Verstimmtheit vorhanden, jedoch nicht handlungsbestimmend gewesen. Möglicherweise habe der Horrorfilm als Auslöser für die Tat eine Rolle gespielt, weil die Tötung während des Films erfolgt sei, erwiesen sei dies jedoch nicht. Letztlich habe Roman Stadler aus reiner Mordlust getötet. Denn: »Der Angeklagte hat es genossen, Herr über Leben und Tod zu sein«, begründet der Vorsitzende das Urteil. »Wer Hunderte Male auf sein Opfer einsticht, begeht einen heimtückischen Mord und hat Lust am Töten.« Roman Stadler habe »Spaß dabei gehabt« und sich am Leiden des Opfers geweidet. Auch sei das Opfer »bewusst langsam getötet« worden. Der Alkoholisierungsgrad von annähernd zwei Promille habe bei dem Angeklagten keine Verminderung der Steuerungsfähigkeit zur Folge gehabt, weil er Alkohol auch in diesen Mengen gewohnt sei und auch keine Ausfallerscheinungen gezeigt habe. In Anbetracht der grauenerregenden Begleitumstände der Tat und der »unbarmherzigen Gesinnung« des Angeklagten wiege dessen Schuld besonders schwer.
Roman Stadler nimmt den Urteilsspruch, der ihn für min-

destens 20 Jahre hinter Gitter bringt, ohne erkennbare Regung auf. Auch jetzt zeigt er keine Reue. Vielmehr lässt er durch seinen Anwalt auf Nachfrage ausrichten, er genieße die Ruhe und Einsamkeit in seiner Gefängniszelle »in vollen Zügen«, er werde mit Nahrungsmitteln versorgt, müsse sich darum nicht mehr kümmern. Allein, dass jeden Morgen die Tür aufgesperrt werde, sei ihm unangenehm.

Roman Stadler verneinte während der psychiatrischen Begutachtung und der Hauptverhandlung stets beharrlich, aus Mordlust gehandelt zu haben. Allein den ihn vernehmenden Kriminalbeamten gegenüber äußerte er sich anders, wie viel Freude es ihm bereitet habe, »den Mann abzustechen«. Hat Roman Stadler vielleicht doch maßlos übertrieben und eine Motivation vorgeschoben, die ihm wesensfremd ist? Die gar nicht zu seiner Lebenssituation passt? Die auch nicht mit den Rahmenbedingungen zur Tatzeit in Einklang zu bringen ist? Wollte er sich den Ermittlern gegenüber nur in einem besonders grellen Licht präsentieren und Eindruck machen? Alles Angeberei?

Will man diese Frage seriös beantworten, müssen alle äußeren Umstände der Tat, insbesondere aber das Täterverhalten, gewürdigt werden. Roman Stadler hat gewiss kein gewöhnliches Tötungsdelikt verübt, sondern ein außergewöhnliches. Für diese Annahme sprechen folgende Aspekte: Dem Opfer wurde eine Vielzahl von Verletzungen zugefügt, die nicht geeignet waren, um es zu töten; der Tötungsakt erfolgte nicht pragmatisch und binnen kurzer Zeit, sondern wurde immer wieder hinausgezögert; der Täter legte bewusst Pausen ein, um den Todeskampf des Opfers beobachten zu können; die Vorgehensweise des Täters war ausgesprochen grausam, menschenverachtend und lässt eine hohe Emotionalität erkennen; es wurde nicht einmal der Versuch unternommen, die Tat zu vertuschen und das Opfer zu entsorgen; der Täter

gab sich den übrigen Mitbewohnern unmittelbar nach der Tötung als Täter zu erkennen; um die Tötung gegenüber dem Zeugen zu beweisen, stach er nochmals in den toten Körper hinein – breit grinsend.
Dieses Verhalten macht deutlich, dass es dem Täter primär darum ging, den Tötungsakt zu gestalten, um ihm eine besondere emotionale Gratifikation abzugewinnen. Zudem unterließ Roman Stadler Handlungen, die er ohne weiteres hätte realisieren können und motivisch in eine andere Richtung weisen würden: Das Opfer wurde nicht beraubt, nicht missbraucht, nicht gefoltert. Auch gibt es keine Hinweise darauf, dass andere Motivationen wie Neid, Rache, Wut oder Hass entscheidungserheblich gewesen sein oder das Verhalten des Täters maßgeblich beeinflusst haben könnten. Und der Täter blieb seiner unmittelbar nach der Tat gezeigten inneren Handlungsstruktur treu, als er auch später der Kripo gegenüber bereitwillig von seiner Mordlust erzählte und dabei authentisch wirkte.
Das Gericht hat demnach zu Recht bei Roman Stadler Mordlust angenommen. Allerdings ist ungeklärt geblieben, warum ausgerechnet Rüdiger Neitzel zum Opfer wurde. Warum gerade an diesem Ort und zu dieser Zeit?
Der Horrorstreifen *Halloween* könnte der Schlüssel für dieses maßlose Verbrechen sein, weil Roman Stadler sich diesen Film vor und auch noch während der Tat anschaute. Allerdings erscheint die Annahme dieser Kausalität nur dann gerechtfertigt, wenn sich aus dem Film Parallelen zu Roman Stadlers Tatverhalten ergeben und weitere Aspekte erkennbar werden, die grundsätzlich geeignet sind, zu einer Tat aus Mordlust zu inspirieren.
Die Ausgangssituation des Films: Der sechsjährige Michael Myers lebt in einer fünfköpfigen Problemfamilie, er wird insbesondere vom Vater seelisch gedemütigt und von der älteren Schwester gehänselt und missachtet. Auch in der Schu-

le findet er keinen Anschluss, sondern muss als Prügelknabe herhalten. Der Junge ist ein typischer Außenseiter, der sowohl in der Familie als auch sonst gemieden wird und unter dieser Ausgrenzung leidet.

In einer ganz ähnlichen Lebenssituation befand sich Roman Stadler, bevor er Rüdiger Neitzel tötete: keine Arbeit, keine Freunde, keine Freude. Auch er stammte aus verwahrlosten Familienverhältnissen und litt unter Einsamkeit. Er selbst drückte sich in diesem Zusammenhang so aus: »Das Leben hat mich verarscht. Ich war immer der Arsch.« Insofern könnte der fiktionale Charakter des Michael Myers Roman Stadler durchaus vertraut vorgekommen sein und als Identifikationsfigur gedient haben, weil der Junge sich der eigenen Stigmatisierung irgendwann widersetzt und nur noch nach eigenen Vorstellungen und Regeln handelt: Ich bin die Welt.

Eine weitere Parallele: Michael Myers wird nach der Ermordung des Klassenkameraden, des Vaters und der Schwester in ein psychiatrisches Krankenhaus eingewiesen. Dort fühlt er sich unwohl und unverstanden, hadert mit seinem Schicksal: »Fick dich! Fick dich, du blöde Welt! Ich hasse dich! Halt dein verdammtes Maul! Ich muss hier raus! Lasst mich hier raus! Ich hasse es hier! Ich will hier nicht mehr sein!«

Roman Stadler war selbst längere Zeit in der Psychiatrie und litt unter dieser ausweglos erscheinenden Situation. Die von Michael Myers förmlich herausgeschleuderten Sätze des Bedauerns und der Frustration könnten Roman Stadler den fiktionalen Killer wieder ein Stück nähergebracht haben – gemeinsames Leid verbindet.

Geradezu appellhaften Charakter könnte jene Szene im Film entwickelt haben, als ein Raumpfleger zu dem nach wie vor in der Psychiatrie untergebrachten Michael Myers folgende Sätze spricht: »Lass dich von diesen Mauern bloß nicht einschüchtern. Glaub mir, ich weiß das. Ich habe selbst eine Zeitlang hinter Mauern gesessen. Ich weiß, dass sie dich verrückt machen können. Du musst über die Mauern hinwegsehen. Lebe in deiner Phantasie. Glaub mir, da gibt es keine Mauern, die dich aufhalten können.« Hat Roman Stadler sich möglicherweise aufgefordert gefühlt, sich nicht mehr zurückzuhalten und seinen Gefühlen freien Lauf zu lassen? Seine Mordlust nicht weiter zu unterdrücken? Es endlich zu tun?

Michael Myers tötet im Film überwiegend heimtückisch mit einem Messer und beobachtet begierig den Todeskampf der Opfer. Manchmal spielt er geradezu mit den Verletzten, lässt sie noch einen Moment gewähren, um die dann kurz aufflammende Hoffnung im nächsten Augenblick mit weiteren Messerstichen wieder zu zerstören. Und genau dieses in der Verbrechenswirklichkeit so außergewöhnlich seltene Tatmuster zeigte eben auch Roman Stadler, als er in Rüdiger Neitzels Körper immer wieder hineinstach.

Wahrscheinlich fühlte er sich von der Vorgehensweise des Leinwandtäters auch deshalb angesprochen, weil der Film teilweise aus einer ganz bestimmten Blickrichtung gedreht ist: der Ich-Perspektive des dämonischen, übermenschlich erscheinenden, machtvollen und erbarmungslosen Killers, wenn er sich einem Opfer nähert und zuschlägt. Dadurch entsteht beim Zuschauer der Eindruck, als würde er am Geschehen teilnehmen. Die Grenzen von Fiktion und Realität werden durchlässig, es entsteht eine Zwischenwelt, die auch eigenes Handeln zulässt, möglicherweise sogar herausfordert.

Dass Roman Stadler nun überhaupt nicht von diesem Horrorfilm inspiriert worden sein könnte, erscheint angesichts der unbestreitbaren Übereinstimmungen doch eher abwegig. Und dass es nur der pure Zufall gewesen sein soll, der den Film und die Tat in eine gemeinsame zeitliche Abfolge brachte, erscheint ebenfalls wenig wahrscheinlich. Es spricht also wesentlich mehr dafür als dagegen, dass es tatsächlich *so* gewesen sein dürfte: Halloween unchained.

Allerdings darf das Medium nicht als Ursache dieses hässlichen Dramas gesehen werden. Roman Stadler hat nicht gemordet, *weil* er diesen Film gesehen hat. Zugegeben: Auch Mörder benutzen gelegentlich einschlägige Kino- oder Fernsehfilme, Gewaltvideos, PC-Ballerspiele, gedruckte Horrorgeschichten, Urteilsschriften, Zeitungsberichte über reale Verbrechen oder wissenschaftliche Fachaufsätze, in denen Leichen- und Tatortfotos gezeigt werden, als Blaupause für ihre Taten. Dafür gibt es in der Kriminalgeschichte viele eindrucksvolle Beispiele.

Aber: Unzählige wissenschaftliche Untersuchungen kamen bisher überwiegend zum Ergebnis, dass der Konsum von Gewaltdarstellungen in Wort oder Bild sehr wahrscheinlich die Gewaltbereitschaft vornehmlich bei Kindern und Jugendlichen, aber auch Erwachsenen zwar steigern *kann*, allerdings einzelfallbezogen, und dann auch nur eher kurzfristig. Die Gleichung »Medien machen Mörder« ist also zu simpel. Denn es gibt eine Fülle von äußeren wie inneren Faktoren, die neben dem Medium als mitursächlich anzusehen sind, zum Beispiel: Alter, Geschlecht, Lebenserfahrung, Wahrnehmungshäufigkeit, private wie berufliche Konflikte, sozialer Status, Wertesysteme, Aggressionsneigung oder Störungen der Persönlichkeit.

Ein (medialer) Reiz bedingt also nicht notwendigerweise auch eine Reaktion. Es besteht demnach weniger die direkte Gefahr von Nachahmungstaten, vielmehr verändern aggressive Modelle Werte, Normen und Einstellungen zur Gewalt, sie entsensibilisieren gegenüber Gewalttätigkeiten, der Gewaltakt wird als Problemlösungsmittel suggeriert. Denn: Das jeder Gewaltausübung, ob nun geschönt oder verherrlicht dargestellt, vorauseilende und nachfolgende Trauma und Leid der Opfer und ihrer Hinterbliebenen wird allzu häufig schlichtweg unterschlagen.

Die Lehrmeinung der Medienpsychologie besagt darüber

hinaus zutreffend, dass eine Imitation grundsätzlich nur dort zu erwarten sei, wo das Feld bereitet ist. Es droht also immer dann und ganz überwiegend nur dann Gefahr, wenn die Pathologie des späteren Täters bereits besteht. In *diesen* Fällen können gewaltbesetzte Medienprodukte entweder die Tötungshemmung vorübergehend aushebeln oder aber die Vorstellung wachrufen, einen Menschen auf die dargestellte Weise zu töten. Der besondere Kick besteht schließlich in der schlichten Nachahmung bestimmter Verhaltensweisen. Mit anderen Worten: Copy-Thrill-Kill.
Auch Roman Stadlers grauenhafter Mord stand erst am Ende einer Fehlentwicklung, die sich unter besonders negativen Vorzeichen über Jahrzehnte hinweg nahezu unbeachtet und ungehindert vollziehen konnte, begleitet und befeuert durch jahrelange Alkoholabhängigkeit und Drogensucht. Zu *dieser* Tat wäre er höchstwahrscheinlich weder bereit noch fähig gewesen, hätte sich seine Persönlichkeit unter anderen Umständen entwickeln dürfen. Roman Stadler ist also nicht zum Mörder geworden, *weil*, sondern vielmehr *als* er diesen Film gesehen hat.

Online geködert, offline getötet

Der Raum ist recht groß und zweckmäßig eingerichtet, weiße Kacheln dominieren die gespenstisch anmutende Szenerie. Grelle Neonleuchten spenden künstliches Licht. Der metallene Untersuchungstisch mit dem Auffangbecken für Blut und andere Flüssigkeiten steht mitten im Raum, der Leichnam liegt rücklings auf der Unterlage, die mit einer Plastikfolie abgedeckt wurde. Anwesend sind der Pathologe, sein Assistent, der Staatsanwalt und zwei Kriminalbeamte. Die Stimmung ist gedämpft. Der Respekt vor dem Toten und seinem in diesem Fall besonders tragischen Schicksal lassen nichts anderes zu.

Alle Beteiligten tragen Schutzkleidung, also OP-Plastikhauben, Wegwerfkittel, Einmalhandschuhe und Einwegüberschuhe, die vor Betreten des Sektionssaals angezogen werden mussten. Auf einer Ablage hinter dem Seziertisch liegen neben Zubehör wie Messbecher, Schwämme, Schüsseln und Tabletts auch Instrumente, die beim Eröffnen des Leichnams benutzt werden: ein Skalpell, spitze, stumpfe, kleine und große Scheren, Messer mit unterschiedlicher Klingenlänge und -form, eine Säge.

Der Pathologe besichtigt, misst, wiegt und beschreibt den Leichnam: 64 Kilogramm Körpergewicht, 1,62 Meter Körpergröße und so weiter. Der Gerichtsmediziner erkennt Drosselmerkmale am Hals des Opfers und Spuren einer Fesselung. Auch die Stichverletzungen, die sich auf Hals, Oberkörper, Unterleib und Rücken verteilen, werden begutachtet und gezählt. 30 Mal ist ein spitzer Gegenstand in den Körper getrieben worden, die Stichkanäle sind bis zu 14 Zentimeter lang. Der Täter muss mit brachialer Gewalt gegen das Opfer vorgegangen sein und hat in verschiedene Wunden x-fach nachgestochen. Das ist sehr ungewöhnlich. Das ist aber auch beängstigend und alarmierend. Derjenige, der den Jungen auf diese extreme Weise getötet hat, wird so etwas mit hoher Wahrscheinlichkeit wieder tun. Ein Serientäter?

Bei dem Toten handelt es sich um den Schüler Christopher Mangels, der von seiner Mutter vor vier Tagen als vermisst gemeldet wurde. Hobbyreiter haben die unbekleidete Leiche des 15-Jährigen am Vortag unweit eines Kieswegs in einer lichten Waldgegend gefunden, etwa fünf Kilometer außerhalb der Stadt. Seitdem arbeiten 15 Ermittler der Mordkommission an diesem Fall.
Eine erste erfolgversprechende Spur tut sich auf, als ein älterer Mann bei der Kripo vorstellig wird und mitteilt, er habe den getöteten Jungen vor drei Tagen zwischen 20 und 21 Uhr an einem Kiosk am Bahnhof gesehen, und zwar in Begleitung eines Mannes. Der Zeuge beschreibt den Verdächtigen so: 30 bis 40 Jahre alt, etwa 1,80 Meter groß, auffallend dick, schwarze, nackenlange Haare, dunkle Sonnenbrille. Das entsprechende Phantombild wird am nächsten Tag über die örtlichen und überregionalen Medien verbreitet.
Noch eine Beobachtung des Zeugen erscheint den Fahndern richtungsweisend: Christopher Mangels soll nicht ängstlich gewirkt haben, als er mit dem Verdächtigen Zigaretten gekauft hat. Also kannten sich die beiden. Und sollte es sich bei dem ominösen Unbekannten um den Täter handeln, wäre dieser im sozialen Umfeld des Opfers zu suchen.
Die Stoßrichtung der Ermittlungen zielt also zunächst auf Christophers Familie, Freunde, Bekannte. Und weil man am Leichnam auswertbare DNA-Spuren fand, die zweifelsfrei nicht vom Opfer stammen, werden alle Angehörigen und Bekannten des Jungen gebeten, eine Speichelprobe abzugeben. Alle kommen sie ins Präsidium, und alle können nach und nach als Spurenleger ausgeschlossen werden. Sackgasse.

Trotzdem sind die Ermittler davon überzeugt, dass es zwischen Täter und Opfer eine Vorbeziehung gegeben haben muss. Denn Christopher Mangels war nicht nur ein leistungsstarker, sportlicher, hilfsbereiter und beliebter Schüler, der sich auch in der Kirchengemeinde engagierte und davon träumte, eines Tages Profifußballer zu werden, nein, es gab auch eine Veranlagung, für die er sich schämte, die vermeintlich dunkle Seite: seine Homosexualität.
Niemand in seiner Heimatstadt durfte erfahren, dass er sich zu Männern hingezogen fühlte. Deshalb war Christopher Stammgast in einem Internetcafé, verbrachte dort viele Stunden in einschlägigen Chatrooms, nannte sich »Roonix«, schrieb Mails an andere Schwule, verabredete sich, ließ sexuelle Kontakte zu, verlangte mitunter Geld dafür. Der junge Mann führte fraglos ein Doppelleben, das ihm niemand zugetraut hatte, von dem niemand etwas wusste.
Fluchtpunkt Internet und Ansatzpunkt für diesen Fall. Hat Christopher seinen Mörder in den unendlichen Weiten des World Wide Web kennengelernt? Verbirgt sich der Täter hinter einem Pseudonym und zwischen den Zeilen irgendwo da draußen? Surft er jeden Tag zu jeder Zeit durchs Netz, stets in der Hoffnung, auf jemanden zu stoßen, der bereit ist, sich mit ihm auszutauschen? Sich auf ihn einzulassen? Der ihm seine Lügen abnimmt? Der keinen Verdacht schöpft? Der bereit ist, die digitale Welt zu verlassen und ihm in der wirklichen Welt gegenüberzutreten? Der ihm schließlich zum Opfer fällt? Wie viele Opfer gibt es bereits?
Um diese Frage zu klären, forschen jeden Tag Experten der Kripo nach Hinweisen, wo Christopher überall herumsurfte, wo er digitale Spuren hinterließ, auf welcher Schwulenplattform er den Mörder kontaktiert haben könnte. Allerdings ist den Fahndern durchaus bewusst, dass ihre Nachforschungen auf Hypothesen beruhen – Irrtum inbegriffen.

324 ernstzunehmende Hinweise, aus denen sich 226 Spuren ergeben haben; 228 Vernehmungen von Zeugen und Verdächtigen; 38 Speichelproben, die ausgewertet worden sind – die Ermittler lassen nichts unversucht, um dieses besonders abscheuliche Verbrechen möglichst schnell aufzuklären. Denn allen ist bewusst: Der Täter könnte längst auf der Suche nach einem neuen Opfer sein. Oder es bereits gefunden haben.

Als sich partout kein Erfolg einstellen will, wird der Fall bei »Aktenzeichen XY ungelöst« vorgestellt. Die Ermittler wollen die Chance nutzen, um bundesweit auf den Mord an Christopher aufmerksam zu machen. Vielleicht erkennt jemand eine Person auf dem Phantombild wieder, das den letzten Begleiter des Jungen zeigt. In den Tagen nach der Sendung gehen insgesamt 38 Hinweise bei der Kripo ein, doch eine heiße Spur ergibt sich daraus nicht.

Drei Wochen später. Horst Jonat wurde bereits von der Kripo als Zeuge vernommen, weil er bekanntermaßen homosexuell ist und der örtlichen Schwulenszene angehören könnte. Die Beamten wollten kürzlich von dem 42-jährigen Metallarbeiter mehr über eine Welt erfahren, die sie nicht kennen, zu der sie auch ohne weiteres keinen Zugang finden. Weiterhelfen konnte Horst Jonat den Ermittlern jedoch nicht, weil es in der Stadt gar kein Homosexuellenmilieu im engeren Sinne gibt, kein Netzwerk mit einem speziellen Verhaltenskodex, eben nur lose Kontakte.

Dennoch hat ihn die schreckliche Sache mit Christopher nicht losgelassen. Wieder sitzt er vor dem PC und surft durchs Internet, steuert Seiten an, die auch von Schwulen aus der Region besucht werden, um Gleichgesinnte kennenzulernen und Kontakte anzubahnen. Schließlich stößt er auf ein virtuelles Refugium für homosexuelle Leder-Fetischisten, registriert sich, durchstöbert wenig später den Chatroom und das Diskussionsforum, schaut sich dabei auch Fotos an, die einzelne User von sich eingestellt haben. Bei einem dieser Bilder stutzt er: Es zeigt einen korpulenten Mann mit nackenlangen, dunklen Haaren, der breitbeinig mit halbgeöffneter Lederjacke auf einem Dachboden steht und mit Handschellen vor der Brust posiert. Der Mann nennt sich »Det33« und kommt Horst Jonat bekannt vor. Um sich zu vergewissern, googelt er das Phantombild. Es besteht kein Zweifel: Die Ähnlichkeit ist vorhanden. Horst Jonat zögert nicht und teilt seinen Verdacht der Kripo mit.

Die Ermittler nehmen den Hinweis ernst und legen die »Spur 367« an. Die Identifizierung von »Det33« gelingt schnell. Es handelt sich um Matthias Moog, 38 Jahre alt, ledig, von Beruf Bauschreiner, vorbestraft wegen Besitzes von Kinderpornographie. Aus der Kriminalakte des Mannes ergibt sich, dass er bisexuell ist und einen Lebensgefährten hat, mit dem er auch zusammen wohnt.

Die Indizien reichen dem Ermittlungsrichter aus, um einen Durchsuchungsbeschluss für die Wohnung des nun Beschuldigten zu erlassen. Als vier Beamte der Mordkommission in die Dreizimmerwohnung eindringen, finden sie weder den Verdächtigen noch die Tatwaffe, auch nicht das nach wie vor fehlende Handy des Opfers, dafür aber einen Plastiksack voller Papiermüll. Und in dem Unrat stecken unter anderem zerrissene E-Mail-Ausdrucke, die den Ermittlern nach erfolgreicher Rekonstruktion die Sprache verschlagen: Die Autoren beschreiben mit ihren euphorischen Texten minutiös den Mord an Christopher Mangels und offenbaren dabei letztlich Wissen, über das nur Täter verfügen können. Bingo! Matthias Moog kann schon zwei Stunden später in seiner Lieblingskneipe beim Stammtisch gemeinsam mit seinem Lebensgefährten festgenommen werden. Während Matthias Moog zunächst die Aussage verweigert, zeigt sich sein Freund weitaus gesprächiger. Stefan Troller, ein 42-jähriger Dachdecker, gibt sich schockiert und bestreitet vehement jede Tatbeteiligung. Er habe Matthias Moog vor sechs Monaten über das Internet kennengelernt, zwei Monate später sei man zusammengezogen. Von den perversen Neigungen seines Partners habe er nichts geahnt: »Er hat sich immer ruhig und anständig verhalten.«

Weil Stefan Troller ein bombensicheres Alibi präsentieren kann, wird er bald wieder entlassen. Der Tatverdacht richtet sich nun vielmehr auch gegen einen gewissen Karsten Klinger, den anderen E-Mail-Autor, dessen Identität der mittlerweile geständige Matthias Moog preisgegeben hat. Der 36-Jährige arbeitet als Fernfahrer und ist für die Kripo ein unbeschriebenes Blatt. Er wohnt in einem 500-Seelen-Dorf, nur drei Kilometer vom Leichenfundort entfernt. Und auch in seiner Wohnung werden die Ermittler fündig, als sie die mutmaßliche Tatwaffe entdecken: die Reproduktion eines Bajonetts aus dem Zweiten Weltkrieg, 600 Gramm schwer, Klingenlänge 26 Zentimeter. Daneben liegt das Nokia-Handy des Opfers.

Karsten Klinger unternimmt nicht einmal den Versuch, die Tat zu leugnen, zu verharmlosen oder zu dramatisieren. Die ihn vernehmenden Beamten sind überrascht, mit welcher Genauigkeit und Nüchternheit Karsten Klinger von einer Tat berichtet, die überaus reich an Grausamkeiten ist und eine zutiefst menschenverachtende Gesinnung erkennen lässt.

Nachdem beide Beschuldigten umfangreich ausgesagt haben, entsteht ein nahezu vollständiges Bild dieser verhängnisvollen Ereignisse, es wird deutlich, warum und wie alles so gekommen ist, vielleicht sogar so kommen musste.

»Würger gesucht. Ich stehe auf Würgen und Strangulieren, auch bis zur Bewusstlosigkeit.« Mit diesen Sätzen versucht Matthias Moog, in verschiedenen Internetforen Gleichgesinnte zu ködern. Zu dieser Zeit ist er arbeitslos und verliert sich förmlich im Internet, er ist wesentlich häufiger online als offline. Eine neue Welt entsteht, ein neues Weltbild. Mit einem Mal erscheint alles möglich, grauenerregende Fotos und Filme können beliebig oft und beliebig lange angeschaut und getauscht werden, die Phantasien überschlagen sich, es gibt kein Limit. Und Matthias Moog erfährt, dass nicht nur er *so* ist, andere auch – eine prägende Erfahrung, die Mut macht, die animiert.

Geradezu magisch angezogen fühlt er sich von einer Seite, die von besonders pathologischen Menschen bevölkert wird. Das Hauptthema sind Tötungsszenarien von kleinen Jungen, gerade mal vier bis zehn Jahre alt. Auch Karsten Klinger phantasiert seit Jahren, wie wundervoll es wohl wäre, einen Jungen zu töten. »Würger gesucht …« Karsten Klinger meldet sich auf diese Annonce, Matthias Moog ist begeistert, man versteht sich rasch. Zwei Gleichgesinnte haben sich gefunden. Und schreiben sich täglich, stündlich, manchmal minütlich E-Mails:

Matthias Moog: »Stelle mir ein Treffen so vor: Ich steige in deinen Wagen, und wir fahren an eine einsame Stelle. Dort lasse ich mich gerne von dir würgen oder strangulieren.«
Karsten Klinger: »Wie weit kann ich gehen? Wo ist deine Grenze?«
Matthias Moog: »Ziemlich weit, auch bis zur Bewusstlosigkeit.«
Karsten Klinger: »Eine andere Phantasie von mir ist, dass ich eine Horde Boys durch Erschießen mit Pfeilen erledige. Oder mit einem Gewehr. Alle Jungs tragen nur Badeslips und sonst nichts. Was sagst du dazu?«
Matthias Moog: »Ja, die Jungs sind etwa 14–16 Jahre alt, manche auch jünger. Deine Ideen sind wirklich nicht schlecht.«

Mit der Zeit entsteht zwischen den Männern, die sich noch niemals begegnet sind, ein Vertrauensverhältnis, nun verlieren auch die letzten Hemmungen ihre Wirkung. Das Undenkbare, der ultimative Kick werden allmählich spürbar, er erscheint den Männern erlebbar und wirkt geradezu als machbar.

Karsten Klinger: »Wollen wir uns mal so einen Bengel schnappen und es mit ihm treiben? Ich meine damit, wollen wir ihn würgen und strangulieren?«
Matthias Moog: »Da wäre ich sofort dabei. Den richtig würgen wäre geil. Bis er sich nicht mehr regt. Was würdest du dann mit dem tun?«
Karsten Klinger: »Sobald er ohnmächtig ist, würde ich ihn knebeln und fesseln. Danach würde ich ihn ausziehen und vergewaltigen.«
Matthias Moog: »Wird immer geiler mit dir. Mein Traum ist es, so einen Boy aufzuschlitzen, wenn er schon ohnmächtig ist.«
Karsten Klinger: »Das macht mich total an, wenn die so zappeln, sich wehren, blau anlaufen und röcheln. Schon wenn ich daran denke, bekomme ich einen Steifen. Bin ich dir zu krass?«

Matthias Moog ist zu allem bereit. Man verabredet sich, diesmal aber nicht im Internet. Karsten Klinger kommt zu Besuch, und zwar mit handfesten Überlegungen. Ob er, Matthias Moog, sich vorstellen könne, nach einem Jungen zu suchen, ihn zu missbrauchen, zu quälen und anschließend zu töten? Keine Frage. Matthias Moog will dabei sein.
Bei ihrer nächsten Zusammenkunft verlassen sie endgültig die Welt der Bits und Bytes, es geht los. Die Jagd ist eröffnet. Die Männer fahren mit Karsten Klingers Wagen überall dorthin, wo sich ein Opfer aufhalten und angesprochen wer-

den könnte: Rastplätze, Bahnhöfe, Schnellrestaurants, S-Bahn-Stationen. Noch haben sie keinen konkreten Plan. Und sie erfahren, wie schwierig es ist, an einen Jungen heranzukommen. Tagelang bleiben sie erfolglos. Schließlich ergibt sich doch eine Gelegenheit.

Der Wagen der beiden Täter steht bei Rotlicht an einer Kreuzung. Es ist weit nach Mitternacht. Matthias Moog kauert auf dem Beifahrersitz und schaut sich den Jungen, der schräg gegenüber an einer Bushaltestelle steht und dessen Alter er auf 14 oder 15 Jahre schätzt, genauer an.
Die Männer blicken sich kurz in die Augen. Der! Endlich!
Grünlicht. Sie fahren zu der Bushaltestelle, und Matthias Moog steigt aus. »Hey, wo willst du hin? Wir können dich ein Stück mitnehmen«, ruft er dem Jungen zu. Der Junge zögert einen Moment, dann nickt er und steigt ein.
Robert Stieglitz ist 14 Jahre alt und hat auf den letzten Bus gewartet, der aber erst in einer halben Stunde gekommen wäre. Er ist noch so spät unterwegs, weil er nicht weiß, wo er die Nacht verbringen soll. Robert lebt in einem Erziehungsheim und ist ausgebüxt.
Die Männer, die ihn eben aufgegabelt haben, machen auf Robert einen vertrauenerweckenden Eindruck. Man kommt ins Gespräch und plaudert über Belanglosigkeiten. Von seinen Karate-Fertigkeiten erzählt Robert nichts. Seit sieben Jahren trainiert er wöchentlich und hält den Blaugurt. Körperliche Auseinandersetzungen sind ihm nicht fremd. Er hat sich schon oft geprügelt, prügeln müssen. Er weiß, wie man sich zur Wehr setzt.
Mulmig wird es Robert erst, als die Fahrt unvermittelt in ein Waldgebiet geht und der Wagen schließlich auf einem einsamen Feldweg anhält. »Zigarettenpause«, beruhigt Matthias Moog den Jungen, dem sein Argwohn anzumerken ist. Die drei steigen aus.

Matthias Moog spendiert Robert eine Zigarette, Karsten Klinger meldet sich zum Pinkeln ab. Der denkt aber gar nicht daran, sondern schleicht um den Wagen herum und stürzt sich Augenblicke später auf Robert, packt ihn, umklammert den Hals des Jungen, beginnt ihn zu würgen.

Jetzt geht alles sehr schnell, der Junge wehrt sich heftig, viel stärker als erwartet. Ein regelrechter Kampf entbrennt. Robert spürt, dass sein Leben in Gefahr ist.

»Nun hilf mir halt!«, brüllt Karsten Klinger, er bekommt den Jungen einfach nicht unter Kontrolle. Matthias Moog eilt zu Hilfe, findet sich aber kurz darauf in einem Getreidefeld wieder. Robert hat fest zugeschlagen und getroffen, mitten ins Gesicht. Die Nase ist gebrochen.

Karsten Klinger wird mit dem Jungen einfach nicht fertig. Matthias Moog kann aber nicht eingreifen, er liegt immer noch benommen auf dem Boden. Augenblicke später gelingt es Robert, sich aus seiner Jacke zu winden und wegzurennen. Karsten Klinger schmeißt die Jacke des Jungen auf den Boden, flucht. Robert verschwindet in der Dunkelheit. Nur noch das gelegentliche Knacken von Ästen ist zu hören. Dann ist es still.

Einige Minuten später wird Robert von einem Autofahrer mitgenommen, dem er von seinem schrecklichen Erlebnis erzählt. Doch den Rat des Mannes, die Polizei zu verständigen, verwirft Robert. Man würde ihm, dem x-fachen Ausreißer, diese abenteuerliche Geschichte sowieso nicht abnehmen, vermutet er. Robert wird sich bei der Polizei erst Monate später melden, als er auf einem Plakat liest, dass nach ihm gesucht wird.

Die verhinderten Mörder lassen sich von diesem Fehlversuch indes nicht beirren. Nach einer kurzen Phase der Besinnung und als auch klar wird, dass der entkommene Junge keine Anzeige erstattet hat – sonst hätte es doch in der Zeitung gestanden –, machen sie sich gegenseitig Mut. So lässt Karsten Klinger seinen Kumpan per E-Mail wissen: »Das mit dem Töten ist doch wie beim Skifahren: Fällt man um, muss man aufstehen und so lange üben, bis man es kann. Wir müssen die Sache feiner angehen, nicht mehr so plump.« Und er hat Vorschläge, wie man es beim nächsten Mal besser machen könnte: »Mir sind da noch einige Gedanken gekommen. Wir sollten besser einen Stricher nehmen, denn der ist einfacher zu berühren. Er weiß, dass wir Sex wollen, und wird sich dementsprechend verhalten (lässt sich überall streicheln und vielleicht sogar teilweise entkleiden). Er wird sich nicht gleich wehren und somit mehr Zeit geben, ihn zu killen.«

»Hey, alle zusammen, suche nettes live zu jeder Zeit an jedem Ort. Meldet Euch!« So ködert Matthias Moog potenzielle Opfer in verschiedenen Internetforen für Homosexuelle. Auch Christopher Mangels liest diese Annonce. Als »Roonix« nimmt er Kontakt auf. Der Junge sieht sich gezwungen, seine sexuellen Neigungen heimlich auszuleben, weil er in einem Umfeld heranwächst, wo Homosexualität nicht geduldet wird, gar als unnatürlich und unmoralisch gilt. Sünde! Als er mit seinen Mördern schließlich handelseinig wird und sich auch zu Würge- und Fesselspielen bereit erklärt, sucht er nicht nur nach einem sexuellen Abenteuer, sondern auch nach Liebe, Geborgenheit und Anerkennung seiner Sexualität.

Matthias Moog erklärt Christopher, dass sie bei diesem Blind Date zu dritt sein werden. Der Junge verlangt für sein sexuelles Entgegenkommen pro Person 150 Euro. Matthias Moog wäre auch mit jeder anderen Summe einverstanden gewesen. Er weiß ja, dass er nicht wird bezahlen müssen. Die Ermordung des Jungen ist längst beschlossene Sache.

Es ist 20.30 Uhr, als Karsten Klinger alle notwendigen Utensilien in seinem Geländewagen verstaut: eine aufrollbare Fleece-Picknickdecke, eine schwarze Hundeleine, ein blaues Frotteetuch, eine 30 Meter lange Wäscheleine, Einmalhandschuhe aus Latex, das Bajonett. Dann fährt er los. Er ist mit Matthias Moog und Christopher um 21 Uhr verabredet, man will sich in der Stadt an einer Pizzeria treffen, nicht weit vom Bahnhof.

Als Karsten Klinger die Pizzeria anfährt, erkennt er seinen Freund, der mit einem Jungen vor der Pizzeria wartet. Er hält an und steigt aus. Man macht sich bekannt. Christopher ist bereit, mit den Männern an einen einsamen Ort zu fahren, allerdings, und auf diese Feststellung legt er großen Wert, müsse er spätestens um 22 Uhr wieder zu Hause sein, die Eltern würden sonst Ärger machen. Matthias Moog beruhigt den Jungen und verspricht, ihn sogar nach Hause zu bringen. Die Fahrt vom Bahnhof bis zu einem Waldgebiet, das Karsten Klinger und Matthias Moog vorher ausbaldowert und als geeignet eingestuft haben, dauert nur knapp zehn Minuten. Sie gehen mit dem Jungen zu einem lichten Waldstück. Karsten Klinger breitet die Picknickdecke aus. Christopher stört sich nicht daran, dass beide Männer Handschuhe tragen. Er ist auch damit einverstanden, dass Matthias Moog ihn bis auf Unterhemd, Slip und Socken auszieht.

Erst wird der Junge gefesselt, dann streicheln sie ihn am ganzen Körper. Schließlich beginnt Karsten Klinger damit, Christopher zu würgen, wie vereinbart. Wenn der Junge ein Zeichen gibt, dass er keine Luft mehr bekommt, lockert Karsten Klinger den Würgegriff, um im nächsten Moment wieder zuzudrücken, jedes Mal ein wenig fester. Als der Druck auf den Hals des Jungen immer stärker wird, ringt er nach Luft, verkrampft Hände und Lippen, beginnt zu zittern. Christopher hyperventiliert. Karsten Klinger lässt von ihm ab. Als der Junge weitermachen kann, ist Matthias Moog

an der Reihe: würgen, streicheln, durchatmen lassen, würgen, streicheln – immer in dieser Reihenfolge.
Pause. Christopher sagt, ihm sei kalt. Karsten Klinger gibt ihm die Hose zurück, alle drei setzen sich auf die Rückbank des Geländewagens, dort ist es wärmer. Wieder beginnt man damit, sich zu streicheln, diesmal gegenseitig. Nach einigen Minuten will Christopher das Treffen beenden, weil er nach Hause gehen muss. Die beiden Männer aber haben noch nicht genug. Zehn Minuten noch? Christopher ist einverstanden.
Sie steigen aus dem Auto aus und legen Christopher Handschellen an. Dann packt Karsten Klinger von hinten zu und nimmt Christopher in den Schwitzkasten, verlegt ihm die Atemwege. Damit das Opfer sich nicht wehren kann, hält Matthias Moog die Beine des Jungen fest. Christopher spürt, dass die Grenzen des Erlaubten jetzt überschritten werden, sein Körper bäumt sich auf. Doch die Männer halten so lange dagegen, bis der Junge das Bewusstsein verliert.
Karsten Klinger reißt Christopher Slip und Socken vom Leib und verstaut die Sachen im Wagen. Augenblicke später kommt der Junge wieder zu sich, er röchelt und hustet. Karsten Klinger würgt das Opfer sofort wieder, es wird erneut bewusstlos. Die Männer tragen den Jungen in ein nahes Waldstück. Dort kommt Christopher wieder zu sich. Abermals ist es Karsten Klinger, der aktiv wird und seinem Opfer mit aller Kraft einen Ast auf den Kehlkopf drückt und ihm den Atem nimmt. Matthias Moog ist unterdessen zum Wagen zurückgelaufen. Er steht Schmiere.
Deshalb kann er nicht sehen, wie Karsten Klinger das Gesicht des Jungen beharrlich in den Waldboden drückt. Doch Christopher atmet immer noch. Karsten Klinger lässt sein wehrloses Opfer liegen, geht zum Auto. Als Christopher den Mann zurückkommen sieht, eine Hundeleine in der Hand, beginnt er zu schreien. Karsten Klinger stürzt sich auf sein

Opfer und knebelt es mit seinem Taschentuch. Dann legt er dem Jungen die Hundeleine um den Hals und zieht zu. Als Christopher sich nicht mehr bewegt, lässt er von seinem Opfer ab und geht zurück zum Wagen. Matthias Moog soll ihm dabei helfen, die Leiche tiefer in den Wald hineinzutragen.
Doch als die Männer Minuten später wieder bei ihrem Opfer sind, gibt Christopher gurgelnde Geräusche von sich. Der Junge atmet noch. Karsten Klinger hastet wieder zum Wagen und holt das Bajonett. Er dreht den Jungen auf den Bauch. Das Bajonett bohrt sich in den Nacken des Opfers. Der Junge stöhnt. Er packt den blutenden Körper und dreht ihn auf den Rücken. In kurzen Abständen sticht Karsten Klinger mehrmals mit dem Bajonett ins Gesicht des Jungen, durch den Mund in den Rachen, in den Hals, in den Oberkörper, in den Bauch. Erst als er ein leises, zischendes Geräusch bemerkt – es entweicht Luft aus dem Körper des toten Jungen –, hält er inne. Für einen Moment ist es still. Nur das Keuchen des Mörders ist zu hören.
Nachdem die Männer den Leichnam noch ein Stück in den Wald hineingeschleift und in der Nähe eines Kieswegs hinter einem Gebüsch abgelegt haben, sammeln sie sorgsam alle Gegenstände ein, die als Beweismittel dienen könnten. Um nichts zu übersehen, wird der Waldboden mit den Scheinwerfern des Geländewagens ausgeleuchtet. Karsten Klinger und Matthias Moog sind zufrieden. Ihr teuflischer Plan ist aufgegangen. Zehn Minuten später sitzen sie in einer Kneipe und begießen ihren Erfolg mit einem Schnaps.

Christophers Eltern werden an diesem Abend auf ihren Sohn vergeblich warten.
Matthias Moog und Karsten Klinger haben förmlich Blut geleckt. In den nächsten Tagen tauschen sie sich intensiv darüber aus, wie die Tat abgelaufen ist, was nicht so gut war, was man besser machen könnte, besser machen muss. Dass es ein

nächstes Mal geben wird, darüber besteht Einigkeit. Dann aber mit anderer Rollenverteilung. Matthias Moog reklamiert seinem Freund gegenüber, »zu wenig von der Tat gehabt« zu haben, er will direkter beteiligt sein, unmittelbar, hautnah. Er möchte unbedingt erfahren, wie es ist, einen Menschen umzubringen, selbst Hand anzulegen. Und auch Karsten Klinger glaubt, berechtigte Gründe zu haben, noch einen Mord zu begehen.

Doch stattdessen klicken einige Monate später die Handschellen, und Karsten Klinger legt spontan ein Geständnis ab. Seine Offenheit, Direktheit und emotionale Distanziertheit irritieren die Vernehmungsbeamten. Unverblümt und ungefiltert berichtet der Mann während der ersten anderthalbstündigen Unterredung auch über die innere Struktur einer solchen Tat, über Absichten, Gefühle und Erfahrungen. »Für mich war klar, dass wir diesen Jungen kaltmachen. Die Sache war geplant«, bekennt er freimütig. Und: »Ich war derjenige, der den Jungen effektiv umgebracht hat.« Karsten Klinger lässt bei seinen Schilderungen keine Gefühlsregung erkennen, der Mann erscheint den Ermittlern geradezu roboterhaft. »Ich kann eigentlich nicht genau sagen, was ich dabei empfunden habe«, antwortet Karsten Klinger, als nach seinen Gefühlen während der Tat gefragt wird. »Zu Beginn, als wir den gestreichelt haben, hat mich das ein bisschen erregt. Das war aber eigentlich nicht das, was ich mir erwartet hatte. Darüber war ich sehr enttäuscht. Die ganze Sache hat mir nichts gebracht. Da war einfach kein Gefühl, auch nicht, als ich den abgestochen habe.« Und wie denkt er über den Jungen, den er getötet hat? »Der war nur Mittel zum Zweck«, erklärt er ungerührt. »Effektiv ein Gegenstand, den man verwenden wollte zum Lustgewinn.«

»Was mich selber erschreckt hat«, bekennt er schließlich, »war, dass ich auch Tage später nichts empfunden habe. Wir hatten den umgebracht und waren danach einen Schnaps trinken gegangen. Eine halbe Stunde später fuhr ich nach Hause, legte mich hin und schlief tief und fest. Ich hatte keine Alpträume, kein mieses Gefühl, einfach nichts.« Und auch aus der sich hieraus ergebenden Konsequenz macht Karsten Klinger keinen Hehl: »Das war schon klar. Wir hätten uns wieder einen gegriffen. Ich wollte ja noch zu meinem Recht kommen.«

Wie ist es möglich, dass Menschen sich von ihresgleichen so weit entfernen? Dass Mitmenschen verdinglicht werden. Nur noch in Opfer- und Nicht-Opfer-Kategorien gedacht und gelebt wird. Dass abgründige Erlebniswelten entstehen, die sich jedem mäßigenden Einfluss entziehen. Dass nicht mehr das Leben im Vordergrund steht, sondern nur noch der Tod, die Lust, sich am Todeskampf zu ergötzen. Dass jedes Maß verlorengeht. Dass Menschen sich anderer Menschen bemächtigen und zu Tätern werden.
Antworten auf diese Fragen finden sich häufig in den Viten der Mörder. Begeben wir uns also auf Spurensuche im Leben des Mannes, der sich beim Mord an Christopher Mangels zutreffend als »Hauptakteur« bezeichnet hat. Karsten Klinger wird als einziges Kind eines Hauptfeldwebels der Bundeswehr und einer Bürokauffrau geboren. Die ersten Lebensjahre des Jungen verlaufen unauffällig: keine schlimmen Krankheiten, kein auffälliges Verhalten, nichts deutet auf eine Fehlentwicklung hin.
Während der Vater ein zurückhaltender Mensch ist, gibt die Mutter den Ton an, auch als sie nicht mehr berufstätig ist und sich ausschließlich um die Belange der Familie kümmert. Wenn es zwischen den Eltern zu Streitigkeiten kommt, und das ist häufig der Fall, gibt der Vater regelmäßig nach. Als Karsten acht Jahre alt ist, wird ein Keil in die Familie getrieben: Der Vater besteht auf einer Scheidung und verlässt Frau und Sohn. Karsten bleibt bei seiner stets unnahbaren Mutter,

die aus finanziellen Gründen fortan als Tagesmutter zwei Kinder zu sich nimmt. Karsten erfährt zwar keine Zurückweisung, aber jetzt bleibt noch weniger Zeit für den Jungen. Keine wirklich unglückliche Kindheit, aber auch keine wirklich glückliche. Irgendwo dazwischen.
Seine schulischen Leistungen, er besucht die Realschule und schafft schließlich die Mittlere Reife, sind überwiegend durchschnittlich. Allein das Sozialverhalten des Jungen – und hier wird erstmals ein Muster erkennbar – ist ausgesprochen ungewöhnlich. Er hat weder einen Freund noch eine Freundin. Das wird sich auch im Erwachsenenalter nicht ändern. Karsten Klinger hat keine Angst vor den Menschen, auch empfindet er keine übertriebene Scham, nur interessiert es ihn einfach nicht, was jemand denkt oder spürt. Und er fühlt beim Alleinsein keine Einsamkeit. Er lebt für sich, nach eigenen Regeln, autark.

Der Gerichtsgutachter wird später nach mehrwöchigen Gesprächen und Tests bei Karsten Klinger insbesondere eine schizoide Persönlichkeitsstörung feststellen, die anhand folgender Verhaltensweisen diagnostiziert werden kann:

- Proband zeigt überhaupt keine oder nur wenig Freude an Tätigkeiten;
- emotional kühl, distanziert oder abgeflachter Affekt;
- reduzierte Fähigkeit, warme, zärtliche Gefühle oder Ärger auszudrücken;
- scheint gleichgültig gegenüber Lob und Kritik;
- hat wenig Interesse an sexuellen Erfahrungen mit anderen Menschen;
- bevorzugt fast immer Aktivitäten, die alleine durchzuführen sind;
- übermäßige Inanspruchnahme durch Phantasien und Introvertiertheit;

- hat oder will keine engen Freunde oder vertrauensvolle Beziehungen;
- mangelhaftes Gespür für soziale Normen und Konventionen.

Normalerweise wird die Diagnose einer schizoiden Persönlichkeitsstörung bereits dann gestellt, wenn vier der genannten Merkmale vorliegen. Karsten Klinger indes erfüllt sie nach Einschätzung des Experten alle.

Nachdem Karsten Klinger sich seiner Homosexualität bewusst wird, unternimmt er in seinem Leben, das in allen anderen Bereichen so unauffällig verläuft, als gäbe es ihn gar nicht, nur wenige, eher halbherzige Versuche, eine tragfähige Liebesbeziehung aufzubauen. Dafür ist er zu gehemmt und zu blockiert, zu unerfahren. Diese seltenen Bemühungen um Annäherung bleiben aber auch deshalb unbefriedigend, weil Karsten Klinger nicht den Mut aufbringt, seine sexuellen Bedürfnisse zu artikulieren, und er die deshalb erlebte Frustration unausgesprochen seinen Partnern zuschreibt. Ein Teufelskreis. Am Ende dieser Fehlentwicklung stehen Introspektion und Selbstverliebtheit, ein nach innen und auf sich selbst bezogenes Leben. Und durch diese pathologische Form der sozialen Frigidität wird auch erklärbar, warum Karsten Klinger letztlich unfähig ist, für andere Menschen Gefühle zu entwickeln – sie existieren in diesem Sinne für ihn gar nicht.

Allerdings bedingt eine schizoide Persönlichkeitsstörung allein nicht zwingend die unnatürliche Freude daran, einen Menschen auf möglichst grausame Weise zu töten. Ein weiterer Aspekt muss hinzutreten: das episodenhafte Leben in einer imaginären Parallelwelt, die schattenhaft und grenzenlos erscheint, die magische Momente bereithält, die keine Tabus kennt, die nur den eigenen Regeln folgt, in der sich bestimmte Szenarien generieren und beliebig formen lassen, die als besonders lustvoll erlebt und letztlich auch angestrebt und ausgelebt werden wollen.

Phantasien ermöglichen allgemein ein introspektives Erleben, sie sind das innere Drehbuch, nach dem der Film im Kopf abläuft. Menschen gestalten und instrumentalisieren solche Vorstellungen, nutzen sie als Spielwiese bzw. Surrogat für ihre unerfüllten oder unerfüllbaren Bedürfnisse und Leidenschaften. Manchmal dient die Imagination aber auch als Generalprobe für die Realität. Kriminogene Szenarien entstehen immer dann, wenn extrem gewaltbesetzte Visionen und Obsessionen das Bewusstsein überlagern, auf Verwirklichung drängen und sich schließlich in realen Handlungen entladen.

Bei Karsten Klinger fängt alles eher harmlos an: leblose Krieger, ausnahmslos männlich, langmähnig, nur mit einem Lendenschurz bekleidet, auf dem Rücken liegend, ausdruckslose Gesichter, Schussverletzungen in der Brust, Pfeile, die aus Oberkörpern und Gliedmaßen herausragen – die Kamera fährt in Nahaufnahme über ein Schlachtfeld, Szenen aus einem Winnetou-Streifen. Karsten Klinger ist zwölf Jahre alt, als er sich solche Filme anschaut und überrascht feststellt, dass ihn bestimmte Bilder und Spielszenen aufregen und erregen, vor allem dann, wenn Männer miteinander kämpfen und einer dabei den Tod findet.

Während jeder herkömmliche Film zwangsläufig ein Ende hat, kennt das Kino in seinem Kopf keine Grenzen. In dieser phantastisch anmutenden Scheinwelt gelingt die angestrebte Verknüpfung von Sexualität und Tod immer wieder, kein Wunsch, sei er auch noch so absonderlich, bleibt unerfüllt. Diese Erfahrung prägt und stabilisiert ihn. Und so kann sich die verhängnisvolle Verbindung von Zärtlichkeit und Gewalt in seinem Bewusstsein fortentwickeln wie ein Krebsgeschwür, das unerkannt und unbehandelt bleibt. Aber das ritualisierte Phantasieren festigt auch seine hochabnorme Persönlichkeit, denn in dem von der Norm abweichenden Verhalten werden die aggressiven und destruktiven Impulse gebunden und weitgehend durch die Verlagerung in die Fiktion entschärft, partiell befriedigt und entladen. Und Karsten Klinger denkt sich auch nichts dabei. Er fühlt sich wohl. Es gibt für ihn keinen Grund, das eigene Verhalten kritisch zu hinterfragen oder einen Arzt aufzusuchen. Selbst als er dazu übergeht, sich regelmäßig mit Gewaltvideos zu stimulieren, sieht er keinen Veränderungsbedarf.

Dann ändert sich aber doch etwas. Weil Karsten Klinger nicht länger auf gewalttriefende Videos angewiesen sein möchte, legt er sich schließlich einen Internetanschluss zu. Dieses Medium eröffnet ihm neue, schier unbegrenzte Möglichkeiten. Zunächst fühlt er sich besonders von solchen Bildern angesprochen, die Knaben mit nacktem Oberkörper zeigen. Dann erweitert sich das Repertoire der Perversionen: Er sucht in erster Linie nach Fotos von jungen Männern, die einen Schuss in die Brust bekommen haben oder sonst verletzt worden sind. Seine daraus abgeleitete Maximalphantasie: Er lernt einen jungen Mann kennen, geht mit ihm in den Wald, man kommt sich näher – überfallartig beginnt er, den Jungen zu würgen, dann das Finale: Stiche in die Brust des Opfers, der qualvolle Tod.

Dieser langwierige Prozess der Verfremdung und Entfremdung bedingt normalerweise durchaus zwiespältige Einschätzungen der eigenen Abnormität und die Angst vor drohenden Perversionsdurchbrüchen in der Realität. Die Phantasie- und Erlebniswelt wird einmal als belebend, stimulierend und lustvoll erlebt, ein anderes Mal erscheint sie bedrohlich, persönlichkeitsfremd und abgründig. Bei Karsten Klinger hingegen dauert es außergewöhnlich lange, bis er realisiert, dass mit ihm etwas nicht stimmt: Der Mann ist 29 Jahre alt, als er sich plötzlich unangenehme Fragen stellt: Was machst du da eigentlich im Internet? Ist das nicht strafbar? Ist das nicht pervers? Du brauchst doch Hilfe! Aber diese Gedanken verschwinden genauso abrupt, wie sie gekommen sind. Also doch kein Handlungsbedarf.

Stattdessen werden seine pathologischen Bedürfnisse weiter befeuert, als er entdeckt, dass es Pornofilme gibt, die immer dasselbe Handlungsmuster haben: Mann liebt Mann, Mann tötet Mann. Diese Genre-Filme faszinieren Karsten Klinger, weil sie seiner Maximalphantasie sehr nahekommen. Und als er in Chatrooms Männer kennenlernt, die sich ebenfalls als gleichgesinnt outen, macht er eine ganz neue Erfahrung: Es gibt Leute, die sind so wie du. Ich bin nicht allein auf dieser Welt!

Fortan durchstreift Karsten Klinger das Internet und sucht fieberhaft nach Fotos, die gefolterte und getötete Knaben zeigen, und er giert nach Filmen, die als einzige, wesentliche Handlung das gewünschte Gemetzel zum Inhalt haben. Jeden Tag sitzt er vor dem Computer, starrt auf den Bildschirm, geilt sich auf, onaniert. Nur so gelingt es ihm, die innere Balance zu halten, den Alltag zu bewältigen, seinen Beruf als Fernfahrer auszuüben, zu funktionieren.

Für das Leben seiner Mitmenschen wird Karsten Klinger jedoch erst zu einer Bedrohung, als er im Internet Matthias Moog begegnet, der zwar eine andere Maximalphantasie hat als er, der aber ernstlich Bereitschaft signalisiert, dem bösen Gedanken auch die böse Tat folgen zu lassen. Dieses ungemein belebende, ermutigende Vereinigungs- und Gemeinschaftsgefühl ist fortan die nicht mehr zu erschütternde Basis für ein Verbrechen, zu dem jeder für sich allein wohl niemals fähig gewesen wäre. Von diesem verhängnisvollen Moment an hat Christopher Mangels nur noch wenige Wochen zu leben. Es hätte aber auch jeden anderen treffen können.

»Kann ich dein Herz haben?«

7.30 Uhr: Der Himmel ist grau, die Wolken hängen tief, leichter Nieselregen. Es ist nahezu windstill. Jeden Morgen ist Veronika Langer zu dieser Zeit mit den Hunden unterwegs, immer dieselbe Strecke, die sie auch an die Böschung des Südufers im Jachthafen führt. Die beiden Schäferhunde ziehen an der Leine, sie wollen ins Wasser. Veronika Langer stapft durch das dichte Gestrüpp hinunter zum Ufer. Als die 46-Jährige unten angekommen ist, erregt ein Gegenstand ihre Aufmerksamkeit, der einige Meter entfernt im flachen Wasser sanft hin und her wogt und wohl angespült worden sein muss. Während die Hunde ausgelassen über den Strand tollen, schaut Veronika Langer sich den Fund genauer an: merkwürdig angewinkelt, irgendwie verdreht, bläulich verfärbt, spindeldürr – nur noch Haut und Knochen. Die Frau hält das, was da vor ihr im Wasser schwimmt, für die Überreste eines menschlichen Arms. Angeekelt greift sie zum Handy und wählt den Polizeinotruf.

Eine Viertelstunde später inspizieren zwei Schutzpolizisten den Fundort und bestätigen Veronika Langers Einschätzung. Und wo ein Leichenteil angeschwemmt worden ist, dürfte höchstwahrscheinlich mit weiteren zu rechnen sein. Deshalb veranlassen die Beamten umgehend eine Suchaktion. Doch auch die Mordkommission bekommt einen Anruf, denn die Schutzmänner haben sich die Finger des angespülten Arms genauer angesehen und dabei etwas Alarmierendes entdeckt: Es sieht nämlich ganz danach aus, als wären die Fingerkuppen entfernt worden.

Noch bevor die Verstärkung eintrifft, finden die Beamten einen zweiten Arm, der etwa 50 Meter vom ersten Fundort entfernt auf dem steinigen Strand liegt. Auch hier ist der

Körperteil sauber vom Schultergelenk abgetrennt worden, wieder fehlen die Fingerspitzen. Dass es sich um die sterblichen Überreste eines Selbstmörders handeln könnte, erscheint den Polizisten eher unwahrscheinlich. Niemand schneidet sich die Fingerkuppen ab, bevor er seinem Leben ein Ende setzt. Offenbar sollte vielmehr die Identität des Toten verschleiert werden.

Nach und nach treffen weitere Einsatzkräfte ein: Kriminalbeamte, ein Zug der Einsatzhundertschaft, Taucher, zwei Diensthundeführer, ein Rechtsmediziner, Mitarbeiter des Technischen Hilfswerks (THW). Eine halbe Stunde später kreist ein Hubschrauber mit Wärmebildkamera über dem Jachthafen. Das typische Geräusch der Rotorblätter ist kilometerweit zu hören. Der Pilot soll nicht nur nach weiteren Körperteilen Ausschau halten, sondern auch solche Areale absuchen, die für Mensch und Tier unzugänglich sind.

Innerhalb von zwei Stunden melden die Taucher vier Funde im Wasser: erst einen Schuh, dann einen Stiefel, schließlich noch einen Schuh, später einen Sandsack – nur eben keine weiteren Leichenteile. Unterdessen hat der Rechtsmediziner die verwesten Arme äußerlich begutachtet, insbesondere die verstümmelten Finger. Sein erstes Resümee: »Es besteht der Verdacht eines Tötungsdelikts.«

Die Beamten der Einsatzhundertschaft sind einiges gewohnt, doch als sie die übliche Suchkette gebildet haben und im Uferbereich mit Stäben herumstochern, stockt ihnen der Atem: Unter dem Schlamm entdecken sie einen menschlichen Torso. Der noch anwesende Pathologe wird hinzugerufen. Auch der gerichtsmedizinische Experte kann vor Ort nicht feststellen, ob der Rumpf und die Arme von derselben Person stammen, aber er macht eine vielsagende Beobachtung: An dem Torso ist das Geschlechtsteil herausgeschnitten worden. Die Ermittler erinnern sich spontan, jedoch ungern, an einen vor dreieinhalb Jahren aufgeklärten Mordfall: Der Täter schnitt der weiblichen Leiche die Schamlippen und die Vagina heraus, um seine sonst verräterischen Spermaspuren zu beseitigen. War das wieder so ein Fall? Oder hat die Abtrennung der Genitalien einen sexual-pathologischen Hintergrund? Hat der Täter seine abnormen Phantasien ausgelebt?

Die Suche wird schließlich fortgesetzt. Beamte der Einsatzhundertschaft durchkämmen weiter die Uferböschung, die umliegenden Grünanlagen, das angrenzende Waldgebiet und sammeln alle Gegenstände ein, die beweisrelevant sein könnten: Kleidungsstücke, Plastiktüten, Schnapsflaschen, Taschentücher. Derweil sind im Hafenbecken Schlauchboote unterwegs, Taucher verschwinden im Wasser, im Boot mitgenommene Leichenspürhunde versuchen, eine Fährte aufzunehmen.

Mitarbeiter des THWs haben in der Zwischenzeit eine Verpflegungsstation aufgebaut. Stunde um Stunde vergeht, doch erst am späten Abend entdeckt ein Taucher auf dem Grund des Hafenbeckens einen weiteren Körperteil – eventuell Überreste eines Oberschenkels –, dessen Herkunft allerdings ungewiss ist. Als es langsam dämmert und die Sichtverhältnisse immer ungünstiger werden, wird die Suche abgebrochen.

Die Kripo bildet eine Mordkommission, der bis auf weiteres 15 Beamte angehören. Zunächst werden durch Kräfte der Einsatzhundertschaft weitere Suchaktionen im Jachthafen und der angrenzenden Umgebung durchgeführt. Die Beamten der Mordkommission recherchieren unterdessen sämtliche Meldungen zu vermissten Personen der letzten Monate und vergleichen sie mit den noch kümmerlichen Informationen, die sie über den Toten haben. Die Fahnder stehen vor einem Rätsel: Woher stammt der Tote? Wo kamen die Leichenteile ins Wasser? Wie wurde das Opfer getötet? Wieso wurden die Leichenteile nicht einfach vergraben oder verbrannt? Wie ist die Tat abgelaufen? Warum ist es überhaupt zu dieser Tat gekommen?

Mit Spannung werden die Ergebnisse der rechtsmedizinischen Untersuchung erwartet, die zwei Tage nach dem Fund der Leichenteile vorliegen. DNA-Analysen haben ergeben, dass Arme und Rumpf tatsächlich zusammengehören und von einem Mann stammen, der an inneren Blutungen gestorben ist, die durch 22 Stichverletzungen im Rücken hervorgerufen wurden. Als Tatwaffe kommt ein zweischneidiger Dolch in Betracht. Die Leiche hingegen dürfte mit einem Sägemesser oder einer Gartenschere zerteilt worden sein. Der vierte gefundene Körperteil indes ist tierischen Ursprungs, vermutlich von einem Wels, der in dieser Gegend bis zu einen Meter groß und 30 Kilogramm schwer werden kann. Wegen des eher geringen Verwesungsgrades wird bei den menschlichen Leichenteilen eine Liegezeit im Wasser von zwei bis vier Wochen angenommen. Ungewiss bleibt hingegen, wie alt der Mann ist und wo er gelebt hat. Der Sachverständige hält es lediglich für ausgeschlossen, dass es sich bei dem Opfer um ein Kind oder einen Greis handelt. Besonders erschreckend: Nach der Entmannung dürften nach Ansicht des Gutachters 15 bis 20 Minuten vergangen sein, bevor das Opfer biologisch tot war.

Nach drei Tagen sind die Ufer des Jachthafens, das angrenzende Waldgebiet und andere relevante Örtlichkeiten flächendeckend abgesucht, doch der entscheidende Hinweis auf die Identität des Opfers fehlt nach wie vor, insbesondere der Kopf. Händeringend warten die Ermittler noch auf das Ergebnis einer DNA-Probe, die dem Rumpf entnommen wurde und mit den genetischen Profilen der bundesweiten Datenbank abgeglichen wird. Das kann bis zu zwei Wochen dauern.

Über den Täter und den Ereignisablauf ist wenig bekannt, trotzdem lassen sich einige Rückschlüsse ziehen: Um das Opfer unauffindbar zu machen, hätte es beispielsweise ausgereicht, die Leiche zu vergraben, in Säure aufzulösen oder zu verbrennen, doch der Täter hat sich die Mühe gemacht, den Leichnam geradezu fachmännisch zu zerhacken (glatte Schnitte mit geeignetem Werkzeug), die Körperteile zu verpacken, zu transportieren und ins Wasser zu werfen.
Hätte der Täter die Leiche aus Wut, Hass oder abnormem sexuellem Antrieb zerteilt, wären dabei erfahrungsgemäß einzelne Körperteile verstümmelt worden. Oder der Täter hätte den Bauchraum eröffnet und einzelne Organe entnommen. Oder die Leichenteile wären wahllos am Tatort verstreut worden. Oder man hätte den abgetrennten Kopf des Leichnams mit entstellenden Gesichtsverletzungen gefunden. Oder es wären Augen und Nase herausgeschnitten worden. Oder der Täter hätte Teile der Leiche mitgenommen, um sie als Trophäen zu konservieren und für spätere Masturbationsrituale zu verwenden. *Solche* Täter lassen schon durch die Art und Weise der Leichenzerteilung ein sehr persönliches Bedürfnis erkennen. Allerdings passiert so etwas ausgesprochen selten. Das wissen die Ermittler aus vergleichbaren Fällen und vielen Interviews, die von Wissenschaftlern und Kriminalisten mit solchen Tätern geführt wurden.
Im vorliegenden Fall könnten die Dinge jedoch auch anders liegen, überlegen der Gerichtsmediziner und die Ermittler. Selbst wenn das Geschlechtsteil aus dem toten Körper herausgeschnitten worden ist, um ein abnormes sexuell eingefärbtes Verlangen befriedigen zu können, so könnten sämtliche bisher erkennbaren Täterhandlungen zwanglos auch in einem anderen Kontext gesehen werden: Das Entkleiden des Leichnams, die fachmännisch durchgeführte Zergliederung des toten Körpers, das Fehlen von Verstümmelungen, die Verschleierung des Tatorts durch das Entsorgen der Leichen-

teile an einem anderen Ort, das Abtrennen aller Fingerkuppen, aber auch das Beseitigen der Geschlechtsmerkmale, alle diese Handlungen des Täters könnten in erster Linie den Zweck gehabt haben, die Kripo im Unklaren darüber zu lassen, *wer* getötet worden ist und *wer* getötet hat.

Nur passt bei dieser Bewertung ein Detail nicht ins Bild: Die Genitalien wurden zu Lebzeiten abgetrennt, während die Leichenzerteilung postmortal erfolgte. Also dürfte die Entmannung für den Täter eine hohe emotionale und/oder sexuelle Gratifikation bedeutet haben, andernfalls hätte er sich damit Zeit lassen können. Und genau diese Handlungsabfolge bewerten die Ermittler als Indiz dafür, dass sie es mit einem hochpathologischen Täter zu tun haben, der zumindest partiell seinem sexuell abnormen Drang abgeholfen haben dürfte.

Unabhängig vom motivischen Hintergrund der Tat finden Leichenzerstückelungen erfahrungsgemäß überwiegend in der Wohnung des Täters oder des Opfers statt. Leider gibt es in solchen Fällen kein gesichertes Erfahrungswissen, das etwas über das Lebensalter oder die Lebensumstände des Gesuchten aussagen könnte. Nur so viel ist sicher: In den vergangenen 40 Jahren gab es in Deutschland genau 51 Leichenzergliederer, die in der Mehrzahl der Fälle zwischen 30 und 40 Jahre alt waren. Nur solange es den Ermittlern nicht gelingt, das Opfer zu identifizieren, bleibt der Täter unerreichbar.

Eine Woche später liegt der Mordkommission eine weitere Expertise aus der Gerichtsmedizin vor. Jetzt gibt es endlich Informationen zum Aussehen des Opfers, die auch für eine Öffentlichkeitsfahndung geeignet sind. Bei dem Toten handelt es sich um einen jüngeren, erwachsenen Mann, von kleiner bis mittelgroßer Statur, schlank und sportlich, mit dunkler Körperbehaarung. Auffällig sind Hautdehnungsnarben an den Oberarmen und am unteren Rücken, wie sie zum Beispiel bei Gewichts- und Muskelveränderungen typisch sind. Hat der Mann Kraftsport betrieben?

Diese wenigen Informationen eröffnen eine neue Ermittlungsebene. Denn der Täter könnte die Fingerkuppen des Opfers auch abgeschnitten haben, weil er vermutete oder wusste, dass die Fingerabdrücke des Toten bei der Kripo registriert sind. Und die Beine hat man bislang ebenfalls nicht gefunden. Hat der Täter sie andernorts entsorgt, also nicht ins Wasser geworfen, weil die Beine auffällig tätowiert waren und das Opfer sonst durch die Kripo identifiziert werden könnte? Ungewöhnlich ist auch, dass es zu dem Toten immer noch keine passende Vermisstenmeldung gibt, auch bundesweit nicht. Handelt es sich vielleicht um einen Ausländer, der in der Region inkognito gelebt hat? Jemand, eventuell ein muskelbepackter Türsteher, der im kriminellen Milieu in Ungnade gefallen und liquidiert worden ist? Sollte die Entmannung als warnendes Beispiel für Ungehorsam verstanden werden? Oder ist das Opfer im benachbarten Ausland getötet und sind seine sterblichen Überreste nur deshalb in Deutschland entsorgt worden, um die Ermittlungsbehörden jeweils auf eine falsche Fährte zu locken?

Um diese Fragen beantworten zu können, erhoffen sich die Fahnder Hinweise aus der Bevölkerung. Es sollen Zeugen mit der Kripo Kontakt aufnehmen, die etwas über einen Mann sagen können, der in seinem Umfeld seit Wochen oder Monaten fehlt. Der vielleicht auf E-Mails oder SMS-Mitteilungen nicht mehr reagiert, über soziale Netzwerke nicht erreicht werden kann, seit längerer Zeit nicht mehr im Sportverein anwesend war oder bei turnusmäßigen Treffen in Clubs, Diskotheken oder Kneipen gefehlt hat.

In den nächsten Tagen melden sich bei der Mordkommission 24 Bürger, die gutgemeinte Hinweise geben, eine heiße Spur ergibt sich daraus aber nicht. Als zusätzlicher Ansporn wird

Tage darauf eine Belohnung in Höhe von 5000 Euro ausgesetzt für denjenigen, der wesentlich dazu beiträgt, dem Opfer einen Namen zu geben. Doch auch diese Maßnahme erbringt keinen Erfolg. Und in den Reihen der Mordkommission mehrt sich die Zahl der Zweifler, die befürchten, dieser Fall könnte am Ende vielleicht sogar ungelöst bleiben.

»Ich habe einen meiner Freunde seit einigen Wochen nicht mehr gesehen. Das ist merkwürdig.« Mit diesen oder ähnlichen Sätzen beginnen viele Zeugenaussagen, wenn ein Mensch vermisst gemeldet wird. Auch bei Jennifer Gross verhält es sich nicht anders. Die 23 Jahre alte Studentin ist ins Präsidium gekommen, weil sie vermutet, einem ihrer Freunde »könnte etwas zugestoßen sein«. Die Begründung für diese Annahme klingt durchaus nachvollziehbar: Der junge Mann war vor etwa sechs Wochen mit ihr und anderen Studenten am Hauptbahnhof verabredet, um gemeinsam ein Konzert von »Silbermond« zu besuchen, berichtet die junge Frau. Er ließ sich aber – ganz gegen seine sonstigen Gewohnheiten – nicht blicken, obwohl das Ticket von ihm bereits bezahlt wurde. Auch danach gab es kein Lebenszeichen: »Der ist wie vom Erdboden verschluckt.«

Bei dem Vermissten handelt es sich um Holger Brandt, 22 Jahre alt, ledig, Student der Betriebswirtschaft im dritten Semester. Erste Recherchen der Kripo bestätigen den Verdacht der Zeugin. Holger Brandt hat seit mindestens anderthalb Monaten keine Vorlesung mehr besucht, Nachbarn haben ihn ebenfalls längere Zeit nicht gesehen. Auch sein Vater hatte in der letzten Zeit keinen Kontakt und weiß nicht, wo sich sein Sohn sonst aufhalten könnte. Die Mutter lebt im Ausland und kann zunächst nicht erreicht werden. Der jüngere Bruder des Opfers scheidet als Zeuge ebenfalls aus, er kam vor Jahren bei einem Skiunfall ums Leben.

Die nicht zu erklärende Abwesenheit von Holger Brandt

deutet auf einen kriminellen Hintergrund hin. Dieser Verdacht verstärkt sich, als gesicherte Informationen zum äußeren Erscheinungsbild des Vermissten vorliegen: mittelgroß, schlank, sportlich, schwarze Haare. Alle Merkmale passen zu dem noch porösen Profil des Mordopfers vom Jachthafen. Als zwei Kriminalbeamte Holger Brandts Anschrift aufsuchen und die Wohnung öffnen lassen, bietet sich ihnen dieses Bild: Der Briefkasten quillt über, die Nahrungsmittel im Kühlschrank sind verschimmelt, der Anrufbeantworter ist nicht abgehört worden, typische Reiseutensilien hingegen sind noch vorhanden. Von Holger Brandt keine Spur. Die Ermittler finden in der Wohnung aber auch keine Anhaltspunkte dafür, dass dort ein Verbrechen verübt worden sein könnte.

Nur ein maschinengeschriebener Brief, den die Kriminalisten auf dem Wohnzimmertisch finden, scheint die Abwesenheit des Mieters zu erklären. »Ich habe keine Lust, Teil dieses Systems zu werden, das ich nicht mag«, schreibt der Autor. »Deshalb habe ich mich mit einem Freund von außerhalb getroffen, bei dem ich vorläufig unterkomme.« Die Unterschrift fehlt. Hat Holger Brandt diesen Brief selbst verfasst? Die Ermittler nehmen das Schreiben mit, eine Zahnbürste, ein benutztes T-Shirt und Taschentücher. Auf der Grundlage von vergleichenden DNA-Analysen wird nun untersucht, ob die am Jachthafen angespülten Körperteile von Holger Brandt stammen.

24 Stunden später kommt das Ergebnis. Die Leichenteile können zweifelsfrei Holger Brandt zugeordnet werden, der Mann ist demnach an einem noch unbekannten Ort getötet worden. Sehr wahrscheinlich handelt es sich doch nicht um Abrechnung im Dunstkreis der organisierten Kriminalität, wie zwischenzeitlich erwägt wurde. Vielmehr entsteht bei den Ermittlern der Eindruck, es könnte sich um ein Beziehungsdelikt handeln. Schließlich ergibt der Brief auf dem

Wohnzimmertisch nur dann Sinn, wenn erst Holger Brandts Verschwinden entdeckt worden wäre, nicht als Erstes dessen Leiche. Der junge Mann ist aber gar nicht mit einem Freund abgehauen, er wurde ermordet. Wahrscheinlich sind der Autor und der Mörder schon aus diesem Grund dieselbe Person, überlegen die Fahnder. Und höchstwahrscheinlich dürfte das Auftauchen der Leichenteile gar nicht beabsichtigt gewesen sein.
Die Ermittlungen fokussieren sich nun zunächst auf Holger Brandt, seine Vita und Lebensumstände werden akribisch durchleuchtet, Familienangehörige, Freunde, Bekannte, Nachbarn und Kommilitonen ausführlich befragt. Denn irgendwo in diesem Beziehungsgeflecht könnte es eine Verbindung zu seinem Mörder geben.

Holger Brandt wird als zweites Kind eines Computerfachmannes und einer Lehrerin in einem schleswig-holsteinischen 500-Seelen-Dorf geboren. Die Beziehung der Eltern hält nicht lange. Als Holger sieben Jahre alt ist, verlässt die Mutter wegen eines anderen Mannes die Familie. Sie lässt sich scheiden und wandert in die USA aus. Die Kinder bleiben beim Vater, der sich zwar sehr um das Wohl der Söhne bemüht, aber letztlich mit der Doppelbelastung von Familie und Beruf auf Dauer überfordert ist. Holger wird wie sein Bruder mit elf Jahren in ein Internat gegeben.
Der stets neugierige Junge gilt als hochintelligent und schafft das Abitur mit respektablen Noten. Er interessiert sich besonders für Computertechnik und Mathematik. Erst vor zwei Jahren ist er in seine jetzige Wohnung gezogen, um an der Universität Mathematik zu studieren. Während das Verhältnis zu den Eltern angespannt ist und es kaum Berührungspunkte gibt, wird Holger Brandt von seinen Freunden und Studienkollegen geschätzt und gemocht. Der junge Mann zeigt sich begeisterungsfähig, unternehmungslustig,

gesellig, stets gesprächsbereit, er ist kontaktfreudig, rücksichtsvoll und freundlich. Niemand berichtet etwas Negatives über ihn. Auch dass es ihm nicht gelingt, pünktlich zu sein und seinen Alltag vernünftig zu organisieren, wird ihm nicht verübelt. Holger Brandt ist ein liebenswürdiger Chaot, der Streitereien grundsätzlich vermeidet und sich bereitwillig um Freunde kümmert, wenn es Probleme gibt.
Seine Homosexualität verheimlicht er zwar nicht, allerdings geht er damit eher zurückhaltend um. Von einem festen Partner weiß jedenfalls niemand etwas. Der Freundes- und Bekanntenkreis des Getöteten ist schwer zu überblicken. Die Ermittler haben Mühe, alle Personen zu erfassen, die in den nächsten Tagen, Wochen und vielleicht sogar Monaten vorgeladen werden und aussagen sollen, weil sie entweder wichtige Zeugen sind oder als Täter in Betracht kommen können. Nachdem die örtlichen Medien verbreitet haben, wer »der Tote vom Jachthafen« ist, versammeln sich spontan mehr als hundert Freunde und Studienkollegen des Opfers vor dem Hauptgebäude der Universität, um ihrer Trauer Ausdruck zu verleihen. Kränze werden niedergelegt, Kerzen aufgestellt. Um das beeindruckende Mahnmal aufzubauen, haben sie nicht lange gebraucht. Es besteht aus einer Holzstaffelei, einem Bilderrahmen mit mehreren Farbfotos des Opfers, auf dem Boden stehen 22 Glasgefäße mit brennenden Teelichtern, für jedes Lebensjahr eins. Kaum jemand sagt etwas. Stattdessen Umarmungen, Tränen.

Die Ausgangsposition der Kripo hat sich zwar durch die Identifizierung des Opfers verbessert, doch nach wie vor weiß man nicht, wann und wo Holger Brandt getötet wurde, welchen Verlauf die Tat nahm und warum der so beliebte junge Mann sterben musste. Weil sich auch nach Wochen intensiver Nachforschungen keine heiße Spur auftut, wenden die Ermittler schließlich eine Strategie an, die dem chinesischen General Tan Daoji zugeschrieben wird und schon häufig zum Erfolg geführt hat: auf das Gras schlagen, um die Schlange aufzuscheuchen. Der Fahndungsdruck wird also weiter erhöht, um den Täter zu verunsichern und zu einem Fehler zu verleiten.

Die von den Ermittlern bewusst forcierte Berichterstattung in den Medien – *Bild* und andere Boulevardblätter befassen sich nahezu täglich mit diesem spektakulären Fall – animiert eine Vielzahl von Zeugen, sich zu melden. Dabei kommt heraus, dass Holger Brandt auch intensive Kontakte über das Internet pflegte. Der junge Mann besuchte regelmäßig verschiedene Fachforen und tauschte sich dort mit anderen Usern aus, um beispielsweise den Programmiercode für ein Computerspiel entwickeln zu können. Hat Holger Brandt seinen Mörder in diesem Umfeld kennengelernt?

160 Kilometer Luftlinie vom Präsidium entfernt haben die dortigen Ermittlungsbehörden ein sehr ähnliches Problem. In einem See wurden binnen weniger Tage fünf Körperteile einer Frau gefunden, nicht aber den Kopf. Bisher ist es den Fahndern jedoch nicht gelungen, das vermutlich zwischen 45 und 65 Jahre alte Opfer zu identifizieren. Auch die Todesursache ist unbekannt.

Das Tatverhalten lässt in beiden Fällen durchaus Parallelen erkennen. Die Opfer wurden zerstückelt, die Leichenteile in einem Gewässer entsorgt, der Kopf fehlt. Und die Taten haben sich binnen weniger Wochen in demselben Bundesland ereignet. Allerdings wurden der Frau nicht die Fingerkuppen abgetrennt, und die Geschlechtsteile sind vorhanden. Auch fehlen multiple Stichverletzungen. Es spricht also einiges für einen Serientäter, aber ebenso einiges dagegen. Als gesichert gelten darf lediglich die Erkenntnis, dass die Fahnder trotz der vergleichenden Analyse keinen Schritt vorangekommen sind.

94 Tage nach dem grässlichen Fund am Jachthafen kommt

wieder Bewegung in die Sache, als sich Marvin Kramer bei der Mordkommission vorstellt. Der 23-jährige Berufsschüler ist ein guter Freund des Getöteten und berichtet, ein gemeinsamer Bekannter sei »plötzlich abgetaucht«, und zwar kurz nachdem auch Holger Brandt nicht mehr zu erreichen war. Der Verschwundene soll Florian Kranz heißen, 20 Jahre alt sein und ebenfalls die Berufsschule besuchen.

»Das ist schon merkwürdig«, erzählt Marvin Kramer, »die kannten sich, haben auch gemeinsam etwas unternommen, und dann verschwinden beide innerhalb von wenigen Tagen.« Überhaupt sei Florian Kranz »ein komischer Typ«, weil er sich in der Schule damit gebrüstet habe, einer Sekte anzugehören, und auch an Opfergaben teilgenommen haben will. Er habe sich sogar das sogenannte Horusauge, das ist ein mythisches, falkenförmiges Symbol für körperliche Unverletzlichkeit, auf dem rechten Arm eingeritzt, sei häufig »schrill« gekleidet gewesen und habe sich der »Demoszene«, einer Gemeinschaft, die sich kreativ mit Computern beschäftigt, verbunden gefühlt. Schließlich erzählt Marvin Kramer noch von einer besonders skurrilen Begebenheit, als er Florian Kranz vor etwa vier Monaten besucht habe: »Der hat so wirres Zeug gelabert, wollte mit mir darüber reden, wie man einen Menschen töten könnte. Und dann hat er mich irgendwann gefragt: ›Kann ich dein Herz haben?‹«

Diese doch etwas bizarren Aussagen, deren Wahrheitsgehalt schwer einzuschätzen ist, machen aus Florian Kranz nicht notwendigerweise einen Mordverdächtigen, denn es kommt häufiger vor, dass Unschuldige in Verdacht geraten oder wissentlich falsch beschuldigt werden. Dennoch wird man der Sache nachgehen.

Während sich die Nachforschungen auch weiterhin als ausgesprochen schwierig erweisen, haben die Kollegen andernorts mehr Erfolg. Die kürzlich in einem See gefundene zerstückelte weibliche Leiche wurde zwischenzeitlich identifiziert, und der Täter konnte überführt werden. In Untersuchungshaft sitzt nun ein 64-jähriger Rentner, der seine vier Jahre jüngere Frau nach einem heftigen Streit erschlagen hat. Der auskunftsfreudige und geständige Mann kommt als Mörder von Holger Brandt aber höchstwahrscheinlich nicht in Betracht, weil er den Verdacht vehement zurückgewiesen hat und es bisher nicht gelungen ist, eine Verbindung zwischen den ungleichen Männern nachzuweisen. Wieder so eine Sackgasse.

Derweil gerät ein anderer Mann nach und nach in den Fokus der Ermittlungen. Es ist Florian Kranz. Den ersten Vernehmungstermin hat er abgesagt und in einer E-Mail an die Kripo erklärt, er könne nicht ins Präsidium kommen, weil er wegen der Vorladung »doch schwer geschockt« sei und den Tod des »nahen Freundes« noch nicht verkraftet habe. Falls die Ermittler weitere Fragen haben sollten, mögen sie sich an seinen Vater wenden. Und sie haben Fragen. Die Fahnder kontaktieren jedoch nicht den Vater, sondern laden Florian Kranz erneut vor. Doch auch zu diesem und einem dritten Termin erscheint der junge Mann nicht, diesmal jeweils unentschuldigt.

Verdächtig erscheint Florian Kranz den Fahndern nun nicht nur wegen seiner Weigerung, eine Aussage zu machen, sondern weil er – dies haben erste Ermittlungen und Befragungen ergeben – nachweislich mehrfach mit dem Getöteten in dessen und seiner eigenen Wohnung gewesen ist und angeblich homosexuell sein soll. In diesem Zusammenhang gewinnt das Abtrennen des Geschlechtsteils bei Holger Brandt schlagartig an Bedeutung. Hat es zwischen den Männern einen Streit gegeben, der eskaliert ist? Oder hat eine Vergewaltigung stattgefunden? Sind Penis und Hoden vielleicht aus Wut abgeschnitten worden? Aus Wut darüber, aufgrund der sexuellen Ausrichtung zurückgewiesen worden zu sein? Zu dieser Hypothese passt jedenfalls, dass Bekannte Florian

Kranz mitunter auch als »sehr aufbrausend« charakterisiert haben.
Dem Ermittlungsrichter genügen diese Beweisanzeichen, um einen Beschluss für die Durchsuchung der Wohnung des jetzt Beschuldigten zu erlassen. Und die Kripo macht dort tatsächlich verräterische Entdeckungen. Eine chemische Substanz, mit der Blutspuren nachgewiesen werden können, reagiert an vielen Stellen positiv. Offenbar wurden insbesondere die Badewanne, die Bodenfliesen und ein Teppich kürzlich von Blut befreit. Zu diesem Befund passen auch zwei chlorhaltige Reinigungsmittel, die in der Küche gefunden werden und sich besonders gut eignen, um Blut zu entfernen, und zwar rückstandslos. Allerdings scheint dem Verdächtigen, der selbst nicht angetroffen wird, die Säuberung der Wohnung nicht vollends geglückt zu sein, denn unter dem Kühlschrank werden rötlich braune Flecken gefunden, augenscheinlich Blut. Florian Kranz gilt sofort als »dringend tatverdächtig«.
Als die Fahnder in den nächsten Tagen den Inhalt einer im Wohnzimmer des Beschuldigten gefundenen USB-Festplatte auswerten, ergeben sich daraus – endlich! – erste Hinweise darauf, welche Motivation Florian Kranz bei dem Mord an Holger Brandt geleitet haben könnte. Ausgangspunkt der kriminalistischen Überlegungen ist der ursprünglich verbotene Actionthriller »Der blutige Pfad Gottes«, in dem zwei Brüder gezeigt werden, die, nachdem sie einen Mordanschlag überlebt haben, in vermeintlich göttlicher Mission Selbstjustiz ausüben und dabei zahllose Mafia-Gangster kaltblütig und grausam ermorden.
Eben auf dieses Machwerk bezieht sich ein Text, den Florian Kranz auf der Festplatte seines Computers gespeichert hat und in dem er seitenlang darüber schwadroniert, durch die Tötung eines Menschen könne »eine Transformierung meiner Persönlichkeit« gelingen. »Ich muss mich zerstören«,

heißt es in dem Manuskript, »dann baue ich mir eine neue, perfekte Gussform aus Eigenschaften eines Psychopathen und gieße mich neu.« Ein Abgrund tut sich auf. Hat man es möglicherweise mit einem psychisch gestörten Menschen zu tun, der für seine Tat nur bedingt oder gar nicht verantwortlich gemacht werden kann?

Als die mit großer Spannung erwarteten Ergebnisse der gerichtsmedizinischen Analysen vorliegen, zweifelt keiner der Kriminalisten mehr an der Täterschaft von Florian Kranz. Denn: An drei Stellen des vermeintlichen Abschiedsbriefes, der in der Wohnung des Opfers auf dem Wohnzimmertisch gefunden wurde, hat man biologische Spuren des Tatverdächtigen nachweisen können. Zudem stammt das unter dem Kühlschrank des mutmaßlichen Täters entdeckte Blut zweifelsfrei von Holger Brandt. Demnach verstaute Florian Kranz die Leichenteile vorübergehend im Kühlschrank, und dabei tropfte etwas Blut ab, das später, als Kranz die Wohnung reinigte, von ihm übersehen wurde, vermuten die Ermittler.
Jetzt muss man seiner nur noch habhaft werden. Die Medien werden über den schwerwiegenden Verdacht gegen Florian Kranz informiert und die Bevölkerung auf diesem Weg gebeten, die Kripo mit Hinweisen zum Aufenthalt des Gesuchten entsprechend zu unterstützen. Die Öffentlichkeitsfahndung erstreckt sich nicht nur auf das gesamte Bundesgebiet, auch im benachbarten Ausland berichtet die Presse über den Fall. Flankierend wird im Internet ein Steckbrief mit Fahndungsfoto veröffentlicht. Das zeitnah aufgenommene Bild zeigt einen blassen Mann mit schulterlangen, dunkelblonden, gewellten Haaren, der etwas verlegen wirkt. Die hellblauen Augen, die wulstigen Lippen und die Boxernase machen das etwas aufgedunsene Gesicht unverwechselbar. Florian Kranz hat eine gewisse Ähnlichkeit mit dem amerikanischen Filmschauspieler Mickey Rourke.

In den nächsten Tagen gibt es zahlreiche Hinweise auf den Gesuchten, der sich, glaubt man den Zeugen, etwa zur selben Zeit am Kölner Hauptbahnhof und in Hamburg im Hotel »Vier Jahreszeiten« aufgehalten haben soll. Dann wird er auf einer Fähre nach Dänemark gesichtet. Und in einem Kino in Rosenheim. Schließlich soll er durch die Eingangshalle des Düsseldorfer Flughafens marschiert sein, Arm in Arm mit einer jungen Frau. Obwohl diese Mitteilungen wenig glaubhaft erscheinen, müssen Ermittlungen angestellt werden. Sisyphusarbeit.

Florian Kranz wird bei einem Freund untergekommen sein, der ihn wissentlich vor der Kripo schützt, vermuten die Fahnder, oder bei einem Bekannten, der ihm in Unkenntnis des Mordverdachts Unterschlupf gewährt, weil er von dem Fahndungsaufruf nichts mitbekommen hat. Nicht auszuschließen ist auch, dass es einen Mittäter gegeben hat, bei dem Florian Kranz sich nun versteckt hält. In jedem Fall aber dürfte es jemand sein, der den händeringend Gesuchten kennt. Deshalb werden ehemalige Anlaufadressen observiert und die Telefone von bisherigen Kontaktpersonen überwacht.

Tag für Tag, Nacht für Nacht sitzen Kriminalbeamte vor ihren Computern, hören aufgenommene Telefongespräche ab und versuchen so, aus einer unendlich erscheinenden Kette von Worten, Sätzen und Geräuschen Anhaltspunkte zum Aufenthalt des Gesuchten herauszufiltern. Anschließend müssen Wortprotokolle geschrieben werden. Es vergehen Wochen, doch niemand redet über oder spricht mit Florian Kranz. Kein Lebenszeichen. Als hätte dieser Mann aufgehört zu existieren.

Einer aufmerksamen Kriminalbeamtin ist es zu verdanken, dass sich schließlich doch noch eine Spur auftut. Denn die junge Kriminaloberkommissarin hat beim Abhören der auf ihrem Computer eingegangenen Gespräche zwar nicht die

Stimme des Flüchtigen gehört, dafür aber im Hintergrund ein Räuspern; nicht *ein* Räuspern, sondern ein wiederkehrendes, nicht zu unterdrückendes, wohl krankhaftes. Hellhörig werden lässt die Ermittler diese Feststellung deshalb, weil Florian Kranz unter einer chronischen Tic-Störung leiden soll.

»Ein Tic ist eine unwillkürliche, rasche, wiederkehrende, nicht-rhythmische motorische (Bewegungs-)Äußerung«, besagt die wissenschaftliche Definition, »oder eine Laut-Produktion, die plötzlich einsetzt und keinem offensichtlichen Zweck dient.« Mitschüler des Berufskollegs haben der Kripo von solchen vokalen Tics bei Florian Kranz berichtet, auch einem häufigen Räuspern.

Falls die Mordkommission nun die richtige Spur verfolgen sollte, dann hält sich der Gesuchte ganz in der Nähe des Präsidiums auf, knapp zwei Kilometer Luftlinie entfernt in der Wohnung eines gewissen Martin Gronau. Der Mann ist 24 Jahre alt, ledig und arbeitet in einem Computerfachgeschäft. Kriminalpolizeiliche Erkenntnisse existieren nicht, abgesehen von einer Anzeige wegen Schwarzfahrens.

Die Wohnung wird nun rund um die Uhr observiert, auch mit technischen Mitteln. Doch Florian Kranz lässt sich nicht blicken, nur Martin Gronau verlässt einmal das Sechs-Parteien-Haus, kommt aber schon kurz darauf mit gefüllten Einkaufstaschen wieder, allein. Schon tags darauf sehen sich die Fahnder in ihrem Verdacht bestätigt. Florian Kranz verlässt zwar nicht die Wohnung, aber bei der Auswertung des Überwachungsvideos kann er mit großer Sicherheit identifiziert werden, weil er um Punkt 12.34 Uhr aus dem gardinenlosen Fenster geschaut hat.

Kurz vor 21 Uhr. Als ein Spezialeinsatzkommando der Polizei den Zugriff macht, ist es in der gestürmten Wohnung still und dunkel. Später wird sich herausstellen, dass es in den

Räumen keine künstlichen Lichtquellen gibt. Im Wohnzimmer treffen die überfallartig und lautstark agierenden SEK-Beamten auf Martin Gronau und Florian Kranz, die bei Kerzenschein fernsehen. Die jungen Männer müssen nicht erst überwältigt werden, sie lassen sich widerstandslos festnehmen. Florian Kranz ist so geschockt, dass er gar nichts sagt, nicht einmal seinen Namen.

Erst während der Fahrt ins Präsidium bricht Florian Kranz, erkennbar verunsichert, unvermittelt sein Schweigen.

»Ich bin froh, dass es vorbei ist.«

»Was ist vorbei?«

»Dass ich mich nicht mehr verstecken muss. Die Sache tut mir sehr leid.«

»Was tut Ihnen leid?«

»Das, was ich gemacht habe.«

»Was haben Sie denn gemacht?«

»Die Sache mit dem Holger. Das tut mir echt leid.«

»Hat Herr Gronau mit der Sache etwas zu tun?«

»Nein, der weiß davon nichts. Ich habe das alleine gemacht.«

»Wie ist das denn passiert?«

Florian Kranz beantwortet die Frage nicht. Er vergräbt sich förmlich in der Rückbank des zivilen Streifenwagens, verkrampft die Hände, senkt den Blick, beginnt zu weinen, zu schluchzen. Minutenlang. Die Kommissare reagieren besonnen und lassen ihn gewähren. Im Präsidium werden sich noch ausreichend Gelegenheiten ergeben, um mit dem Beschuldigten ins Gespräch zu kommen und die Tat zu erörtern. Erfahrungsgemäß verhält es sich häufig genau so, jedenfalls bei Tatverdächtigen, die vor ihrer Festnahme noch nicht mit der Kripo zu tun hatten.

Und tatsächlich, Florian Kranz macht eine Aussage, obwohl er auch schweigen dürfte. Allerdings verläuft die Vernehmung anders als erwartet. Denn Florian Kranz kann oder will sich an die Tötung selbst nicht erinnern. »Ich war betrunken«, erklärt er den Ermittlern. »Meine Erinnerung setzt erst wieder ein, als ich neben der Leiche stehe. Ich habe ein Messer in der Hand, und überall ist Blut. Das war wie ein Aufwachen.«

Kurz darauf habe er den Leichnam ins Badezimmer geschleppt und in der Wanne abgelegt. Mit einem Sägemesser will er den toten Körper zerteilt haben: erst die Arme, dann die Finger, den Kopf, schließlich die Beine. Die Leichenteile habe er in Plastiktüten gestopft und danach im Kühlschrank abgelegt. Danach sei er zu einer Geburtstagsparty gefahren und erst spät in der Nacht zurückgekehrt. Die Leichenteile habe er während der nächsten Stunden jeweils in einen Rucksack gepackt und sie einzeln zum Jachthafen gebracht und dort im hohen Bogen ins Wasser geworfen.

Während es Florian Kranz keine Schwierigkeiten bereitet, das Zerteilen des Leichnams minutiös zu schildern, will er sich mit anderen Aspekten der Tat nicht auseinandersetzen: Nein, er könne sich nicht daran erinnern, Holger Brandt getötet zu haben; nein, er habe das Geschlechtsteil nicht abgetrennt; nein, er könne nicht sagen, wo der Kopf der Leiche liegt; nein, es habe auch keine Vergewaltigung gegeben; nein, warum er das Opfer getötet habe, wisse er nicht. »Ich hatte einen Blackout«, sagt er stattdessen immer wieder mit tonloser Stimme, »ich war total besoffen.« Um 3.50 Uhr brechen die Ermittler die Vernehmung schließlich ab. Doch auch am nächsten Tag ergibt sich nach zweimaliger polizeilicher und einmaliger richterlicher Anhörung kein neuer Sachstand.

Florian Kranz will den Blick auf das Abgründige in ihm nicht freigeben. Wahrscheinlich schämt er sich für seine abnormen Bedürfnisse, die dunkle Seite, er fürchtet den langen Schatten, der jetzt auf sein Leben fällt und alles in Frage stellt. Allerdings hat er die ihn bedrängenden Phantasien nicht für sich behalten können, sondern in den letzten Monaten auf ein Diktiergerät gesprochen, das die Kripo in seinem letzten Unterschlupf gefunden hat und nun auswertet. Und so werden pathologische Erlebniswelten ruchbar, die psychisch gesunde Menschen sprachlos machen.

»Mord an einem Schwulen.« So beginnt beispielsweise ein Text, der auch als Blaupause für den Mord an Holger Brandt gedient haben könnte. »Er muss passiv sein und er muss aus der Stadt sein. Und er muss mich besuchen können. Dann werde ich ihn zu mir einladen. Wir werden Sex haben. Dann gehe ich mit ihm ins Bad und werde ihn dort töten. (…) Dann komme ich wieder, zerteile die Leiche und gehe nachts raus, entledige mich ihrer. (…) Ich weiß nicht, was ich mit dem Kopf mache. Ich werde ihn vermutlich zertrümmern und im Wald vergraben müssen.«

Wenn Florian Kranz es mit seinen Tonbandaufzeichnungen ernst gemeint haben sollte, dann ist mit seiner Festnahme sehr wahrscheinlich ein weiterer Mord verhindert worden. Denn um sich dem Zugriff der Polizei zu entziehen, habe er »in die Rolle eines anderen schlüpfen« wollen, »der genauso aussieht oder so ähnlich wie ich«. Allerdings hätten für dieses mörderische Vorhaben nur solche Männer in Betracht kommen sollen, die »ungefähr mein Alter, meine Größe und meine Vorgeschichte haben«.

»Mein Plan für die Zukunft.« Auch wie es nach dem nächsten Mord weitergehen sollte, hat Florian Kranz seinem Diktiergerät anvertraut. »Dann muss ich mir einen Job suchen«, heißt es in seinen Aufzeichnungen, »um eben an Geld zu kommen. Irgendwie einen Auftragsmord, dass ich an sehr viel Geld komme. Eine Million oder so. (…) Und dann werde ich ein Mädchen treffen und mit ihr als Killer-Pärchen durch die Welt ziehen.«

Nach Wochen intensiver Nachforschungen gelingt es den Ermittlern schließlich, die Tat zu rekonstruieren, wenn auch nicht lückenlos: Florian Kranz und Holger Brandt verbindet das Interesse an Computertechnik. In einem Internetforum, wo leidenschaftlich über Mikroprozessoren, Halbleiterspeicher oder Hochleistungssysteme beratschlagt und gefachsimpelt wird, lernen sich die sonst ungleichen Männer kennen. Und entdecken bald darauf, dass sie in derselben Stadt wohnen. Man trifft sich, versteht sich, befreundet sich. Schon zu diesem Zeitpunkt trägt sich Florian Kranz mit dem Gedanken, einen Menschen zu töten.

Ursprünglich, so sein Plan, wollte er einen Homosexuellen vom Bahnhof weglotsen und in seine Wohnung locken, um ihn dort zu töten und zu zerstückeln. Doch der junge Mann weigerte sich, wollte einfach nicht mitkommen. Wahrscheinlich rettete ihm diese Beharrlichkeit das Leben. Weil Florian Kranz keine Alternative sah, seine Mordpläne aber baldmöglichst verwirklichen wollte, kam er auf die Idee, seinen neuen Bekannten umzubringen. Denn der dürfte keinen Verdacht schöpfen, wenn er ihn zu sich nach Hause einladen würde.

Holger Brandt ist arglos, als er von Florian Kranz zum Essen und Computerspielen willkommen geheißen wird. Was er nicht weiß: Folie, Plastiktüten, Müllsäcke, Reinigungsmittel, Messer und andere Gerätschaften, um ihn zu töten und zu zerstückeln, liegen bereit. Was genau in den nächsten Stunden passiert, bleibt ungewiss. Die rechtsmedizinischen Befunde legen aber nahe, dass Holger Brandt irgendwann im Schlafzimmer angegriffen und mit einer Eisenstange mehrfach auf den Kopf geschlagen wird. Kurz darauf werden dem Opfer 22 Stiche in Rücken und Hals zugefügt. Als Holger Brandt sich nicht mehr wehren kann, schneidet ihm Florian Kranz Penis und Hoden ab. Danach wird der Sterbende ins Bad geschleppt und in der Wanne abgelegt. Mindestens 15 Minuten dauert es, bis Holger Brandts Herz aufhört zu schlagen. Der Rest der Geschichte ist bekannt.

Wer ist dieser Mann, der eins der grausamsten Verbrechen der jüngeren Kriminalgeschichte begangen hat? Lassen sich im Lebenslauf Spuren entdecken, die ein Motiv freilegen, ursächliche Zusammenhänge erkennen lassen? Ist es vielleicht wieder einer dieser ärgerlichen Fälle, in denen es gar nicht so weit hätte kommen müssen? Gibt es neben dem Täter Personen bzw. Institutionen, die nicht genau genug hingeschaut haben und untätig geblieben sind, als erkennbar wurde, dass mit dem Jungen etwas nicht stimmt? Hätte dieses ausgesprochen grausige Verbrechen möglicherweise sogar verhindert werden können?

Florian Kranz wächst in einer nordrhein-westfälischen Metropole auf. Sein Vater ist von Beruf Kranführer, die Mutter kümmert sich um die fünfköpfige Familie. Florian ist der Erstgeborene. Als der Vater an Nierenkrebs erkrankt, muss er seinen Job aufgeben, wird Frührentner. Die Mutter geht deshalb in einer Arztpraxis putzen. Die Familie kann sich zwar finanziell über Wasser halten, aber der Druck, jede Anschaffung genau überlegen und auf viele Annehmlichkeiten verzichten zu müssen, macht das Leben schwer.

Als Florian sechs Jahre alt ist, zeigen sich die ersten Tics: Er verdreht die Augen, blinzelt, die Lippen verformen sich, er zieht die Nase hoch, obwohl er nicht erkältet ist. Seine Eltern bemerken dies erst, als die Tics kombiniert auftreten. Der Kinderarzt diagnostiziert eine Tic-Störung, die sich auch zum sogenannten Tourette-Syndrom entwickeln kann, einer neurologisch-psychiatrischen Erkrankung, die als seelische Behinderung anerkannt ist und neben den vokalen und motorischen Tics begleitet wird von Angststörungen und Zwangshandlungen.

Seine Klassenkameraden hänseln Florian wegen seiner Tics, weil sie nicht ausreichend darüber aufgeklärt werden, dass er nichts dafür kann, wenn sich seine Gesichtszüge unwillkürlich verkrampfen und ihn komisch aussehen lassen. Florian zieht sich nach und nach zurück, steht in den Pausen allein auf dem Schulhof herum; er traut sich nicht, Kontakt aufzunehmen, weil er Angst hat, wieder schikaniert und drangsaliert zu werden. Dann besser allein bleiben.

Während seine Leistungen in der Grundschule noch durchaus zufriedenstellend sind, sackt er auf der Realschule ab. Sein Interesse an schulischen Dingen lässt nach, er bleibt dem Unterricht immer häufiger fern, treibt sich lieber herum, meistens in einem Naturschutzgebiet. Sein Tagesablauf hat keine Struktur mehr, sein Leben keinen Rhythmus. Die soziale Integration misslingt. Florian entwickelt sich zu einem Außenseiter.

Freundschaften schließt er nicht, auch das Verhältnis zu den Eltern ist schwer belastet. Florian erlebt den Vater als gewalttätigen und gefühllosen Patriarchen, die Mutter erscheint ihm hilflos und hinterhältig, weil sie sich nicht schützend vor ihn stellt, wenn er etwas ausgefressen hat, sondern den Vater animiert, das übliche Bestrafungsritual vorzunehmen: Ledergürtel auf den nackten Po. Jahre später wird Florian über seine Erziehungsberechtigten sagen: »Ich hasse meine Eltern.«

Als er in die Pubertät kommt, verschlechtern sich seine schulischen Leistungen, schließlich muss er die Realschule verlassen. In dieser Zeit entwickelt er einen Tic, den er in den kommenden Jahren nicht mehr loswird und der ihn nach dem Mord an Holger Brandt und der anschließenden Flucht vor der Kripo verraten wird: Florian muss sich räuspern, mal passiert es im Sekundentakt, mal vergehen Minuten, manchmal auch Stunden. Wenn er unter Stress steht, ist es besonders schlimm.

Weil Florian sich nicht unter die Menschen traut, verbringt er seine Freizeit häufiger vor dem Computer, insbesondere die Computertechnik weckt sein Interesse. Maschinen sind im Gegensatz zu Menschen berechen- und beherrschbar, geben keine Widerworte und beleidigen nicht. Die intensive geistige Auseinandersetzung mit technischen Herausforderungen stabilisiert die poröse Persönlichkeit und lenkt ihn ab von seinen zwischenmenschlichen Problemen. Wahrscheinlich ist dies der Grund dafür, dass sich seine schulischen Leistungen in der Folgezeit stark verbessern und er auf die Realschule zurückkehren kann.

Als Florian sich für Mädchen zu interessieren beginnt, erlebt er die nächsten Enttäuschungen: Dreimal versucht er, sich einer Klassenkameradin anzunähern, dreimal wird er zurückgewiesen, und zwar unmissverständlich. Mit seinen langen, gewellten, strähnigen Haaren, den eher weichen Gesichtszügen und seiner hageren Erscheinung wird er von den jungen Frauen als unmännlich wahrgenommen. »Hau ab, du Mädchen!«, bekommt er etwa zu hören. Diese Zurückweisungen verunsichern ihn und bestätigen das quälende Gefühl der eigenen Unzulänglichkeit. Wieder ist er der Underdog, mit dem sich niemand abgeben will. In der sozialen Hierarchie ist er ganz unten angekommen. Und sieht sich so zusehends in seiner Einschätzung bestärkt, die eigenen vermeintlich beachtlichen intellektuellen und sonstigen Fähigkeiten würden verkannt oder nicht ausreichend gewürdigt.

Die fehlende elterliche Vorbildfunktion übernehmen nach und nach Männer wie Hannibal Lecter (»Das Schweigen der Lämmer«), Leatherface (»The Texas Chainsaw Massacre«) oder Jigsaw (»Saw«) – gerade diese fiktiven Serienkiller-Figuren begeistern ihn, weil auch sie, wie er selbst, am Rand der Gesellschaft stehen, aber, im Gegensatz zu ihm, nach eigenen Regeln handeln, unangreifbar sind und über Leben und Tod entscheiden können. Imponierend.

Mit der Zeit lässt die Faszination für unwirkliche Helden nach, dafür steigt das Interesse an Serienmördern, die es tatsächlich gegeben hat und gibt. Für Florian Kranz stehen die Täter nicht auf sozial niedrigster Stufe, es sind für ihn vielmehr Menschen, die traditionelle Sitten und Normen nicht

gelten lassen, Männer, die nicht nur böse Gedanken haben, sondern auch danach handeln. Freigeister eben.
Diese vermeintliche Erkenntnis wird für den jungen Mann zur fixen Idee: die eigene Großartigkeit und Einzigartigkeit durch ein besonders grauenhaftes Verbrechen zu dokumentieren und zu unterstreichen. Die Lust am Töten ist geweckt, das Fundament für die spätere Tat ist gelegt. Allerdings darf die Welt von diesem Mord nicht erfahren. Es soll das perfekte Verbrechen werden, so die Vorgabe. Eine Art Kunstwerk. Diese abnormen Gedanken werden Florian Kranz in den nächsten Jahren leiten – und letztlich auch verleiten.

Für die Menschen, mit denen er zu tun hat, allen voran seine Eltern und Mitschüler, bleibt Florian Kranz ein Sonderling, jemand, dem man mit Vorbehalten begegnen muss, den man nicht für voll nehmen sollte, dem man besser aus dem Weg geht. Und irgendwann trifft Letzteres auch zu, weil sich der junge Mann so weit von seinesgleichen entfernt hat, dass er den verlockenden Gedanken, einen Menschen zu töten, als lustvolles Leitmotiv seines Daseins und Soseins verinnerlicht hat. Diese verhängnisvolle Entwicklung vollzieht sich jedoch nahezu unbemerkt. Erst der psychiatrische Sachverständige wird später im Rahmen der Begutachtung vor der Hauptverhandlung eine schizoide Persönlichkeitsstörung diagnostizieren. Wahr ist aber auch: Als der Mord an Holger Brandt in der Berufsschule bekannt wird, halten viele Florian Kranz für den Täter.
Auch das Schwurgericht zweifelt nicht an der Täterschaft des Angeklagten und verurteilt ihn schließlich wegen Mordes, lässt jedoch wegen der festgestellten Persönlichkeitsstörung eine verminderte Schuldfähigkeit gelten. Aus diesem Grund wird Florian Kranz die Möglichkeit gegeben, zunächst eine Therapie zu beginnen, bevor er seine Strafe im Gefängnis absitzt. Allerdings wird man die im Maßregelvollzug verbrach-

te Zeit auf die Haftstrafe anrechnen. Sollte er sich als therapieunwillig oder therapieunfähig erweisen, droht ihm lebenslängliche Unfreiheit.

»Sie haben hier eine Tat begangen, die nur als krank bezeichnet werden kann«, begründet der Vorsitzende die Entscheidung der Strafkammer. »Sie wollten ein Verbrechen begehen, von dem nur Sie wussten und das Sie vor allen anderen verheimlichen wollten.« Vergeblich hat das Gericht mehrfach an den Angeklagten appelliert, er möge doch sagen, wo er den Kopf des Opfers versteckt hat – allein schon aus Gründen der Pietät.

Er habe den Mord in erster Linie aus Freude am Töten verübt, so deutet das Gericht die Tat. Florian Kranz sei es vor allem darauf angekommen, einen Menschen sterben zu sehen, den Todeskampf zu beobachten, Leben auszulöschen. Nur habe er angesichts dieser besonders verabscheuungswürdigen Tat nicht auch das Recht verwirkt, jemals wieder in die Sozialgemeinschaft zurückzukehren. »Es wird sich erst noch erweisen müssen, und es liegt nur an Ihnen«, gibt ihm der Vorsitzende abschließend mit auf den Weg, »ob Sie jemals wieder in Freiheit gelangen können.«

Liegt es wirklich nur an ihm?

Zwei Welten

Fortgeschrittene Abenddämmerung. Eine verwinkelte Gasse ohne Bürgersteig. Nur eine Straßenlaterne spendet etwas Licht. Die verkommenen Häuserfassaden sind fensterlos. Eine Mülltonne liegt mitten auf der Straße und wird vom heftigen Wind hin und her geschoben. Ein Mann lehnt an der Häuserwand und möchte nicht gesehen werden. Jemand muss die Mülltonne umgestoßen haben, überlegt er. Also muss jemand hier gewesen sein. Eben noch?
Der Mann schleicht ein paar Schritte weiter bis zur nächsten Straßenecke, die Pistole im beidhändigen Anschlag. Er lugt vorsichtig um die Ecke. Es ist niemand zu sehen. Überhaupt macht die Gegend einen verlassenen Eindruck. Trotzdem dreht sich der Mann immer wieder um. Er muss auf alles gefasst sein. Es kann jeden Moment so weit sein. Es geht um alles. Heute ist der Tag der Entscheidung.
Gegenüber auf der anderen Straßenseite ist ein ziemlich dunkler Hinterhof. Fetzen von Zeitungspapier wehen über die Straße. Unheilvolle Stille. Der Mann macht sich klein, überlegt eine Weile. Dann nimmt er all seinen Mut zusammen und spurtet los. Er schafft es tatsächlich bis auf den Hinterhof, ohne dass er eine Patrone abfeuern muss oder dass auf ihn geschossen wird. Ein gutes Zeichen?
Der Mann geht in die Hocke, schaut sich um. Da! Die Haustür, etwa fünf Meter von ihm entfernt – dort muss es sein. Noch ein hastiger Blick zurück und schon ist der Mann an der Tür. Mist! Die Tür ist mit Holzlatten verbarrikadiert. Er steckt die Pistole zurück in das Schulterhalfter und schlägt mit den Fäusten gegen die Holzlatten. Immer wieder. Kräftiger. Schneller. Endlich geben die Holzlatten nach und zersplittern. Jetzt noch die morsche Tür. Zwei

Herzschläge später springt die Tür aus der Verankerung. Der Weg ist frei. Aber – was zum Teufel – kommt jetzt?

Helmut Wagner steht am Tresen und bestellt einen Whisky-Cola, sein Lieblingsgetränk, dazu eine Tasse Kaffee. Der 20-Jährige fällt in der Menschenmenge nicht weiter auf, obwohl er ziemlich markant gekleidet ist: knallrote Hose mit Schlag, blumengemustertes Hemd, schwarzes Jackett. Auf der etwa 40 Quadratmeter großen Tanzfläche vor ihm tummeln sich junge Männer mit noch jüngeren Frauen. Ein auffordernder Blick genügt, ein Wort gibt das andere – Kontakt. Dazwischen sieht man vereinzelt wesentlich ältere Männer, die sich an den jungen Frauen orientieren, aber irgendwie nicht ins Bild passen. Und keine Beachtung finden.

Das »Nightlife« ist kein moderner Partytempel auf mehreren Ebenen mit spektakulärer Lichtshow und VIP-Lounge, sondern eine typisch schummrige Abschlepper-Diskothek: kein Dresscode, keine oder lasche Alterskontrollen, kein professioneller DJ, keine ansprechende Musik, freier Eintritt bis 23 Uhr, im hinteren Bereich stehen zwei schäbige Billardtische und Spielautomaten. Besucht wird die Disco insbesondere von jungen Leuten, meist unter 20, vielen Touristen, aber auch Prostituierten, die es besonders auf die älteren Männer abgesehen haben, und Kleinkriminellen, die sich feinere Adressen nicht leisten können und dort auch an den rigorosen Türstehern gewöhnlich nicht vorbeikommen. Man kennt sich.

Helmut Wagner ist so ein ziemlich draufgängerischer Gelegenheitsgauner, der zwar keinen Beruf erlernt hat, dafür aber genau weiß, in welchen Gegenden der Stadt die lohnendsten Einbrüche zu machen sind oder wo momentan günstig Haschisch oder Kokain zu bekommen ist. Sonst ist der junge Mann ein eher schüchterner Mensch, jedenfalls wenn es darum geht, mit Frauen in Kontakt zu kommen. An diesem

Abend verhält es sich nicht anders, obwohl er bereits einige Male sein Lieblingsgetränk bestellt hat. Wenn eine junge Frau in sein Blickfeld gerät, die ihm sympathisch erscheint, lächelt er verlegen-freundlich. Mit einer Frau hat er sogar kurz gesprochen, etwas getrunken, ein bisschen geflirtet. Bei ihm geblieben ist sie nicht.

Der Mann betritt den nur schwach beleuchteten Raum. Ringsum stehen Regale aus Metall, vollgestopft mit Lebensmitteln. Auf dem Boden liegen aufgerissene Verpackungen. Plötzlich ein Rascheln! Blitzschnell greift der Mann nach seiner Pistole, bringt sie in den Anschlag, überlegt fieberhaft. Wer ist da? Ist das einer von denen? Kommen die jetzt? Geht es los?
Augenblicke später Entwarnung: Nur eine Ratte, die im Müll nach Nahrung sucht – keine Gefahr. Der Mann behält die Pistole vorsichtshalber in der rechten Hand und geht in den nächsten Raum. Dort ist auf dem Boden eine frische Blutlache zu erkennen. Einer von denen muss verletzt worden sein, schlussfolgert der Mann. Links neben ihm befindet sich wieder so ein Metallregal, in dem vier Plastikflaschen stehen. Benzin? Was haben die bloß vor, überlegt der Mann. Er schaut sich die Plastikbehälter genauer an: Industrieöl. Merkwürdig.
Nächster Raum. Es ist stockdunkel. Der Mann schaltet seine Taschenlampe ein, sieht sich um: wieder Regale an den Wänden, diesmal sämtlich leer. Und zwei Umzugskartons stehen auf dem Boden vor ihm, ebenfalls ohne Inhalt. Der Mann überlegt, ob er nicht vielleicht doch auf der falschen Fährte ist. Sind die schon weg? Nur das Getrappel und Geraschel der Ratten ist zu hören.
Dann macht der Mann eine Entdeckung: Hinter dem Regal rechts neben ihm befindet sich eine Stahltür. Er schleicht um das Regal herum, die Pistole wieder im Anschlag. Denn

er weiß aus Erfahrung, dass jederzeit mit einem Angriff zu rechnen ist. Er muss also vorbereitet sein. Er hat nur ein Leben.

Die Tür lässt sich mühelos öffnen. Der Mann betritt einen weiteren, diesmal wesentlich größeren Raum, der ringsum weiß gekachelt ist. In der Mitte stehen eine ausrangierte Theke, daneben ein alter Holztisch und ein schäbiges Sofa. Am Ende des Raums ist ein Treppenaufgang. Das Neonlicht an der Decke flackert unentwegt und taucht die Szenerie in ein gespenstisch anmutendes Licht.

Peng! Peng! Peng! Gellende Schreie. Laufgeräusche. Plötzlich Stille. Irgendwo im Haus muss geschossen worden sein. Auf Menschen. Der Mann sprintet die Treppe hoch, stößt eine Schwingtür auf und bleibt unvermittelt stehen, weil er wieder Geräusche hört. Stimmengewirr? Nein. Eher ein dröhnendes Rauschen. Undefinierbar. Sind die das? Ein Täuschungsmanöver? Wollen die mir Angst machen, überlegt der Mann. Ihm ist nicht wohl zumute. Er kann seine Gegner nicht einschätzen. Er kennt sie nicht. Er hat nur von ihnen gehört. Sie kennen keine Gnade.

Helmut Wagner hat auch heute Abend keine gute Laune. Auch abseits des Diskothekentrubels ergeht es ihm ähnlich. Einer der Gründe für seinen momentanen Verdruss: Kurz nach Ostern ist die Beziehung gescheitert, drei Monate war er mit seiner Freundin zusammen. Seine erste Beziehung mit einer Frau überhaupt. Er hat sogar die Polizei in die gemeinsame Wohnung bemühen müssen, um dort wenigstens an seine Habseligkeiten zu gelangen. Seine alkoholkranke Freundin hatte ihn kurzerhand ausgesperrt. Ohne Vorwarnung, einfach so.

Wenn auch die Trennung auf seine Initiative zurückzuführen ist, so betrachtet er sich doch als gescheitert, fühlt sich als Loser. Wieder einmal. Schon allein seinetwegen hätte sie doch mit dem Trinken aufhören müssen. Wie konnte sie sich nur für den Alkohol entscheiden – und gegen ihn! Dieser frustrierenden Erfahrung hat Helmut Wagner nicht viel entgegenzusetzen. Er weiß mit diesem niederdrückenden Gefühl nicht umzugehen, er kann nur darauf reagieren: Hassgefühle, Frustsaufen, Katerstimmung.

Der Mann schleicht geräuschlos über den Gang, bis er vor einer Holztür steht, die mit einem Vorhängeschloss gesichert ist. Energisch tritt er so lange gegen das Schloss, bis es endlich aufspringt. Hinter der Tür erwartet ihn wieder eine Treppe. Er hastet hinauf und gelangt auf den Dachboden. Der Mann schreckt sofort zurück: Vor ihm sitzt ein Mensch auf einem Stuhl, offenbar männlich, reglos, den Kopf seitlich abgewandt.

Erst als er Schritt für Schritt näher kommt, sieht er die große Blutlache, die sich rings um den Stuhl gebildet hat. Das blaue Holzfällerhemd des Menschen auf dem Stuhl ist blutgetränkt. Der Mann erinnert sich spontan an die Schüsse von eben. Hier muss es passiert sein, schlussfolgert er. Ich bin ihnen dicht auf den Fersen. Er stürmt weiter, durchquert zwei andere Räume und steht mit einem Mal auf dem Flachdach des Hauses. Nur der Wind ist zu hören, der um die Ecken pfeift. Und das unverkennbare Schreien von Möwen. Der Mann begreift erst jetzt, wo er sich befindet: auf dem Dach einer Lagerhalle in der Nähe des Hafens.

Die Suche auf dem Dach verläuft ergebnislos. Komisch, überlegt der Mann, die können sich doch nicht in Luft aufgelöst haben. Irgendwo hier müssen die sein. Eben ist doch auch gemeldet worden, dass die hierhin geflüchtet sind. Verdammt!, durchzuckt es den Mann, wahrscheinlich bin ich direkt an ihnen vorbeigelaufen, habe einen Raum übersehen. Er überlegt noch kurz, ob er mit seinen Kolle-

gen Kontakt aufnehmen soll, doch er verwirft diesen Gedanken: Das schaffe ich alleine!

»Gibst du mir einen aus?«
Helmut Wagner reagiert nicht, er hat bei dem Lärm nichts gehört. Die junge Frau neben sich hat er noch nicht bemerkt. Birgit Lohmann gibt aber so schnell nicht auf und versucht es abermals, diesmal etwas direkter. Die 23-Jährige legt ihre rechte Hand auf seinen linken Arm – und wartet.
»Hallo.« Mehr bringt Helmut Wagner nicht heraus.
»Hey. Ich heiße Rosi.« Birgit Lohmann nennt niemals ihren richtigen Namen, wenn sie als Prostituierte arbeitet. »Gibst du mir einen aus?«
»Klar. Was trinkst du denn so?«
»Sekt wäre okay.« Birgit Lohmann lächelt verführerisch. Und Helmut Wagner gibt dem Kellner ein Zeichen und bestellt, obwohl er sich diese Freigiebigkeit eigentlich nicht leisten kann.

Mit 19 Jahren fing Birgit Lohmann an, ihren Körper für Geld zu verkaufen. Nach dem Hauptschulabschluss absolvierte sie eine Ausbildung zur Fleischfachverkäuferin, sie hatte auch in diesem Beruf gearbeitet, wenn auch nur kurz. Denn schon bald geriet sie in finanzielle Schwierigkeiten und musste nach anderen Möglichkeiten suchen, um Geld zu verdienen. Die Mutter einer Freundin arbeitete als Prostituierte, erzählte Birgit Lohmann von ihrer Tätigkeit und weckte so ihr Interesse.
Die ersten Erfahrungen sammelte die junge Frau in einem Massagesalon, danach arbeitete sie für einen Begleitservice, ein halbes Jahr später in einem Bordell. Die anfängliche Abneigung gegen ihre Kunden und deren mitunter unappetitliche oder unnormale sexuelle Vorlieben hat sie inzwischen überwunden, allein der finanzielle Aspekt zählt. Weil die Ge-

schäfte momentan nicht so gut gehen, arbeitet Birgit Lohmann gelegentlich auf eigene Rechnung und lässt sich für Privatfeiern buchen oder besucht Diskotheken, um einen Freier aufzutun.

Der Kellner stellt die Getränke auf die Theke. Birgit Lohmann und Helmut Wagner stoßen an. In den nächsten Minuten wird lediglich über Belanglosigkeiten gesprochen, Smalltalk eben. Helmut Wagner gefällt die attraktive Frau mit den gelockten, wasserstoffblondgefärbten, schulterlangen Haaren, die ihn immer so nett anlächelt – nur wird er seine Verlegenheit einfach nicht los, obwohl er bereits einiges getrunken hat. Andernorts indes verhält es sich vollkommen anders.

Birgit Lohmann und Helmut Wagner bleiben aber nicht lange allein: Franz Röder, 22 Jahre alt, und der 20-jährige Klaus-Peter Fröhmelt gesellen sich dazu. Die beiden notorischen Verbrecher kennen Helmut Wagner und haben mit ihm in der jüngeren Vergangenheit diverse Einbrüche verübt. Dass sie sich heute Abend begegnen, ist der pure Zufall.

Die junge Prostituierte lässt sich von den Männern gerne aushalten. Birgit Lohmann spekuliert darauf, mit einem der drei noch ins Geschäft zu kommen. Franz Röder ist ihr Favorit, weil er aufgeschlossener wirkt als die anderen Männer. Und er ist auch nicht abgeneigt. Franz Röder ahnt zwar, dass die Freundlichkeit und Verbindlichkeit der Frau nur vorgespielt sein dürften, letztlich ist ihm dies gleichgültig, weil er regelmäßig zu Prostituierten geht und dabei überwiegend gute Erfahrungen gemacht hat.

Der weitere Abend verläuft durchaus harmonisch und vor allem feuchtfröhlich. Nur der eher schweigsame Klaus-Peter Fröhmelt verzichtet nach dem zweiten Longdrink auf weitere alkoholische Getränke, weil er dazu bestimmt wurde, die anderen noch nach Hause zu fahren.

Gegen 2.30 Uhr ist es so weit. Franz Röder, Arm in Arm mit Birgit Lohmann, Helmut Wagner und Klaus-Peter Fröhmelt schlendern in Richtung Ausgang, legen ihre Getränkekarten vor, bezahlen, holen noch ihre Jacken und verlassen schließlich die Diskothek. Keiner aus der Gruppe würde es zu diesem Zeitpunkt für möglich halten, dass einer von ihnen innerhalb der nächsten Stunde einen kaltblütigen Mord begehen könnte. Und genauso abwegig erscheint der Gedanke, es sollte jemanden aus der Gruppe treffen.

36 Stunden später.
Die vollständig bekleidete Leiche wird gegen 8.30 Uhr von einem Forstarbeiter am Rand eines Waldtümpels im Wasser liegend gefunden, unweit eines steinigen, ausgewaschenen Feldwegs, etwa 50 Meter von der Verbindungsstraße zum nächsten Ort entfernt. Eine fünfzehnköpfige Mordkommission hat daraufhin die Ermittlungen aufgenommen.
Noch am selben Tag liegt das vorläufige Ergebnis der Obduktion vor. Demnach ist das Opfer nicht ertrunken oder ertränkt worden, sondern hat sieben Stich- und Schnittverletzungen erlitten, und zwar »vier schlitzförmige und drei rundliche bis punktförmige«. Die Brusthöhle wurde zweimal freigelegt, ein Stich hat die sechste Rippe durchtrennt. »Dabei ist der Herzbeutel dreifach schlitzförmig eröffnet worden«, heißt es in dem Gutachten weiter, »ein Stich hat das Herz vollständig durchsetzt mit der Öffnung der Vorderwand der rechten Kammer und Ausstich an der Rückwand der Lungenschlagader.« Überdies erkannte der Sachverständige einen Bruch des linken Kehlkopfhornes und punktförmige Blutungen in der Lidhaut. Also muss das Opfer vor seinem Tod nach den festgestellten Stauungsblutungen mindestens 20 Sekunden gewürgt worden sein. Todesursächlich sind jedoch die Stichverletzungen gewesen.

Birgit Lohmann wird anhand ihrer Fingerabdrücke identifiziert, die ihr ein Jahr zuvor abgenommen wurden, nachdem sie in Verdacht geraten war, einem Freier K.-o.-Tropfen gegeben, die EC-Karte gestohlen und vom Konto des Opfers insgesamt 2000 Euro abgehoben zu haben. Das Urteil für die Ersttäterin: 90 Tagessätze zu 50 Euro.

Die Kripo tritt in den ersten Tagen auf der Stelle. Erst als sich der Hausmeister einer Wohnanlage bei der Mordkommission meldet, kommt Bewegung in die Sache. Gerhard Wiesmann, 56 Jahre alt und den Ermittlungsbehörden selbst kein Unbekannter, berichtet den Fahndern, er habe sich nach den Pressemeldungen kürzlich mit zwei jungen Männern über den Mordfall unterhalten. »Ich wollte das erst nicht glauben«, berichtet der Zeuge, »aber die haben tatsächlich behauptet, sie hätten die Frau umgebracht. Wörtlich meinte einer von denen: ›Das war echt saubere Arbeit. Wir haben keine Spuren hinterlassen. Die Bullen kriegen uns nie!‹«

Bei den jungen Männern handelt es sich um Franz Röder und Klaus-Peter Fröhmelt. Die Kripo kennt sie seit Jahren als Einbrecher und Räuber mit häufig wechselnden Anschriften. Derzeit haben sie gemeinsam eine 40 Quadratmeter große Zweiraumwohnung im Zentrum der Stadt gemietet. Die Ermittler nehmen den Hinweis des Zeugen sehr ernst, weil die Verdächtigen bereits wegen Gewaltdelikten bekannt sind, regelmäßig in Geldnöten stecken und in der Nähe der Leiche ein schwarzes Portemonnaie mit sämtlichen Papieren des Opfers gefunden wurde – nur das Geld fehlte. Wurde Birgit Lohmann als lohnendes Opfer von den Männern an den Tatort gelockt, um sie dort zu berauben und anschließend zu töten? Weil sie andernfalls die Täter hätte identifizieren können?

Zwei weitere Feststellungen bestärken die Fahnder in ihrer Annahme: Weder an der Handtasche des Opfers noch am Portemonnaie sind Fingerspuren vorhanden, die Täter haben sie abgewischt. Überdies wurde die Getötete in einen Tümpel gezogen, höchstwahrscheinlich, um DNA-Spuren zu beseitigen. Und diese Erkenntnisse zum Täterverhalten passen zu Gerhard Wiesmanns glaubwürdiger Aussage, Franz Röder und Klaus-Peter Fröhmelt hätten sich ihm gegenüber damit gebrüstet, »saubere Arbeit« geleistet »und keine Spuren« hinterlassen zu haben. Haben die Männer tatsächlich Täterwissen preisgegeben? Unplausibel bleibt allerdings, warum die Verdächtigen einerseits das Opfer zur Spurenbeseitigung ins Wasser geschleift, aber andererseits Birgit Lohmanns Handtasche und Geldbörse in der Nähe des Feldwegs abgelegt haben.

Die Staatsanwaltschaft und ein Ermittlungsrichter sehen Franz Röder und Klaus-Peter Fröhmelt aufgrund der gegen sie sprechenden Indizien als »dringend tatverdächtig« an. Nachdem die Wohnverhältnisse der Beschuldigten ausgekundschaftet wurden, stürmt frühmorgens ein Spezialeinsatzkommando deren Unterschlupf. Die Männer werden schlafend angetroffen und leisten keinen Widerstand. Nachdem ihnen der Grund der Verhaftung mitgeteilt wurde, fährt man die Beschuldigten ins Präsidium, dort sollen die Vernehmungen stattfinden. Unterdessen wird die Wohnung nach Beweismitteln durchsucht. Gefunden wird allerdings nichts, was die Verhafteten mit dem Mord an Birgit Lohmann in Verbindung bringen könnte.

Franz Röder und Klaus-Peter Fröhmelt werden von jeweils zwei Ermittlern in verschiedenen Räumen zeitgleich vernommen. Letzterer ist ein schmächtiger junger Mann mit dunkelbraunen, millimeterkurz geschorenen Haaren, zwei Ohrringen und unzähligen Tätowierungen auf den Unterarmen. Besonders auffällig ist die angeborene Fehlstellung der Augen. Deshalb nennt man Klaus-Peter Fröhmelt im Milieu auch »Clarence«, benannt nach dem schielenden Löwen in der TV-Serie »Daktari«.

Der junge Mann gibt zunächst an, mit Franz Röder an dem besagten Abend »auf Tour« gewesen zu sein, man sei »um die Häuser gezogen« und allein geblieben, wie so häufig. Nichts Besonderes eben. Gegen 1 Uhr habe er mit seinem Kumpan den letzten Bus genommen und sei nach Hause gefahren. Als die Ermittler den Beschuldigten schließlich mit der belastenden Zeugenaussage konfrontieren, wird Klaus-Peter Fröhmelt nachdenklich und sagt erst einmal nichts. Kurz darauf kommt doch noch eine Antwort: »Quatsch, wir haben den nur verarscht!«

Franz Röder ist eine imposante Erscheinung: 120 Kilo schwer, 1,90 Meter groß, breite Schultern, stechender Blick, unvollständiges Gebiss. Und er legt ein ganz anderes Verhalten an den Tag als sein aussagewilliger Freund. Franz Röder lässt sich den Tatvorwurf ausführlich erläutern und macht anschließend von seinem gesetzlich verbrieften Schweigerecht Gebrauch. Er benötige nicht einmal die Unterstützung eines Anwalts, lässt er die Beamten wissen: »Ich bin hier eh bald wieder raus.« Daraufhin wird Franz Röder wieder in seine Zelle gebracht.

Unterdessen macht das andere Vernehmungsteam große Fortschritte, sie wenden die richtige Taktik an: Für Klaus-Peter Fröhmelt entsteht keine ihn hemmende Drucksituation, die Ermittler erheben keinen moralisch eingefärbten Vorwurf, sie brüllen nicht. Geduld, Fingerspitzengefühl und Einfühlungsvermögen zahlen sich letztlich aus. Klaus-Peter Fröhmelt gibt seine Verweigerungshaltung schließlich auf und erzählt mit leiser Stimme, wie er und Franz Röder im »Nightlife« waren und dort zufällig auf Helmut Wagner und Birgit Lohmann trafen. Gemeinsam habe man die nächsten Stunden verbracht und getrunken, gelacht, geschäkert. Gegen 2.30 Uhr wurde er müde und stellte die anderen vor die Wahl, entweder mit ihm zu fahren oder ein Taxi zu nehmen.

»Wie ging es denn weiter, als Sie die Disko verlassen hatten?«

»Wir sind zu meinem Wagen. Es war ausgemacht, dass Rosi noch mit zu uns kommt. Der Franz war scharf auf sie.«

»Wussten Sie, dass die Frau eine Prostituierte ist?«

»Weiß nicht genau. Aber eigentlich war das schon klar. Ich habe mit Franz darüber aber nicht geredet.«

»Sie sind losgefahren. Und dann?«

»Wir haben geredet, einfach nur geredet.«

»Worüber?«

»Was man halt so redet. Ich bin gefahren, habe das nicht so mitgekriegt. Ich war auch hundemüde, wollte nur noch ins Bett.«

»Wer hatte denn die Idee, Rosi zu töten?«

»Das war nicht geplant.«

Dem jungen Mann versagt die Stimme. Er schlägt die Hände vor das Gesicht und beginnt zu weinen. Die Ermittler lassen Klaus-Peter Fröhmelt gewähren. Es dauert einige Minuten, bis er sich wieder fängt. Ihm wird ein Glas Wasser gereicht.

»Also noch mal zur Rosi. Das passiert doch nicht einfach so. Darüber muss zwischen euch gesprochen worden sein.«

»Der Helmut meinte auf einmal: ›Ich habe einen großen Bock darauf, die allezumachen.‹«

»Um die Frau zu berauben?«

»Nein.«

»Worum ging es denn?«

»Keine Ahnung. Der Franz und ich, wir haben den Helmut für bekloppt erklärt. Wir haben uns geweigert. Wir wollten das nicht.«

»Was hat denn die Rosi dazu gesagt?«

»Die war schon eingepennt, hatte wohl zu viel getrunken.«

»Also der Helmut sagte, er wolle die Rosi allemachen …«

»Ja, genau. Wir haben ihn gefragt, was das jetzt sollte.«

»Und was hat Helmut geantwortet?«

»Der hat gesagt: ›Mir ist jetzt danach. Das ist einfach geil. Ich kann nicht anders.‹«

»Und das haben Sie geglaubt?«
»Er hat es jedenfalls so gesagt.«
»War der Helmut besoffen?«
»Er hatte schon ordentlich geladen, aber besoffen war der nicht. Helmut konnte noch normal reden und laufen.«
»Und wie ging es dann weiter?«
»Franz und ich waren dagegen, die Rosi umzubringen. Aber der Helmut fing immer wieder davon an, wie geil das wäre, die Frau umzubringen. Und dann meinte der Franz, man könnte die ja bei der Gelegenheit auch ausnehmen.«
»Ausnehmen?«
»Geld abnehmen. Ich war dagegen. Aber der Franz hat sich das Portemonnaie von der Rosi genommen und 280 Euro gezählt. Dann hat er das Portemonnaie zurückgelegt. Das Geld sollte erst später kassiert werden.«
»Später?«
»Also nach der Tötung.«
Weil er durch das Gespräch über die beabsichtigte Tötung der Frau abgelenkt war, habe er sich auf der Rückfahrt verfahren, erklärt Klaus-Peter Fröhmelt den Beamten. Und er habe noch einmal versucht, seine Freunde umzustimmen, sie von ihrem Mordplan abzubringen.
»Was haben Sie denen denn gesagt?«
»Für 280 Euro jemanden umzubringen, das würde sich doch nicht lohnen.«
»Was passierte dann?«
»Wie gesagt, ich hatte mich ziemlich verfranzt. Als wir an so einem Waldgebiet vorbeikamen, hat der Helmut plötzlich gemeint, ich sollte anhalten. Er hatte diesen Feldweg gesehen, in den wir dann reingefahren sind.«
»Und Sie waren jetzt auch bereit, die Rosi zu töten?«
»Nein. Ich wollte die ganz bestimmt nicht umbringen, aber ich konnte aus der Nummer jetzt auch nicht mehr raus.«
»Schlief die Rosi noch?«

»Ja, tief und fest.«
»Und dann?«
»Wir sind in den Feldweg rein und noch ein kleines Stück gefahren. Franz und ich haben die Rosi aus dem Auto gezogen und haben sie ein paar Meter in den Wald geschleppt.«
Dem jungen Mann versagt die Stimme, als er die Tötung von Birgit Lohmann schildern soll. Wieder Tränen. Schluchzen. Die Beamten schweigen.
»Wie kam es denn dann zur Tötung?«
»Der Franz und ich sind weggegangen. Wie der Helmut das gemacht hat, weiß ich nicht. Ich war nicht dabei. Nur das Messer habe ich gesehen.«
»Hat Helmut danach etwas gesagt?«
»Kann mich nicht erinnern.«
»Wer hat das Geld genommen?«
»Das war der Franz. Der ist zu der Leiche hin und hat das Geld genommen. Wir haben sofort geteilt. Zwei Hunderter gingen an Franz und Helmut, der Rest an mich.«
»Wie kam die Leiche ins Wasser?«
»Das war Zufall. Wir wussten gar nicht, dass da Wasser ist. Es war ja stockdunkel. Erst als ich pinkeln gegangen bin und das so morastig wurde, habe ich das Wasser gesehen. Ja, und dann haben wir sie da reingelegt.«
Kurz darauf seien sie wieder in den Wagen gestiegen und davongefahren, erzählt Klaus-Peter Fröhmelt. In den nächsten Minuten habe keiner von ihnen etwas gesagt. Erst als sie wieder das Stadtgebiet erreichten und einen offenkundig Betrunkenen am Straßenrad bemerkten, war es abermals Helmut Wagner, der darauf gedrängt habe, den Mann auch »kaltzumachen«. Allerdings konnte er Franz Röder und ihn diesmal nicht umstimmen. Nur deshalb kam es nicht zu einer weiteren Tat.

Helmut Wagner wird noch am selben Tag festgenommen, seine Wohnung wird durchsucht. Die Ermittler finden ein Jagdmesser, an dem noch Blutreste kleben. Später wird sich herausstellen, dass dieses Blut von Birgit Lohmann stammt. Der Mordverdächtige könnte in seiner Vernehmung bei der Kripo schweigen, doch er redet. Helmut Wagner gibt schließlich zu, Birgit Lohmann erstochen zu haben, Franz Röder und Klaus-Peter Fröhmelt hätten wohl mitgemacht, allerdings habe er allein die Frau getötet.

»Aus welchem Grund haben Sie die Rosi getötet?«

»Wegen Geld.«

»Was denn für Geld?«

»Ich hatte während des Abends mit ihr geredet. Sie war eine Prostituierte. Die haben immer Geld.«

»Wer hatte die Idee dazu?«

»Der Franz.«

»Der Franz Röder hat den Vorschlag gemacht?«

»Ja.«

»Und wie haben Sie darauf reagiert?«

»Das war okay.«

»Hatten Sie sonst noch einen Grund, die Frau zu töten?«

»Nein.«

Auch auf hartnäckiges Nachfragen bekommen die Ermittler keine andere Antwort. Die Tötung von Birgit Lohmann soll ein Raubmord gewesen sein. Kühl kalkuliert. Frei von Emotionen. Die Beamten lesen Helmut Wagner schließlich motivrelevante Passagen aus Vernehmungen seiner Freunde vor – Franz Röder hat mittlerweile auch gestanden und die Angaben von Klaus-Peter Fröhmelt im Wesentlichen bestätigt – und erklären ihm, dass eine wahrheitsgemäße Aussage vom Gericht unter Umständen wohlwollend gewertet werden könne.

»Ich möchte jetzt mit Ihnen nochmals über den Grund sprechen, warum Sie Rosi erstochen haben. Was hat Sie dazu veranlasst?«

»Ich hatte einiges getrunken, zwischendurch auch Koks genommen. Da kamen diese Gedanken ans Töten.«
»Was waren das denn für Gedanken?«
»Ich habe zu denen gemeint, ich hätte Bock drauf, einen zu killen.«
»Wen?«
»Die Rosi.«
»Warum die Rosi?«
»Sie war halt da.«
»Hatten Sie im Moment des Tötens ein gutes Gefühl?«
»Ja.«
»Freude?«
»Ja.«
»Können Sie dieses Gefühl genauer beschreiben?«
»Möchte ich nicht.«
»Warum haben Sie ein Messer benutzt?«
»Weil ich es zufällig dabeihatte.«
»Wie war das mit dem Betrunkenen auf der Rückfahrt? Wollten Sie den auch töten?«
»Ja.«
»Warum haben Sie es nicht getan?«
»Der Franz und der Clarence waren dagegen, die wollten nicht, hatten wohl die Hosen voll.«
»Sonst hätten Sie den Mann auch erstochen?«
»Denke schon.«
Der Fall ist durch die Geständnisse der mutmaßlichen Mörder kriminalistisch und juristisch weitestgehend aufgeklärt, nur wie es dazu kommen konnte, wo die Ursachen für dieses bizarre Verbrechen liegen und ob die drei Männer schuldhaft gehandelt haben, bedarf der vertiefenden Betrachtung. Dies ist Aufgabe der forensischen Psychiatrie. Ein Sachverständiger wird von der Staatsanwaltschaft beauftragt, das Leben der Probanden auszuleuchten und so Licht ins Dunkel zu bringen. Nach zwei Monaten intensi-

ver Gespräche liegen die mit Spannung erwarteten Ergebnisse vor.

Klaus-Peter Fröhmelt

Fröhmelt stammt aus einfachen Verhältnissen. Der Vater fährt zur See, die Mutter kümmert sich um den Haushalt und versorgt die Kinder, einen Sohn und zwei Töchter. Als Klaus-Peter sechs Jahre alt ist, stirbt sein Vater, zu dem er wegen dessen Berufstätigkeit wenig Kontakt hatte, an Lungenkrebs. Schon während der Grundschulzeit fällt der Junge zunächst durch motorische Unruhe auf, später kommen massive Konzentrationsdefizite und ein geringes Durchhaltevermögen hinzu. Seine Noten sind dementsprechend schlecht. Klaus-Peter wird nach drei Jahren schließlich auf eine Sonderschule gegeben.

Auch dort zeigt er sich wenig leistungsbereit, stört den Unterricht und gibt häufig Widerworte, wenn er zur Ordnung gerufen wird. Klaus-Peter hat keinen Freund und wird von seinen Mitschülern wegen einer angeborenen Störung des Augenmuskelgleichgewichts gehänselt – er schielt. Der Junge lässt sich aber auch bei anderen Gelegenheiten leicht provozieren und schlägt zu, wenn er sich nicht anders zu wehren weiß. Und das ist der Regelfall.

Als bei dem notorischen Leistungsverweigerer und Unruhestifter auch drastische erzieherische und disziplinarische Maßnahmen der Lehrer keine bessernde Wirkung zeigen und seine weitere Teilnahme am Unterricht auch den Klassenkameraden nicht mehr zugemutet werden kann, muss der jetzt 15-Jährige die Schule nach der achten Klasse ohne Abschluss verlassen. Schon zu diesem Zeitpunkt hat er eine beachtliche kriminelle Karriere vorzuweisen: Immer wieder stiehlt er Fahrräder oder Mopeds, erklimmt Balkone und bricht in Wohnungen ein oder lässt sich in Schlägereien verwickeln, die blutig ausgehen. Dreimal wird er verurteilt, einmal muss er für drei Wochen einen Jugendarrest absitzen. Seine alleinerziehende Mutter ist mit der Versorgung von drei minderjährigen Kindern überfordert, zumal sie halbtags putzen gehen muss, um für den Unterhalt der Familie aufkommen zu können. Klaus-Peter ist auch zu Hause ein Außenseiter, das Verhältnis zu seiner Mutter beschränkt sich im Wesentlichen auf gegenseitiges Beleidigen und Anbrüllen, die Geschwister nimmt er lediglich als Konkurrenten wahr, wenn es darum geht, sich einen Vorteil zu verschaffen. Kampfbeziehungen.

Freundschaftliche Kontakte hat Klaus-Peter nur zu einem Jugendlichen, den er während seiner Zeit im Gefängnis kennengelernt hat. Der junge Mann imponiert ihm, weil er schwerwiegendere Straftaten verübt hat und innerhalb der Gruppenhierarchie zu den Meinungsführern zählt. Knastautorität. Klaus-Peter trifft Franz Röder nach dessen Entlassung aus der Haft häufiger, um gemeinsam Bier zu trinken, Drogen zu nehmen oder Straftaten zu begehen, insbesondere Einbrüche. Doch trotz der zahlreichen Diebestouren hat Klaus-Peter auch in der Folgezeit finanzielle Probleme, weil der Löwenanteil der Beute stets an seinen Freund geht und er nicht willens ist, einen ordentlichen Beruf zu erlernen. Auch von der Mutter sind keine Geldzuwendungen zu erwarten, sie ist nicht bereit, den »Faulenzer« und »Taugenichts« zu unterstützen. Will Klaus-Peter zu Geld kommen, muss er andere Menschen bestehlen oder berauben, glaubt er. Und dabei vertraut er auf die Erfahrung und Cleverness des zwei Jahre älteren Franz Röder, den er schließlich bei sich wohnen lässt.

Die Eltern lassen sich zweieinhalb Jahre nach seiner Geburt scheiden. Der Junge wird in eine Pflegefamilie gegeben. Obwohl sich die Pflegeeltern redlich um ihn bemühen, gelingt es ihnen nicht, eine belastbare Beziehung zu Franz aufzubauen. Er orientiert sich vielmehr an seinem leiblichen Vater, der ihn regelmäßig besucht und den er als einzige Autorität akzeptiert. Deshalb fällt es dem Jungen schwer, sich den Vorgaben der Pflegeeltern zu fügen und in das Familienleben zu integrieren.

Die daraus resultierenden fortwährenden Spannungen und Enttäuschungen kompensiert Franz durch übermäßiges Essen, vor allem Süßigkeiten. Mit sechs Jahren wiegt er 45 Kilogramm. Wegen seines beachtlichen Übergewichts wird er in der Grundschule täglich als »Fettsack« gehänselt und verspottet, mitunter auch verprügelt. So bleibt er auch in diesem sozialen Umfeld auf sich allein gestellt. Franz leidet sehr darunter.

Seinen Pflegeeltern geht es nicht anders. Als sich die familiäre Situation zuspitzt und Franz seine Mutter mehrfach schlägt und tritt, wird ein Schlussstrich gezogen. Der Junge kommt in ein Erziehungsheim, weil auch seine leiblichen Eltern nicht willens und wohl auch nicht in der Lage sind, ihn aufzunehmen. In der neuen Umgebung das alte Bild: Franz lässt sich nichts sagen, lässt niemanden an sich heran und lässt nichts aus, um sich unbeliebt zu machen. So wird der Graben zwischen ihm und der Welt der anderen immer größer.

Er hält es im Heim nicht mehr aus und läuft weg, als er wieder eingefangen wird, entfernt er sich abermals und so weiter. Während seiner Abwesenheiten begeht er Diebstähle. Zweimal wird er geschnappt und der Polizei übergeben. Nach seiner Rückkehr prahlt er jedes Mal mit abenteuerlichen Geschichten, die er erlebt haben will, die so aber nicht oder gar nicht passiert sind. Soziale Akzeptanz erfährt er jedoch nur dann, wenn er den anderen Heiminsassen Süßigkeiten oder kleine Geschenke anbietet.

Seine schulischen Leistungen sind miserabel. Franz muss zwei Klassen wiederholen und verlässt die Hauptschule nach der siebten Klasse. Nach einem Berufsvorbereitungsjahr beginnt er als 16-Jähriger eine Lehre als Einzelhandelskaufmann, die er nach einem Jahr abbricht. Weitere Versuche, einen Beruf zu erlernen, unternimmt er nicht. Stattdessen beginnt er Drogen zu nehmen und übermäßig Alkohol zu trinken. Um seinen nicht unerheblichen Konsum finanzieren zu können, lässt er sich mit jungen Männern aus dem Bahnhofsmilieu ein, die ebenfalls sozial gestrandet sind – wechselweise begeht man gemeinsam Einbrüche, knackt Autos oder überfällt ältere Damen, um ihnen die Handtasche zu rauben. Allerdings erfährt Franz Röders kriminelle Karriere ein vorläufiges Ende, als er nach dem Überfall auf eine Tankstelle gefasst und zu einer Haftstrafe verurteilt wird.

Im Jugendgefängnis gibt der mittlerweile großgewachsene und bullige junge Kerl den starken Mann und weiß sich auch körperlich zu behaupten. Als Klaus-Peter Fröhmelt seinen dreiwöchigen Arrest absitzen muss, kommen die beiden in Kontakt. Klaus-Peter bewundert Franz, weil der sich durchzusetzen weiß, und Franz sieht in Klaus-Peter einen willfährigen Kameraden, den er bedenkenlos für seine Zwecke einspannen kann – auch nach der Inhaftierung.

Helmut Wagner

Wächst unter ausgesprochen ungünstigen Bedingungen auf. Seinen Vater, einen 24-jährigen amerikanischen Stationierungssoldaten, lernt er nicht kennen. Mit drei Jahren wird Helmut in ein Heim gegeben, weil seine alkoholabhängige

Mutter ihn nur unzureichend betreuen und versorgen kann. Vier Jahre lang bleibt er in dem Kinderheim und fühlt sich dort unwohl, vermisst seine Mutter. Als er sechs Jahre alt ist, darf er in den mütterlichen Haushalt zurückkehren. Doch auch der neuerliche Erziehungsversuch scheitert, muss scheitern, weil seine Mutter nach wie vor nicht in der Lage ist, etwas für das Kind zu empfinden.

Zurück im Kinderheim, findet Helmut kaum Anschluss. Der Junge ist verzweifelt, sieht keinen Sinn in seinem Leben, das für ihn lediglich Zurückweisungen und Enttäuschungen bereithält. Zweimal versucht er, sich das Leben zu nehmen. Allein die gelegentlichen Besuche seiner Mutter geben ihm etwas Auftrieb, auch wenn sich in der Folgezeit keine belastbare Beziehung entwickelt. Erst als 14-Jähriger darf er erneut zu seiner Mutter zurückkehren, die inzwischen ihre Alkoholabhängigkeit überwunden und einen neuen Lebenspartner gefunden hat. Während sich das Mutter-Sohn-Verhältnis im Laufe der Zeit stabilisiert, häufen sich die Auseinandersetzungen zwischen Helmut, der sich bevormundet glaubt, und dem Ziehvater, der rigoros unbedingten Gehorsam einfordert.

In der Schule erlebt Helmut ein Wechselbad von anfänglichen Erfolgen und sich schon bald häufenden Misserfolgen. Er besucht die Heim- bzw. Grundschule, später die Hauptschule. Die siebte Klasse muss er wiederholen. Eine abgeschlossene Berufsausbildung gelingt ihm nicht, weil er eine Lehre als Gärtner abbricht – die Differenzen zwischen ihm und seinem Ausbilder sind unüberbrückbar. Ausschlaggebend ist wohl in erster Linie der übermäßige Alkoholkonsum des jungen Mannes, der häufig angetrunken zur Arbeit kommt – oder gar nicht. Ehemalige Arbeitskollegen beschreiben Helmut als aufbrausend, wenig verlässlich und introvertiert.

Mit 15 erwischt man Helmut erstmals bei einem Ladendiebstahl, er wird verwarnt; ein halbes Jahr darauf wird er wieder geschnappt, nachdem er einen DVD-Player gestohlen hat – zur Strafe muss er in einem Krankenhaus 30 Arbeitsstunden ableisten; als 18-Jähriger schlägt er bei einem Trinkgelage am Bahnhof einen zufällig vorbeikommenden älteren Mann nieder, ohne von dem Opfer angesprochen oder provoziert worden zu sein – bei dieser Gelegenheit lernt er Klaus-Peter Fröhmelt und Franz Röder kennen. Es folgen, nachdem er arbeitslos wurde, Laubenaufbrüche, Wohnungseinbrüche, Drogendelikte und kleine Betrügereien – in mehreren Fällen bestellt er Computerspiele auf den Namen seiner Mutter.

Je schlechter Helmut Wagner sich in der sozialen Realität zurechtfindet, in der ihm lediglich die Rolle eines Außenseiters zukommt, desto mehr flüchtet er sich in die Scheinwirklichkeit bestimmter Computerspiele, deren einziges Ziel darin besteht, möglichst viele Gegner auszuschalten, zu töten, und zwar möglichst realistisch, also bluttriefend. Die imaginäre Welt der Ego-Shooter inspiriert und fasziniert Helmut Wagner, weil er dort sein Versager-Image vergessen und zum gefürchteten und gnadenlosen Killer avancieren kann. Denn diese Form der pseudosozialen Interaktion ist simpel und funktioniert nach dem ewig gleichen Schema: klick, peng!, tot – Freude, Befriedigung, Bestätigung. Jeden Tag verbringt Helmut Wagner mehrere Stunden vor dem Bildschirm seines Computers und besorgt sich so seinen Kick.

Nach Einschätzung des Gutachters handelt es sich bei Helmut Wagner um einen durchschnittlich intelligenten (IQ von 107), eher praktisch begabten, wenig belastbaren, emotional instabilen und leicht reizbaren Menschen. Er neige zu einer depressiven Grundhaltung mit innerer Unruhe, lasse ein starkes Bedürfnis nach Zuneigung und Geborgenheit erkennen, sei leicht zu beeindrucken, sehr impulsiv und verfüge über eine eher geringe Frustrationstoleranz.

Neben diesen akzentuierten Persönlichkeitsmerkmalen sei jedoch keine Persönlichkeitsstörung im engeren Sinne festzustellen gewesen. Helmut Wagner habe jederzeit sozialrelevante Situationen überschauen können. Zwar sei die ungünstige familiäre Situation, besonders die belastete Beziehung zur Mutter, ursächlich gewesen für die festgestellte neurotische Fehlentwicklung, gleichwohl müsse der Proband als voll schuldfähig angesehen werden.
Demzufolge wird Helmut Wagner, wie Franz Röder und Klaus-Peter Fröhmelt auch, als gemeinschaftlich handelnder Täter nach Erwachsenenstrafrecht verurteilt. Letztere sollen aus Habgier, Helmut Wagner allein aus Mordlust gehandelt haben. Bei allen Angeklagten wird letztlich eine lebenslange Freiheitsstrafe verhängt.

Dieser Kriminalfall hat längst seinen juristischen Abschluss gefunden, gleichwohl ist ungeklärt geblieben, warum und wie sich Helmut Wagners eher diffuse unnatürliche Freude an der Vernichtung eines Menschenlebens ausgerechnet gegen Birgit Lohmann richten konnte. Und aus welchen Gründen sich Klaus-Peter Fröhmelt und Franz Röder zu dieser Tat haben animieren lassen – einem Verbrechen, das beiden bis zu diesem Zeitpunkt in dieser radikalen Form wesensfremd gewesen ist. Im Wesentlichen sind es vier Faktoren, die sich tatbegünstigend ausgewirkt haben. Die Grenzen sind dabei mitunter fließend.

Dissozialität

Helmut Wagner, Franz Röder und Klaus-Peter Fröhmelt missachten soziale Normen, für sie ist die Grenzverletzung ein durchaus legitimes und probates Mittel, um eigene Bedürfnisse rücksichtslos befriedigen zu können. Die soziale Integration misslingt, weil die Fähigkeit, belastbare Beziehungen zu pflegen, lediglich rudimentär ausgeprägt ist und sie sich in die Vorstellungs- und Gefühlswelt anderer Menschen nur schwer oder gar nicht einfühlen können oder wollen. Hinzu kommen eine geringe Frustrationstoleranz, eine permanente Unzufriedenheit und das Unvermögen bzw. der Unwille, aus eigenen Fehlern oder sozialen Negativerfahrungen zu lernen.

Die zur Regel werdenden Normverletzungen lassen dabei eine enorme Bandbreite erkennen. Helmut Wagner und seine Kumpane fallen in erster Linie wegen Eigentums-, Körperverletzungs- und Drogendelikten auf. Allerdings sind sie auch zu anders ausgerichteten Verbrechen willens und fähig, weil ihre allgemein menschenverachtende und kriminelle Grundhaltung letztlich jede Normverletzung akzeptiert, allein die persönliche Bedürfnisbefriedigung steht im Vordergrund, die sich auch situativ akzentuieren kann. Und solche Täter schrecken eben unter bestimmten Umständen auch vor Kapitalverbrechen nicht zurück.

Opferdisposition

Birgit Lohmann ist für die jungen Männer deshalb ein ideales Opfer, weil von ihr als Frau – zumal stark alkoholisiert – wenig Gegenwehr zu erwarten ist und es zwischen ihr und den Tätern keine Verbindung gibt: stranger to stranger. Und sie erscheint für alle Tatbeteiligten auf unterschiedliche Weise attraktiv, weil sie einerseits Bargeld mitführt (Röder/Fröhmelt) und andererseits verfügbar ist und als Frau eine geeignete Projektionsfläche für negative Gefühle darstellt (Wagner). Tatbegünstigend wird sich letztlich auch Birgit Lohmanns sozial entwertete Rolle als Prostituierte ausgewirkt haben, die Hemmschwelle, gerade ihr Gewalt anzutun und sie zu töten, dürfte in diesem Kontext leichter zu überwinden gewesen sein.

Gruppendynamik

Der Entschluss zur Tötung von Birgit Lohmann ist das Ergebnis einer durchaus kontroversen Diskussion. Helmut Wagner ist der Initiator und die treibende Kraft, Franz Röder und Klaus-Peter Fröhmelt wehren erst ab, wägen dann ab, schließlich stimmen sie zu. Höchstwahrscheinlich wäre diese Tat niemals passiert, hätte sie allein durchgeführt werden sollen. Helmut Wagner traut sich die Tat eben nur zu, wenn die anderen mitmachen. Andernfalls hätte er seine Freunde nicht darauf ansprechen müssen. Aber auch Franz Röder und Klaus-Peter Fröhmelt beteiligen sich nur deshalb, weil Helmut Wagner die Tötung eigenhändig vornehmen will. So wird die Verantwortung des Einzelnen für die gemeinsam beschlossene und beabsichtigte Grenzüberschreitung abgelegt auf der Ebene der Gruppenverantwortlichkeit (siehe auch schon Kapitel 1, »Böse aus Freude«).

Täterdisposition

Bei Franz Röder und Klaus-Peter Fröhmelt dürfte die materielle Fixierung, befeuert durch chronisch fehlende finanzielle Mittel, ausschlaggebend gewesen sein, bei der Ermordung von Birgit Lohmann mitzumachen. Für jemanden, der kaum etwas bzw. nichts von Wert besitzt, haben 100 bzw. 80 Euro eine nicht zu unterschätzende Relevanz. Hinzu kommt, dass Franz Röder und Klaus-Peter Fröhmelt jeden Respekt vor dem Hab und Gut anderer Menschen verloren haben und überzeugt sind, darauf zugreifen zu dürfen – von Berufs wegen.

Bei Helmut Wagner liegen die Dinge anders. Er befindet sich nicht nur im sozialen Abseits, sondern auch in einer emotionalen Ausnahmesituation, nachdem er die Beziehung zu seiner Freundin beendet hat. Er empfindet nur noch Hass für diese Frau, seine Seele ist verletzt. Helmut Wagner ist nicht in der Lage, dieser Frustration wirksam zu begegnen, sich abzureagieren, einen Ausgleich herzustellen. Und es ist sicher kein Zufall, dass er in den Tagen und Wochen nach der Trennung noch mehr Zeit vor dem Computer verbringt und unzählige Gegner eliminiert: klick, Treffer, tot.

Möglicherweise besteht hier ein Zusammenhang. Allerdings muss offenbleiben, ob es auch ein *kausaler* Zusammenhang gewesen ist, den es zwischen der virtuellen und der realen Gewalt gegeben hat, auch wenn der Verdacht naheliegt. Denn Helmut Wagner hat sich nur der Kripo gegenüber mit wenigen Worten zu seiner Mordlust bekannt, mit dem psychiatrischen Sachverständigen hat er darüber nicht mehr sprechen wollen.

Und noch ein Aspekt sollte uns in diesem Fall zu denken geben: Solange wir die Pathologie von Menschen wie Helmut Wagner nicht verstehen lernen, werden Verbrechen wie das an Birgit Lohmann wohl nicht zu verhindern sein.

Blutige Ausrufezeichen

Schlaganfall, Dachstuhlbrand, Todesfall, Wasserschaden, Badeunfall, Herzinfarkt, Glatteis, eine Ölspur auf der Straße. Mehr als 60 000 Anrufe pro Jahr, etwa 200 Einsätze täglich. Die sogenannten Disponenten bei der Leitstelle der Feuerwehr werden bei ihrer Arbeit von fünf Monitoren unterstützt, ein elektronischer Stadtplan zeigt sogar den aktuellen Standort des Anrufers an. Alle einsatzrelevanten Informationen werden an Löschzüge, Rettungswagen und Notärzte, aber auch die Polizei per Datenleitung übermittelt. Wer hier seinen Beruf ausübt, muss gute Nerven haben, stressresistent sein.

Donnerstagabend, 21.31 Uhr

Das Signallicht leuchtet auf. Notruf. Der Beamte drückt sofort auf den Knopf, nimmt den Telefonhörer ab und stellt sich vor.

»Ich brauche dringend ein NEF. Hier ist überall Blut. Die Person ist reanimationspflichtig.« Der Anrufer hat zwar eine jugendliche Stimme, dafür drückt er sich aber erstaunlich präzise und professionell aus – er kennt sogar die üblichen Abkürzungen, denn NEF steht für Notarzteinsatzfahrzeug. Kein Zittern in der Stimme. Keine Verunsicherung. Wahrscheinlich steht der Hinweisgeber unter Schock.

»Wie heißen Sie, und wo befinden Sie sich jetzt?«

»Konstantin Färber. Konrad-Adenauer-Allee 126.«

»Bleiben Sie vor Ort, ich schicke einen Notarztwagen. Wie kann ich Sie telefonisch erreichen?«

Konstantin Färber erklärt, er habe sein Handy verlegt, könne aber in der Wohnung seiner Mutter jederzeit angerufen werden. Die genannte Rufnummer wird im Einsatzprotokoll vermerkt. Abschließend gibt der Beamte noch einige Verhaltenshinweise.

Die Besatzung des Streifenwagens »Martha 12/22« erreicht noch vor dem Notarzt die genannte Adresse. Es handelt sich um ein älteres, freistehendes Wohn- und Geschäftshaus an der Peripherie der Stadt. Die Polizisten müssen nicht klingeln, die Haustür ist angelehnt – so wurde es zwischen dem Leitstellenbeamten der Feuerwehr und Konstantin Färber vereinbart.

Sie stürmen die Treppe hinauf und sehen, wie sich Konstantin Färber im Eingangsbereich der Wohnung über eine leblose Frau beugt und eine Herzmassage durchführt. »Endlich, da sind Sie ja«, begrüßt der junge Mann die Polizisten, »ich schätze, da ist nichts mehr zu machen.«

»Treten Sie bitte zur Seite.« Die Beamten überprüfen zunächst, ob bei der Frau, die in einer größeren Blutlache liegt, noch Lebenszeichen festzustellen sind: kein Puls, keine Atemfrequenz, keine Pupillenreaktion. Auch das gravierende Verletzungsbild spricht dafür, dass hier keine Hilfe mehr möglich ist. Zum selben Ergebnis kommt auch der Notarzt, der kurz darauf eintrifft und nur noch den Tod feststellen kann.

Dass es ein unnatürlicher Tod gewesen sein dürfte, schlussfolgern die Polizisten nicht nur anhand der Verletzungen, die sich das Opfer unmöglich selbst beigebracht haben kann, sondern auch aufgrund von Konstantin Färbers Aussage. Der Zeuge gibt an, er habe gegen 21.30 Uhr plötzlich Schreie gehört und sei nach unten gelaufen. Dort habe er die Frau gefunden, regungslos, nicht mehr ansprechbar. Sofort sei er wieder hinaufgelaufen und habe den Notruf der Feuerwehr gewählt. Erst danach sei er zu der Frau zurückgekehrt und habe mit Wiederbelebungsversuchen begonnen.

Konstantin Färber wird von den Schutzleuten nach oben geschickt, er soll seinen Ausweis holen und vorzeigen. Die Personalien des ruhig und gefasst wirkenden Zeugen müssen festgehalten werden. Diese Prozedur gehört zu den Standardmaßnahmen, wenn Polizeibeamte an einen Tatort gerufen werden.

Eine Viertelstunde später stehen zwei kolorierte und zwei zivile Streifenwagen der Polizei vor dem Haus, das jetzt Tatort eines Kapitalverbrechens ist und weiträumig abgesperrt werden muss, damit Spuren des Täters gefunden und ausgewertet werden können. Vier Kriminalbeamte in weißer Schutzkleidung betreiben unterdessen im Inneren des Hauses, insbesondere in der Wohnung des Opfers, Spurensuche und Spurensicherung. Kurz darauf wird die Getötete auf einer Bahre in einem schwarzen Plastiksack in den Leichenwagen geschoben und in das örtliche Institut für Rechtsmedizin gefahren. Dort wird die Obduktion stattfinden, allerdings erst am folgenden Tag.

Konrad-Adenauer-Allee 126. Erste Recherchen der Kripo ergeben, dass Bertha Juskowiak, die Getötete, und ihr Mann hier jahrzehntelang zunächst einen Versandhandel und später ein Elektronikfachgeschäft betrieben haben. Seit dem Tod ihres Mannes lebte die 80 Jahre alt gewordene Dame allein in der Wohnung im ersten Stock über den Geschäftsräumen, die jetzt von einem jüngeren Ehepaar gewerblich genutzt werden, um dort Speckstein- und Kaminöfen auszustellen. Die Dachgeschosswohnung hatte Bertha Juskowiak an die Familie Färber vermietet, eine Familie mit drei Kindern. Der Vater ist vor drei Jahren an Leukämie gestorben.

Erster Ansprechpartner für die Beamten der Mordkommission ist naturgemäß Konstantin Färber, der den Mörder nur knapp verpasst hat. Vorsorglich stellen Ermittler die blutbesudelte Kleidung des jungen Mannes sicher: Pullover, Jeans, Schuhe. Noch in der Nacht wird der 21-Jährige, der beim Deutschen Roten Kreuz seinen einjährigen Bundesfreiwilligendienst absolviert und auch ausgebildeter Sanitäter ist, ausführlich vernommen.

»Ich war allein zu Hause. Meine Mutter und meine Brüder sind zur Kur an die Nordsee gefahren«, berichtet Konstantin Färber geduldig zwei Vernehmungsbeamten. Gegen 20.30 Uhr habe er noch mit seiner Mutter telefoniert und ihr von einem Streit mit einem Arbeitskollegen berichtet. Nach dem Telefonat sei er zu müde gewesen, um noch etwas zu unternehmen. Stattdessen habe er eine DVD eingelegt, sei dabei jedoch eingeschlafen.

»Ich bin durch einen Schrei wach geworden«, erzählt Konstantin Färber weiter, »aber das hatte nichts mit dem Film zu tun.« Er sei daraufhin zur Wohnung seiner Vermieterin gelaufen, habe gerufen, geklingelt und geklopft, doch niemand reagierte. Weil die Tür nur angelehnt gewesen sei, habe er sich in die Wohnung begeben. »Sie lag im Flur auf dem Bauch und rührte sich nicht. Ich bin zurück in mein Zimmer gelaufen, habe mir Einmalhandschuhe übergezogen und die Feuerwehr alarmiert.« Dann habe er für die Feuerwehrleute die Haustür geöffnet, die schwerstverletzte Frau umgedreht und mit der Herzmassage begonnen. Dabei sei es zu den Blutübertragungen auf seine Kleidung gekommen.

Am nächsten Morgen suchen Beamte der Bereitschaftspolizei noch einmal bei Tageslicht den Nahbereich des Hauses ab, aber auch die umliegenden Gärten und Nebenstraßen, schauen in Gullys, Mülltonnen; vielleicht warf der Mörder die Tatwaffe auf der Flucht weg oder versteckte sie dort. Die Suche bleibt erfolglos.

Erfolgreicher sind dagegen die Tatortspezialisten. Sie finden in der Wohnung zahlreiche biologische Spuren, die in den nächsten Tagen durch Experten des Landeskriminalamts allerdings erst noch bewertet und ausgewertet werden müssen. Das erste Resümee der Ermittler fällt ernüchternd aus: kein

Tatverdächtiger, keine Tatwaffe, aber auch kein Tatmotiv, weil in der Wohnung vermutlich nichts fehlt und für eine Beziehungstat keine Anhaltspunkte vorhanden sind. Die Kriminalisten stehen vor einem Rätsel.

Die Nachricht von der Ermordung Bertha Juskowiaks verbreitet sich schnell im Stadtteil Bovinghofen und ist Thema Nummer eins, ob beim Metzger, beim Frisör oder am Kiosk – Fassungslosigkeit und Ratlosigkeit machen sich breit. Viele Bürger, insbesondere die alleinstehenden Älteren, haben ein mulmiges Gefühl und sind verunsichert: Wie schützt man sich vor solch einem Täter? Wer ist womöglich der Nächste, den es trifft? Alle sind sich einig, dass diese schreckliche Tat möglichst rasch aufgeklärt werden muss. Damit man sich wieder sicherer fühlen kann.
Als das vorläufige Ergebnis der Obduktion vorliegt, werden die ersten Konturen dieses Dramas sichtbar. Die Rechtsmediziner haben insgesamt 62 Verletzungen gezählt, mehr als 40 Stiche erhielt das Opfer in Kopf, Brust und Bauch. Die Angriffe wurden so vehement ausgeführt, dass mehrere Rippen durchtrennt, das Brustbein durchstoßen und die linke Brusthälfte, der Herzbeutel und die Bauchhöhle eröffnet wurden – ein maßloses Verbrechen, ein Gewaltexzess. Bertha Juskowiak muss sich verzweifelt gewehrt und dabei auch in das Messer des Täters gegriffen haben, zahlreiche Stich- und Schnittverletzungen an ihren Armen und Händen sind stumme Zeugen. Der Todeskampf dürfte nach Einschätzung des Sachverständigen mehrere Minuten gedauert haben. Als Todesursache wird »Verbluten nach innen« angegeben.

Die zwölfköpfige Mordkommission ermittelt mit Hochdruck, denn jedem ist klar, dass man es mit einem hochpathologischen und hochgefährlichen Täter zu tun hat. Nach den ersten beiden Tagen gelingt es, folgende Fakten zusammenzutragen: Zur als sicher geltenden Tatzeit (21.30 Uhr) sind berechtigterweise nur Bertha Juskowiak und Konstantin Färber im Haus gewesen. Die Haustür soll verschlossen gewesen sein. Einbruchsspuren hat man nicht feststellen können, weder im Haus noch in der Wohnung des Opfers, in der auch sämtliche Fenster verriegelt gewesen sind. Und als unzweifelhaft darf jetzt auch angenommen werden, dass Bertha Juskowiak nicht beraubt worden ist. Zudem haben Verwandte und Nachbarn die Getötete als Fremden gegenüber ausgesprochen misstrauisch beschrieben, die ältere Dame habe stets die Gegensprechanlage benutzt und hätte einem Unbekannten niemals die Tür geöffnet, schon gar nicht bei Dunkelheit. Dass ein Einbrecher das Opfer getötet haben könnte, halten die Fahnder für eher unwahrscheinlich, solche Täter begehen erfahrungsgemäß keine Gewaltexzesse. Aus diesen Erkenntnissen ziehen die Ermittler den Schluss, dass Bertha Juskowiak ihren Mörder gekannt und selbst ins Haus hineingelassen haben könnte. Demzufolge muss das Privatleben des Opfers durchleuchtet werden, natürlich auch das Verhältnis zu ihren Mietern.

Bertha Juskowiak wird von Nachbarn, Freunden und ehemaligen Geschäftspartnern als rüstige, höfliche, freundliche, vitale und vor allem lebensbejahende Frau beschrieben, die allgemein geschätzt wurde und beliebt war. Als Geschäftsfrau sei sie gemeinsam mit ihrem Mann, den sie bis zu dessen Tod aufopferungsvoll pflegte, recht erfolgreich gewesen, jedenfalls seien die Kunden stets respektvoll und zufriedenstellend behandelt worden.

Auch das Verhältnis zur Familie Färber, die vor zehn Jahren in ihr Haus eingezogen ist, soll unauffällig und spannungsfrei gewesen sein, berichten Zeugen übereinstimmend. Bertha Juskowiak backte sogar für Konstantin und seine beiden jüngeren Brüder zum Geburtstag Kuchen. Keiner der Zeugen weiß von Missstimmungen oder Auseinandersetzungen zwischen den Parteien zu berichten.

Weil die Ermittler bei ihren Nachforschungen nicht weiterkommen, wenden sie sich über die Medien an die Öffentlichkeit. Bürger sollen sich melden, die am Tag des Mordes ungewöhnlichen Besuch an der Haustür gehabt haben, ob Bettler, Spendensammler oder Zeitschriftenwerber, jeder, der in örtlicher und zeitlicher Nähe zur Tat aufgefallen sei, könne unter Umständen eine wichtige, vielleicht sogar wegweisende Beobachtung gemacht haben. Oder sogar als Tatverdächtiger in Betracht kommen.
Den Fahndern gibt die überbordende Gewalt des Täters zu denken. Bertha Juskowiak ist förmlich niedergemetzelt worden, als hätte der Mörder sich in einen regelrechten Blutrausch hineingesteigert. Der Täter hat also wesentlich mehr Gewalt angewendet, als zur bloßen Tötung des Opfers notwendig gewesen wäre. In der Kriminalpsychologie wird ein derartiges Verhalten, diese überschießende Aggression, dieser Vernichtungsrausch als »Overkill« bzw. »Übertöten« bezeichnet und soll Rückschlüsse auf die Täterpersönlichkeit und das der Tat zugrundeliegende Bedürfnis ermöglichen. Häufig handelt es sich bei den Tätern um unreife Persönlichkeiten, die eine emotional belastete Vorbeziehung zum Opfer haben und im fortwährenden Zustechen oder Zuschlagen ihre längere Zeit zurückgehaltene Wut artikulieren, sich austoben. Der »Overkill« ist demnach dem bewussten und kontrollierten Handlungswillen des Täters entzogen und offenbart eine spezifische Zielrichtung; die Tatausführung erhält dadurch auch eine symbolisch anmutende Ausprägung, am Tatort werden Zeichen gesetzt, in denen sich ebenso die pathologische Persönlichkeit des Täters ausdrückt.
Doch auch diese Interpretationsmöglichkeit bringt die Ermittler nicht entscheidend weiter, denn es scheint keine Per-

son zu existieren, die diesem psychologischen Profil des Täters entsprechen könnte: Bertha Juskowiak hatte keine Feinde, sondern nur Freunde, sie war allseits beliebt und wurde wertgeschätzt. Warum also sollte jemand aus ihrem sozialen Umfeld eine derart grausame Tat verüben?

In der Folgezeit gehen 22 Hinweise aus der Bevölkerung bei der Mordkommission ein. Die daraus resultierenden Ermittlungen bringen viel Arbeit, aber wenig Erfolg. Zwei Männer, die sich zur Tatzeit in der Nähe des Tatorts aufgehalten haben sollen, werden schnell als Verdächtige ausgeschlossen, weil sie ein nicht zu erschütterndes Alibi vorweisen können. Auch die nun vorliegenden Gutachten des Landeskriminalamts zu den in der Wohnung des Opfers gesicherten DNA-Spuren sind ernüchternd – sämtliche Spuren haben die Experten nur einer Person zuordnen können: Bertha Juskowiak. Sackgasse.

Mittlerweile halten die Ermittler es für nahezu ausgeschlossen, dass ein fremder Täter den Mord begangen haben könnte, denn es gibt nicht den geringsten Hinweis, der diese Hypothese stützen könnte. Dafür existieren inzwischen belastbare Fakten, die wieder in eine andere, zu Beginn der Ermittlungen favorisierte Richtung denken lassen: Wenn Bertha Juskowiak den Täter nicht ins Haus gelassen haben sollte – angeblich war die Haustür zur Tatzeit geschlossen, aber nicht abgeschlossen –, es keinen Einbruch gab und sich nachweislich keine dritte Person im Haus aufhielt (es fehlen entsprechende Hinweise bzw. Spuren), dann dürfte, dann müsste der Täter jemand sein, der sich schon vor dem Mord am Tatort aufgehalten hat.

Und diese Überlegungen führen direkt zu: Konstantin Färber, den netten und unbescholtenen Nachbarn. Denn schon den Schutzpolizisten, die kurz nach der Tat den jungen Mann in der Wohnung des Opfers angetroffen haben, ist aufgefallen, dass die Wiederbelebungsversuche eher halbherzig ausgeführt wurden, mit zu wenig Druck und an der falschen Stelle, nämlich neben dem Herzen. Auch soll Konstantin Färber nicht außer Atem gewesen sein, was nach einem längeren Versuch der Reanimation eigentlich zu erwarten gewesen wäre.

Nur: Diesen ersten Verdacht verwarfen die Kriminalisten bereits vor einigen Tagen, weil Konstantin Färber als Ersthelfer unter Schock gestanden und demzufolge auch nicht situationsgerecht habe reagieren können. Deshalb sei er auch bei der Vernehmung als Zeuge so distanziert und emotionslos gewesen, obwohl er doch erst kurz zuvor ein entsetzlich zugerichtetes Mordopfer entdeckt habe. Zudem haben ihn seine widerspruchsfreie Aussage wie auch das freundschaftliche Verhältnis zu Bertha Juskowiak eher unverdächtig erscheinen lassen. Überhaupt habe man dem so gefasst wirkenden jungen Mann eine solche Tat, eine solche Eskalation der Gewalt nicht zugetraut. Und nicht zuletzt die Tatwaffe: Konstantin Färber dürfte zwischen der Tötung des Opfers und dem baldigen Eintreffen der Polizei nicht ausreichend Zeit geblieben sein, um das mittlerweile von den Rechtsmedizinern als mutmaßliche Tatwaffe qualifizierte Messer außerhalb des Hauses verschwinden zu lassen – schließlich ist die Mordwaffe bei den anschließenden, gewissenhaft durchgeführten Suchmaßnahmen nicht gefunden worden.

Nichtsdestotrotz verdächtigt die Kripo den jungen Mann des Mordes an Bertha Juskowiak und bringt ihn zur Vernehmung ins Präsidium. Der Beschuldigte reagiert auf den gravierenden Vorwurf gelassen und lässt auch keine Verunsicherung erkennen. Konstantin Färber wiederholt seine kurz nach dem Mord zu Protokoll gegebene Aussage, ohne wesentliche Abweichung und ohne sich zu widersprechen. Auch auf vermeintliche Ungereimtheiten weiß der junge Mann eine durchaus plausible Antwort zu geben, beispielsweise als er gefragt wird, warum er keine Mund-zu-Mund-Beatmung durchgeführt habe: »Das war zum Selbstschutz, weil das Gesicht der Frau voller Blut war. Da beatmet man doch nicht von Mund zu Mund.« Nach mehreren Stunden sind die Vernehmungsbeamten mit ihrem Latein am Ende, Konstantin Färber darf gehen. So ist ihm jedenfalls nicht beizukommen, sollte er die Tat tatsächlich verübt haben.

Doch schon wenige Tage später wendet sich das Blatt, als das Gutachten der Blutspurenanalyse vorliegt. Wissenschaftler der Universität Köln haben die Form der Blutspuren untersucht, die sich an Konstantin Färbers Kleidung befunden haben. Dazu muss man wissen: Schon seit Jahren erforschen Rechtsmediziner die gestaltliche Ausprägung von Blutspuren und deren Interpretation. Blut kann aus einer Wunde fließen, tröpfeln oder durch die Luft spitzen. Dabei hinterlässt es immer ein charakteristisches Muster, wenn es auf einen Gegenstand trifft und daran kleben bleibt. Allgemein lassen sich solche Blutspuren unter dem Aspekt der Dynamik ihrer Entstehung in Kontakt- und Formspuren unterscheiden. Spezifische Formspuren wie beispielsweise Tropf-, Abrinn- oder Abschleuderspuren lassen wiederum Rückschlüsse darauf zu, wie sie entstanden sind. Die Untersuchung der Morphologie dieser Blutspuren kann deshalb zur Rekonstruktion eines fraglichen Tatablaufs wertvolle Hinweise geben, weil auf die Reihenfolge und die Bewegungsdynamik von Tatabläufen geschlossen werden kann. Manchmal reichen schon wenige Tropfen Blut aus, um einen Mord nahezu lückenlos rekonstruieren zu können.

Der Sachverständige fand heraus, als er die Blutspuren an Konstantin Färbers zur Tatzeit getragenen Kleidung begutachtete, dass zwar etliche der Anhaftungen mit den Wiederbelebungsversuchen zu erklären sind, so etwa die Blutflecken an seinen Schuhen. Allerdings nicht alle: 15 Blutspritzer auf der Rückseite des Pullovers, Partikel von Fett- und Herzmuskelgewebe am rechten Ärmel und drei Blutflecken an der Rückseite der Jeans, die von oben nach unten verlaufen und geformt sind – wie ein Ausrufezeichen.

Aus diesen Blutspurenmustern folgt nach Einschätzung des Gutachters zwingend, dass Bertha Juskowiak mit blutenden Händen versucht haben muss, den Arm des Angreifers abzuwehren. Dabei gelangten Partikel von Fett- und Herzmuskelgewebe des Opfers auf Konstantin Färbers rechten Ärmel. Der Angreifer holte beim Zustechen nach hinten über den Kopf aus, und dabei muss von seinem Messer Blut abgetropft sein, andernfalls hätten sich auf der Rückseite des Pullovers keine Blutflecken in Form eines Ausrufezeichens befinden dürfen, die nur dann entstehen, wenn Blut nach unten fällt.

Das Blutspurengutachten belastet Konstantin Färber schwer. Nur bleibt nach wie vor ungewiss, warum der junge Mann dieses grausige Verbrechen begangen haben könnte. Der Mordverdächtige führte bisher ein sehr unauffälliges Leben, eckte nicht an, ließ sich nichts zuschulden kommen, wird allgemein als höflich und freundlich beschrieben, geriet mit dem Opfer niemals aneinander – und massakriert Bertha Juskowiak förmlich, ohne irgendein Anzeichen von Gefühl oder Verunsicherung zu zeigen. Die Experten der Kripo wissen auf diese Unwägbarkeiten keine Antwort. Einen solchen Fall gab es noch nicht. Und so bleibt insbesondere das Motiv auch weiterhin die große Leerstelle bei diesem Verbrechen.

Konstantin Färber wird an einem Mittwochvormittag von zwei Kriminalbeamten festgenommen, als er auf dem Weg zu seinem Anwalt ist. Nachdem man ihm mitteilte, warum er die Beamten begleiten muss, sagt er nur noch diesen einen Satz: »Das hat man nun davon, wenn man hilft.« Und spricht danach nicht mehr mit den Ermittlern, sondern nur noch mit seinem Anwalt.

Während der Beschuldigte einer Ermittlungsrichterin vorgeführt wird, durchsuchen Kriminalbeamte die Wohnung der Familie Färber, insbesondere das Zimmer des mutmaßlichen Mörders. Und werden fündig. In einem Umzugskarton liegt eine Halloween-Maske, die im Versandhandel 24 Euro kostet und mit folgendem Text beworben wird: »Da hat Justin (ein Serienkiller, Anm. SH) bei seiner Flucht vor der Polizei wohl nicht aufgepasst und ist ungebremst in ein scharfkantiges Gitter gerannt. Die realistisch ausgearbeiteten Schnittwunden in Quadratform sind schaurig schön und garantieren viele Blicke auf jeder Halloweenparty.« Durch die plastische Ausformung und die passende Farbgebung wirken die Wunden erstaunlich echt – und abstoßend.
Doch es ist nicht die Maske an sich, die Konstantin Färber in Bedrängnis bringt, sondern die an ihr haftenden Blutspuren. Noch weiß niemand, um wessen Blut es sich handelt, sollte es jedoch von Bertha Juskowiak stammen, würde der Beschuldigte in akute Erklärungsnot geraten. Und dann finden die Ermittler in einer Küchenschublade noch einen Gegenstand, nach dem sie so lange vergeblich gesucht haben: ein Messer, 33 Zentimeter lang mit zwei Zentimeter breiter Klinge, an der zwar keine Blutspuren zu finden sind, dafür aber am Griff des Messers. Handelt es sich um die Tatwaffe?
Die Ermittlungsrichterin sieht unabhängig davon einen dringenden Tatverdacht gegeben und erlässt gegen Konstantin Färber einen Haftbefehl wegen »grausamen Mordes«. Der Beschuldigte soll demnach Bertha Juskowiak nicht nur vorsätzlich getötet, sondern dabei auch ein strafverschärfendes Motiv verfolgt haben. Denn wer seinem Opfer aus gefühlloser, unbarmherziger Gesinnung besondere Qualen zufügt, begeht einen grausamen Mord.
Während die Ermittlungsbehörden Konstantin Färber für denjenigen halten, der Bertha Juskowiak erstochen hat, glaubt seine Mutter unverdrossen und unerschütterlich an

die Unschuld ihres Sohnes. »Ich weiß ja, dass er es nicht war«, gibt Margit Färber bei der Mordkommission zu Protokoll. Die 53-Jährige kann sich nicht vorstellen, dass – ausgerechnet! – ihr Sohn einen solchen Hass verspürt haben soll, um immer wieder auf einen älteren, wehrlosen Menschen einzustechen, am Ende 40 Mal. Er könne »gar nicht ausflippen«, Konstantin sei eher zurückhaltend, »und es dauert, bis er Freundschaften schließt«. Seit jeher habe er sich für andere Menschen eingesetzt und Auseinandersetzungen vermieden. Aber Konstantin und Gewalt? An die letzte körperliche Auseinandersetzung ihres Sohnes könne sie sich kaum erinnern, im ersten Schuljahr sei das wohl passiert, »eine harmlose Sache«.

Auch das Verhältnis zu Bertha Juskowiak sei »immer gut gewesen«, berichtet Margit Färber. »Sie hat meine Kinder ja groß werden sehen. Sie hat uns kostenlos ein Stück Garten zur Verfügung gestellt, das wir nutzen dürfen, und wir waren einmal sogar zu einer Familienfeier auf ihrer Terrasse eingeladen.« Konstantin habe die Vermieterin stets freundlich und respektvoll behandelt, sei ihr sogar vielfach zur Hand gegangen und habe die Einkaufstasche nach oben getragen. »Noch vor kurzem sagte sie, sie freue sich, dass mein Sohn ab und zu mit ihr ein Schwätzchen im Treppenhaus halte. Und jetzt soll er sie erstochen haben? Aus welchem Grund denn?«

Um mehr über das Wesen des Verdächtigen und ein mögliches Motiv zu erfahren, befragen die Ermittler Zeugen aus dem beruflichen Umfeld des jungen Mannes. »Lieb, nett, entgegenkommend, etwas schüchtern, engagiert« – so haben viele Arbeitskollegen Konstantin Färber erlebt. Seine Vorgesetzten sehen aber bei dem Mordverdächtigen eine deutliche Diskrepanz zwischen dem auch nach außen formulierten Selbstanspruch und seiner tatsächlichen Befähigung. Sein Berufsziel, Rettungssanitäter zu werden, sei unrealistisch gewesen, wird berichtet, Konstantin Färber habe sich bei verschiedenen Tätigkeiten als »völlig ungeeignet« erwiesen, insbesondere auch deshalb, weil er nicht in der Lage gewesen sein soll, mit anderen Menschen zu kommunizieren. So habe er während der Pausen die Arbeitskollegen nur angestarrt, aber nicht angesprochen. Deshalb sei »die Zusammenarbeit schwierig gewesen«. Zuletzt setzte man ihn nur noch als Fahrer für Blutkonserven und Medikamente ein. Trotz dieser Zurücksetzung war Konstantin Färber nicht davon abzubringen, sich als angehenden Rettungssanitäter zu sehen.

Auf den ersten Blick hat das berufliche Scheitern des jungen Mannes nichts mit dem Mord an Bertha Juskowiak zu tun. Bei näherer Betrachtung aber vielleicht doch. Möglicherweise suchte Konstantin Färber nicht nur nach einer Gelegenheit, um sich als Retter in der Not zu inszenieren und zu beweisen, sondern führte sie sogar herbei, als er Bertha Juskowiak lebensgefährlich verletzte, um sie dann heldengleich vor dem Tod zu bewahren. Nur wenn es sich so verhalten haben sollte, dann müsste auch erklärt werden, warum Konstantin Färber so oft und so brutal zustach. Insofern ergibt diese Überlegung keinen Sinn und wird von den Ermittlern schließlich verworfen.

Unzweifelhaft erscheinen hingegen jene Beweise, die wieder einmal Rechtsmediziner liefern. Und sie wiegen schwer. Denn, obwohl die Latexmaske »Justin, der Serienkiller« gereinigt wurde, haben Experten im Gesichtsbereich der Verkleidung Blutreste des Opfers nachweisen können und an der Innenseite Speichel des Beschuldigten. Demnach muss Konstantin Färber die Horrormaske zur Tatzeit getragen haben. Er muss mit dem Messer zugestochen haben, das in der Küche gefunden wurde, da am ockerfarbenen Griff Zellreste von Bertha Juskowiak festgestellt wurden. Doch weil nach wie vor ein Geständnis fehlt, halten sich die Ermittlungsbehörden mit öffentlichen Schuldzuweisungen und Mutmaßungen zur Tatmotivation zurück. »Es stellt sich so dar, dass der vermeintliche Helfer der Täter ist«, erklärt ein Vertreter der Staatsanwaltschaft während der Pressekonferenz. »Aber solange der Beschuldigte nicht mit uns redet, kennen wir das Motiv nicht.«

Wochen später tritt eine überraschende Wendung ein: Konstantin Färber lässt sich Wochen psychiatrisch begutachten und erzählt aus seinem Leben. Seine Vita ist die eines wenig intelligenten Menschen (IQ von 90), der es vornehmlich der Fürsorge und Beharrlichkeit seiner Mutter zu verdanken hat, dass er nicht auf die Sonderschule gehen muss, sondern die Realschule erfolgreich absolviert. Der Junge hat zeitlebens keine engen Freunde, auch keine Freundin, er ist eher ein Eigenbrötler. Sonst fehlen aber typische Merkmale bzw. Phasen einer Fehlentwicklung, die insbesondere bei jüngeren Mördern häufiger festzustellen sind: Konstantin reißt Fröschen keine Beine aus, schlägt sich nicht mit anderen Kindern, provoziert nicht, das Verhältnis zur Mutter ist überwiegend herzlich und vertrauensvoll, er interessiert sich weder für Ego-Shooter noch für andere Computerspiele, ebenfalls nicht für reale Serienmörder, er raucht nicht, trinkt keinen Alkohol und nimmt keine Drogen. Er begeht keine Straftaten, und er fällt auch nicht durch frag- oder merkwürdige Mitteilungen in Internetforen auf oder verschafft sich perverses Bildmaterial, um sich daran zu ergötzen.
Nach Einschätzung der Gutachter lässt sich der ihnen gegenüber freundliche und kooperative Proband mit nur drei Eigenschaftswörtern zutreffend beschreiben: unauffällig, unreif, unsicher. Allerdings vermuten die Sachverständigen, Konstantin Färber könnte beim Übergang vom Jugendlichen- ins Erwachsenenalter gescheitert sein, er habe entgegen seiner eigenen Erwartung realisieren müssen, dass auch schon an junge Menschen mitunter hohe Anforderungen ge-

stellt werden, an denen man auch scheitern kann, und niemand da ist, der für einen Ausgleich sorgt oder überhaupt Anteil nimmt, hilft. Allein Leistung zählt – eine wohl ziemlich deprimierende Erfahrung für jemanden, der andere Verhältnisse kennt und gewohnt ist.
Die Sachverständigen können keine psychiatrische Erkrankung oder seelische Störung mit Krankheitswert feststellen. Konstantin Färber wird als voll schuldfähig gesehen. Hingegen ist bei ihm von »Alexithymie« die Rede. Es handelt sich dabei nicht um eine Krankheit, sondern um ein Persönlichkeitsmerkmal. Betroffene nehmen Gefühle nicht wahr und können sie demzufolge auch nicht beschreiben, möglicherweise haben sie aber auch gar keine Empfindungen, sie sind gefühlstaub. Vielleicht hat Konstantin Färber nach der Tötung von Bertha Juskowiak deshalb nicht emotional reagiert, weil er dazu gar nicht fähig ist. Nur erklärt auch diese Annahme nicht, warum die Tat passiert ist. Selbst den Experten für die Abgründe der menschlichen Seele ist es nicht gelungen, dieses Rätsel zu lösen.

Die Staatsanwaltschaft indes ist davon überzeugt, die Motivation des Angeklagten zu kennen, und plädiert zu Beginn der Hauptverhandlung schließlich auf »Mordlust«. Konstantin Färber soll nach Auffassung der Anklagebehörde zwischen 21 Uhr und 21.30 Uhr seine Wohnung verlassen und vor der Tür seiner Nachbarin die besagte Horrormaske vor das Gesicht gezogen haben. In einem kleinen Flur neben der Eingangstür sei es zu der tödlichen Messerattacke gekommen. »Der Angeklagte hat aus Mordlust grausam getötet«, erklärt der Staatsanwalt, warum die Tat passiert ist. Dem jungen Mann sei es ausschließlich darauf angekommen, einen Menschen in Todesangst zu versetzen und sterben zu sehen. Konstantin Färber selbst ist anderer Meinung. Er habe die Tat nicht begangen, reklamiert er stoisch und will die erdrückenden Beweise nicht gelten lassen. Wenn es den ominösen Unbekannten gab, der spurlos in die Wohnung des Opfers eingedrungen ist, Bertha Juskowiak, ohne Spuren zu hinterlassen, getötet hat und genauso spurlos wieder verschwunden ist, wie ist dann das Blut des Opfers an der Halloween-Maske zu erklären? Und wie das Blut an dem Küchenmesser? Wie die Blutflecken auf der Rückseite seines Pullovers?

»Als der Notarzt den Tod der Frau festgestellt hatte, schickte mich ein Polizist nach oben, meinen Personalausweis zu holen«, versucht der Angeklagte zu erklären, was nicht zu erklären ist. »Der lag auf meinem Schreibtisch, wie die Maske. Wahrscheinlich habe ich sie mit meinen blutigen Händen berührt.« Danach will Konstatin Färber in die Küche gegangen sein und benutztes Geschirr zusammengeräumt haben. »Und dabei muss das Blut auf das Messer gekommen sein.« Um den Wahrheitsgehalt seiner Aussage überprüfen zu lassen, ist der Angeklagte sogar bereit, sich einem Lügendetektor-Test zu unterziehen. Der aber nicht stattfindet, weil gegen diese Form der Beweisführung in Deutschland grundsätzliche rechtliche Bedenken bestehen und das Gericht dazu auch keine Veranlassung sieht, weil bereits hieb- und stichfeste Beweise vorliegen.

Schließlich kommt der Tag der Urteilsverkündung, die mit Spannung erwartet wird, weil nach wie vor unklar geblieben ist, aus welchem Grund Konstantin Färber seine Nachbarin getötet hat. Der Angeklagte verfolgt die vorherigen Plädoyers der Staatsanwaltschaft und seines Verteidigers aufmerksam, sein maskenhaft wirkendes Gesicht lässt nicht erkennen, was in ihm vorgeht. Dann fragt ihn der Vorsitzende, ob er abschließend noch etwas sagen wolle – das letzte Wort des Angeklagten. Es steht ihm nach dem Gesetz grundsätzlich frei, was er sagen möchte. Und er könnte so lange sprechen, wie er wollte, nur bei einem eklatanten

Missbrauch seines Rederechts dürfte seine Redezeit beschränkt werden.
Konstantin Färber könnte jetzt noch die Kurve kriegen und ein Geständnis ablegen. Er könnte um ein gerechtes Urteil bitten. Um Milde. Gnade. Er könnte auch an sein Opfer erinnern. An dessen Leiden. Oder er könnte einfach nur sagen, dass es ihm leidtut. Doch Konstantin Färber bleibt sich treu und sagt: »Ich möchte noch mal versichern, dass ich nichts mit der Tat zu tun habe. Wenn ich der Täter gewesen wäre, hätte ich ja alle Zeit der Welt gehabt, die Maske und das Messer verschwinden zu lassen. Ich weiß, dass die Beweise sehr belastend sind, aber ich bleibe dabei: Ich war es nicht!« Vielleicht hätte Konstantin Färber gerne auch etwas anderes gesagt, etwas Versöhnliches, etwas Angemessenes, etwas Bemerkenswertes, das Richtige, die Wahrheit, doch wird es wohl eher so gewesen sein, dass er gar nicht anders konnte, als sich zu rechtfertigen, sich hinter sinnlosen Sätzen zu verschanzen und so die dunkle Seite in ihm zu verbergen. Andernfalls hätte eine schmerzhafte Demaskierung gedroht, eine Bloßstellung, der er sich nicht gewachsen sah. Dann besser Verdrängung.
Endlich kommt der Richterspruch. Man habe über ein »ganz abscheuliches Geschehen« zu urteilen, beginnt der Vorsitzende die Urteilsbegründung. Es sei bedauerlich, dass der Angeklagte die Tat nicht eingeräumt habe. Wer so große Schuld auf sich geladen habe, müsse sich auch Gedanken darüber machen, wie er den Weg zurück in die Gesellschaft finden könne. »Es ist ja nicht so, dass Ihr Leben heute endet«, gibt der Vorsitzende zu bedenken. »Ich hätte mir gewünscht, in Ihre Seele reingucken zu können. Und ich hoffe, dass Ihre Sprachlosigkeit nur Ausdruck Ihrer Unreife ist und der Angst, sich selbst zu begegnen.«
Überraschenderweise hat sich das Gericht nicht der Auffassung der Staatsanwaltschaft anschließen wollen, die als Mo-

tiv Mordlust angenommen hat. Vielmehr habe der Angeklagte heimtückisch, grausam und aus niederen Beweggründen gemordet. »Ein Motiv, abgesehen von seiner Verbitterung darüber, dass er seinen Wunschberuf nicht lernen konnte, gibt es nicht.« Bertha Juskowiak sei deshalb der ungezügelten Wut des Angeklagten ausgesetzt gewesen. Und für eine derart schwerwiegende Tat könne nur die Höchststrafe verhängt werden.

Obwohl das Verbrechen an Bertha Juskowiak mit dem Urteil seinen juristischen Abschluss gefunden hat, bedarf es einer kriminalpsychologischen Nachbetrachtung – zwei wichtige Fragen bleiben unbeantwortet: Warum ließ Konstantin Färber die Horrormaske und das Küchenmesser nicht verschwinden, obwohl er dazu alle Zeit der Welt gehabt hätte? Und könnte er nicht vielleicht doch aus Mordlust gehandelt haben, obwohl das Gericht anders geurteilt hat?

Maske und Messer

Konstantin Färbers Argumentation erscheint auf den ersten Blick durchaus plausibel – als Täter hätte er die Beweismittel dem Zugriff der Kripo logischerweise entziehen müssen, zumal ausreichend Zeit und Gelegenheit gewesen wären. Übersehen werden darf dabei jedoch nicht, dass die Klinge des Messers von Blut gereinigt wurde. Wahrscheinlich ging Konstantin Färber infolgedessen und in Unkenntnis der kriminaltechnischen Nachweismöglichkeiten irrig davon aus, bereits alles getan zu haben, um die andernfalls verräterischen Blutspuren zu beseitigen.
Bei der Horrormaske hingegen dürften zwei weitere Aspekte ausschlaggebend gewesen sein. Weil es keinen Tatzeugen gab, konnte auch niemand von der Maske wissen. Wahrscheinlich nahm Konstantin Färber an, die Kripo würde sich

deshalb für die Maske nicht interessieren und sie ignorieren. Und die an der Halloween-Verkleidung klebenden winzigen Blutspritzer dürfte er übersehen haben, weil er als unerfahrener Ersttäter mit einer Übertragung nicht rechnete und die täuschend echt aussehenden künstlichen Blutspuren von den echten nicht unterscheiden konnte. Möglicherweise war er bei der Reinigung der Maske aber auch nicht sorgfältig genug, ähnlich wie bei dem Küchenmesser, als es ihm nicht gelang, die Blutflecken am Griffstück zu entfernen.
Denkbar ist, wenn auch weniger wahrscheinlich, dass Konstantin Färber Maske und Messer als Souvenir aufbewahrt hat. Ein solches Verhalten wurde bereits bei vielen Mördern beobachtet, die ihrer Frau oder Freundin beispielsweise Schmuck oder Kleidungsstücke der Opfer geschenkt haben – ein stiller Beweis der eigenen Macht und vermeintlichen Großartigkeit. Vielleicht ist Konstantin Färber aus ebendiesem Grund ein erhöhtes Risiko eingegangen.

Mordmotiv

Das Gericht verurteilte Konstantin Färber unter anderem wegen Mordes aus niederen Beweggründen und nahm an, er habe Bertha Juskowiak getötet, weil er aus beruflichen Gründen frustriert gewesen sei, wütend, außer sich. Aber warum wütend auf Bertha Juskowiak? Und warum ausgerechnet an diesem Tag, zu dieser Uhrzeit, an dieser Örtlichkeit? Wo ist der aktuelle Bezug, der Anlass?
Konstantin Färber hat nach eigenen Angaben kurz vor der Tat einen Film gesehen: »Saw«. Eine Mischung aus Horror- und Splattermovie, in dem ein psychopathischer Serienkiller (»Jigsaw«) seine Opfer in ausweglos erscheinende Bedrohungsszenarien manövriert, die entweder nicht überlebt werden können oder große Leiden bedeuten, weil sich beispielsweise jemand den Fuß absägen muss, um sich aus der

Fesselung zu befreien und an einen Schlüssel zu gelangen, der die Freiheit verheißt.

In diesem Film kommen zwei Szenen vor, die deutliche Parallelen zu Bertha Juskowiaks Tötung aufweisen: Der erbarmungslose Serienkiller versteckt sich lange Zeit hinter einer blutbesudelten Maske, und eines seiner Opfer wird mit einem Messer grausam niedergemetzelt. Dabei dürfte die von Konstantin Färber getragene Maske nicht nur Ausdruck seiner mörderischen Gesinnung gewesen, sondern bewusst auch als Mittel eingesetzt worden sein, um sich besser in die Rolle des Täters einfinden und die eigene Identität dem Opfer gegenüber verschleiern zu können. Wahrscheinlich wäre er ohne Maske zu dieser Tat gar nicht fähig gewesen.

Auch die Intensität und die Vielzahl der gesetzten Messerstiche korrespondieren mit der cineastischen Messerszene. Möglicherweise hat der junge Mann sich spontan zu dieser Tat entschlossen, denkbar ist auch – die Kriminalgeschichte kennt viele vergleichbare Fälle –, dass Konstantin Färber sich durch diesen Horrorfilm gezielt inspiriert und stimuliert hat. Wenn es so gewesen sein sollte, dann dürfte er das Opfer tatsächlich getötet haben, um zu erleben, wie das ist, wie es sich anfühlt, einen Menschen sterben zu sehen und sich daran zu erfreuen. Ob er beim Zustechen tatsächlich so empfunden hat, ist dabei jedoch unerheblich.

Allein der Beweis fehlt. Konstantin Färber hat den Mord an Bertha Juskowiak vehement abgestritten und zu seiner Motivation geschwiegen. Von Mordlust keine Rede. Auch wenn die besonderen Umstände der Tat und ihre Durchführung Mordlust als Motiv nahelegen, ist sie nicht erwiesen, keine unumstößliche Tatsache. Und wahrscheinlich hat das Gericht dieses Mordmerkmal nicht positiv festgestellt, um das Urteil revisionssicher, also unangreifbar zu machen. Eine juristisch sicher vertretbare Vorgehensweise, auch wenn das Urteil und seine Begründung aus Konstantin Färber einen anderen Täter machen. Es gelingt eben immer noch zu selten, das sphinxhafte Wesen des Mordlüsternen zu entschlüsseln und zu durchschauen. Und solange die Täter schweigen und es ihnen gelingt, sich zu maskieren und ihre Opfer zu düpieren, werden sie uns immer einen Schritt voraus sein.

Nachwort

Es gibt sie tatsächlich, typische Merkmale, die mordlüsterne Täter in der Mehrzahl der Fälle (65 Prozent und mehr, siehe Anhang) beschreiben, typisieren: männlich, jünger als 30 Jahre, ledig, deutscher Staatsangehöriger, durchschnittlich intelligent, mäßige schulische Leistungen, Hauptschulabschluss, beruflich gescheitert oder wenig erfolgreich, polizeibekannt oder vorbestraft. Mordlust entwickeln also in erster Linie jene Menschen, deren Vita brüchig ist, die vornehmlich negative Lebenserfahrungen gemacht haben.

Nur muss bezweifelt bleiben, ob die genannten Merkmale und die Mordlust der Merkmalsträger kausal miteinander verbunden sind. Denn die allermeisten Menschen mit einer sehr ähnlichen Vita haben nicht das Bedürfnis, seinesgleichen niederzumachen. Wahrscheinlich handelt es sich bei dieser recht spezifischen Phänomenologie um bloße Nebeneffekte einer sich individuell vollziehenden Fehlentwicklung, die sich im Einzelfall gleichwohl im negativen Sinne verhaltensbegünstigend auswirken können. Ein Teufelskreis?

Das charakteropathische Profil der Täter unterscheidet sich ebenfalls signifikant von dem der Normalbevölkerung. 68 Prozent der Mörder leiden unter mindestens einer Persönlichkeitsstörung, wobei dissoziale und schizoide Elemente deutlich dominieren. In den übrigen Fällen handelt es sich um Menschen, die nicht als krank im Sinne klinischer Diagnostik einzustufen sind, wohl aber akzentuierte Charaktermerkmale erkennen lassen, also jenseits der Norm, jedoch nicht krankhaft, irgendwo dazwischen.

Etwas differenzierter betrachtet kennzeichnet die Täter eine flache Affektivität, sie erscheinen gemütsarm, selbstverliebt und sind leicht zu kränken. Andererseits neigen sie zur

Selbstüberschätzung, es fehlt die Sensibilität für soziale Normen und Werte, sie leiden unter emotionaler Instabilität und verfügen über eine gering ausgeprägte Frustrationstoleranz und Kritikfähigkeit. Allerdings lässt auch diese nicht abschließende Aufzählung keine generalisierende Aussage zu, weil die genannten Merkmale zwar gehäuft auftreten, nur eben jeweils in unterschiedlicher Zusammensetzung und Ausprägung. Im Einzelfall gar nicht. Ein idealtypisches Charakterprofil bleibt demnach eine Illusion.

Ähnlich verhält es sich, wenn nach Auffälligkeiten im Familienverband der Täter gefragt wird. Gewiss, eine gestörte Eltern-Kind-Beziehung, die emotionale Vernachlässigung durch Mutter oder Vater oder beide, eine Trennung bzw. Scheidung der Erziehungsberechtigten, mehrjährige Verweilzeiten in Erziehungsheimen oder bei Pflegeeltern und eine fehlende Vorbildfunktion der Eltern sind ungünstige Rahmenbedingungen, die Kinder und Jugendliche während der sensiblen Reifezeit vor große Probleme stellen, empfänglicher machen für normabweichende Grundhaltungen und eine positive Entwicklung beeinträchtigen können. Nur lässt sich anhand dieser Faktoren eben nicht zwanglos herleiten, warum nur die allerwenigsten Menschen mit gravierenden Problemen in der Primärfamilie irgendwann abdriften und mordlüsterne Vorstellungen bzw. Bedürfnisse entwickeln.

Anders liegen die Dinge, wenn der Fokus auf das Sozialverhalten der Täter gerichtet wird. In diesem Kontext sind zwei Grundpositionen zu beobachten, die sehr unterschiedlich sind, aber auf der Metaebene wieder zusammengeführt werden können. Entweder sind die Täter verschroben wirkende, überangepasste Einzelgänger, oder aber sie leben als chronische Missachter von Normen und Rechtsbrecher jenseits der sozialen Ordnung. Bei unterschiedlicher inhaltlicher Ausschärfung verbindet beide Lebensmodelle indes die größtenteils selbst gewählte Außenseiterposition und die damit verbundene Verhaltensauffälligkeit.

Noch deutlicher wird dieser innere Zusammenhang, wenn man berücksichtigt, dass nahezu alle Täter ein lediglich marginal ausgeprägtes Selbstwertgefühl entwickeln und unter ihrem sozialen Status, ihrer vermeintlichen Bedeutungslosigkeit, leiden. Man könnte die Freude an der Vernichtung eines Menschenlebens darum nicht nur als pathologisches Verhalten verstehen oder deuten wollen, sondern unter Umständen als soziologisch determiniertes.

Jeder Mensch benötigt neben anderen Voraussetzungen ein gesundes und gesichertes Selbstwertgefühl, um für die Aufgaben des Alltags, aber auch für besondere Herausforderungen des Lebens gerüstet zu sein. Diese Ich-Stärke wird niemandem in die Wiege gelegt, sie muss von Kindern und Heranwachsenden mühsam erworben, erstritten oder erkämpft und gepflegt werden. Wer ein schwaches Selbstwertgefühl hat, dem gelingt es nur schwer und viel zu selten, widersprüchliche Erfahrungen, Enttäuschungen, Zurücksetzungen oder Kränkungen zu akzeptieren und in das Selbstbild zu integrieren. Die Konsequenz daraus ist eine zutiefst widersprüchliche Existenz, eine scheinbar unüberwindbare Kluft zwischen Sein-sollen und Sein-wollen, eine ausgeprägte Identitätsunsicherheit. Es mangelt an einem gewachsenen und wehrhaften Selbstkonzept, die Präsentation der eigenen Person und Persönlichkeit misslingt.

Erfolgserlebnisse in unterschiedlichen Lebensbereichen, positive Erfahrungen mit der sozialen Umwelt und mit sich selbst, aber auch die wiederkehrende Selbstbestätigung sind Basiselemente für ein stabiles Selbstbild und Ich-Gefühl. Menschen mit dieser sozialen Konstitution und Einbindung besitzen zweifellos Fähigkeiten, um sich auch in sozialen bzw. zwischenmenschlichen Konflikten behaupten und durchsetzen zu können und werden – dieser Erfahrungswert darf als gesichert gelten – vergleichsweise selten verhaltensauffällig oder delinquent.

Ein schwaches Selbstbewusstsein und eine schwankende Selbsteinschätzung fördern die Neigung, sich der andernfalls drohenden Stigmatisierung als Schul-, Berufs-, Beziehungs- oder Lebensversager zu entziehen (Einzelgängertum) oder das als feindselig empfundene und erlebte soziale System zu negieren und eine scheinbar unabhängige, radikale Position zu beziehen (Dissozialität). Am Ende dieser Entwicklung stehen entweder Bindungs- oder Haltlosigkeit, in jedem Fall aber Orientierungslosigkeit. Und genau diese Formen des sozial abweichenden Verhaltens sind charakteristisch für Täter, denen es bei ihren Morden in erster Linie oder ausschließlich um die bloße Vernichtung eines Menschenlebens geht. Die Taten haben eben keinen übergeordneten Zweck, sondern beseitigen allein die soziale Existenz des Opfers, die der Täter zerstört, glaubt, vernichten zu müssen, weil sie für ihn letztlich unerreichbar bleibt und eine fortwährende Provokation darstellt. Insofern könnte tatsächlich eine unterschiedlich ausgeprägte Kausalität zwischen dem sozialen Status des Täters und seiner Zielrichtung bestehen.

Die Motivation, zu töten, lässt sich im Wesentlichen auf zwei Bedürfnisse zurückführen, die unterschiedlicher Natur sind und nicht nur das tatbezogene, sondern auch das künftige Verhalten des Täters maßgeblich beeinflussen. Am häufigsten darf die Mordlust als emotionales und seelisches Stimulans verstanden werden, als besonderer Kick, den sich der Täter erhofft. In diesen Fällen ist ausnahmslos eine genau dieses Thema betreffende Fehlentwicklung zu beobachten, die sich regelmäßig über Jahre erstreckt und mit entsprechenden Phantasien verbunden ist oder wiederkehrenden, eher diffus erlebten, kaum oder gar nicht beherrschbaren Erregungszuständen.

Ich gebe ein Beispiel: Erstmals verspürt er den Drang, einen

Menschen zu töten, als er zehn oder elf Jahre alt ist. Ausgeguckt hat er eine junge Frau aus der Nachbarschaft. Sein Plan sieht vor, das Opfer zu erstechen. Doch es passiert nichts dergleichen, weil das Bedürfnis so überraschend schnell verschwindet, wie es gekommen ist. Erst Jahre später meldet sich dieses angenehm-unangenehme Gefühl wieder, als er in einer Diskothek eine 22-jährige Studentin kennenlernt, sie aber zwei Stunden später nach Hause geht, ohne ihn, grußlos. Er folgt ihr, läuft hinterher, stürzt sich von hinten auf die Frau und würgt sie, weil er den Drang, zu töten, nicht mehr zurückweisen kann oder will. Das Opfer wehrt sich heftig und kann schließlich fliehen. Als er sieht, wie die Frau davonläuft, wird er »wach«. Auch die Mordlust ist nun »weg«.

Anderthalb Jahre später, er hat zu der Zeit eine Freundin, macht sich dieser Tötungsdrang wieder bemerkbar, als er in der Küche steht und Geschirr abspült. Er versucht zunächst, die Gedanken, eine Frau umzubringen, zurückzudrängen, aber irgendwann sitzt er doch in seinem Auto, schwitzend, zitternd, suchend, verlangend. Warum, weiß er nicht, jedenfalls spürt er den Drang irgendwann nicht mehr, vielleicht, weil er sich auf das Autofahren konzentrieren muss, und fährt unverrichteter Dinge zurück in seine Wohnung. Ähnliches wiederholt sich in unregelmäßigen Abständen. Erst als er 28 Jahre alt ist, tötet er eine Frau, danach noch eine, schließlich eine dritte.

Mörder wie er brauchen lange, um sich erstmals an ein Opfer heranzuwagen, sich die Tat zuzutrauen und die Rolle des Täters konsequent auszufüllen. Diese Form der sogenannten Progredienz ist typisch und der Grund dafür, dass der Tötungswunsch im Laufe der Zeit verinnerlicht wird und sich zu einem unrhythmisch aufflammenden, bedeutsamen Bedürfnis entwickeln kann. Gleichzeitig beinhaltet eine solche Fehlentwicklung aber auch die Gefahr der Tatwiederholung,

weil die Mordlust einerseits als ekstatischer Zustand erlebt wird und andererseits durch die Tatvollendung die ihr zugrundeliegende Ursache nicht beseitigt wird.
Anders hingegen liegen die Dinge bei solchen Tätern, die den Tötungsakt selbst nicht mit starken Emotionen verbinden, sondern in aller Regel mit genau diesen beiden Fragen: Wie ist das wohl? Schaffe ich das? Motivrelevant ist hier nicht der Drang, einen Menschen zu töten, um sich daran zu ergötzen, sondern pathologisch eingefärbte Neugier. Dementsprechend entfällt in diesen Fällen das Bedürfnis bzw. die Notwendigkeit einer Wiederholung, weil die Neugier final befriedigt werden kann. Ähnlich ist es bei Tätern, die aus einer vergleichbaren Motivation heraus morden, beispielsweise, weil sie die Tötung eines x-beliebigen Menschen als sportliche Herausforderung betrachten. Oder als mutprobenartigen Nervenkitzel, den es auszuhalten gilt.
Die hohe Emotionalität der Täter spiegelt auch ihr Verhalten wider. Während bei gewöhnlichen Tötungsdelikten etwa 50 Prozent der Opfer mit dem Leben davonkommen (belegt durch jährliche Statistiken des Bundeskriminalamts), ist die Überlebensquote bei Taten aus Mordlust sehr gering, eigentlich nicht vorhanden. Denn bei den von mir untersuchten Taten überlebte nur eine junge Frau, und auch nur deshalb, weil der Angreifer irrig annahm, er habe das Opfer bereits getötet. Die Zielstrebigkeit und Erbarmungslosigkeit der Täter sind fraglos sichere Kennzeichen der Mordlust.
Als Tatwaffen werden Messer und Pistole favorisiert, die Opfer erleiden regelmäßig multiple Verletzungen, gewöhnlich dauert eine solche Tat länger als eine halbe Stunde. In jedem zweiten Fall kommt es zu einem »Overkill«, es wird also wesentlich mehr Gewalt angewendet, als zur bloßen Tötung notwendig wäre. Diese bedrückenden Erkenntnisse sind Beweis für die hochabnorme Emotionalität und Maßlosigkeit der Täter, die den Tötungsakt in ihrem Sinne gestal-

ten, mitunter zelebrieren, um das eigene Empfinden zu steigern oder überhaupt erst spüren zu können.

Das typische Opfer ist männlich, jünger als 30 Jahre, ledig und Deutscher, stammt aus derselben sozialen Schicht wie der Täter und kennt seinen Mörder. Allerdings besteht kein persönliches oder intimes Verhältnis, weil es den Tätern sonst nicht gelingt, vor der Tötung Hemmungen und Schamgefühle zu überwinden. Zwischen Tätern und Opfern gibt es keine signifikanten Altersunterschiede. Auch lange nachdem die Taten stattgefunden haben, können die Mörder weder für ihre Opfer Mitleid empfinden noch die Tat bereuen. Insofern sind gerade solche Verbrechen auch ein Menetekel für die Abgründigkeit der menschlichen Seele, deren Verwerfungen uns immer wieder fassungslos und ratlos zurücklassen.

Anhang

Synopse
»Tötungsdelikte aus Mordlust«
(Bundesrepublik Deutschland 1970–2012)

1. Merkmalshäufigkeiten bei Tötungsdelinquenten (N = 25)

1.1 Lebensalter zum Zeitpunkt der Tat* (N = 25)

Alter	Häufigkeit %
0–13 Jahre	0
14–20 Jahre	60
21–30 Jahre	28
31–40 Jahre	8
41–50 Jahre	0
51–60 Jahre	4
> 61 Jahre	0

***bei Serientätern: Alter zum Zeitpunkt der ersten Tat**

1.2 Geschlecht

Merkmale	Häufigkeit %
weiblich	4
männlich	96

1.3 Familienstand

Merkmale	Häufigkeit %
ledig	96
geschieden	4

1.4 Nationalität

Merkmal	Häufigkeit %
Migrationshintergrund	4
Ausländer	8
deutscher Staatsangehöriger	88

1.5 Intelligenz

Merkmal	Häufigkeit %
sehr gute Intelligenz (IQ 120–139)	4
gute Intelligenz (IQ 110–119)	12
durchschnittliche Intelligenz (IQ 90–109)	64
geringe Intelligenz (IQ 80–89)	20
leichte Debilität (IQ 70–79)	0

1.6 Ausgeübte berufliche Tätigkeit

Merkmal	Häufigkeit %
Lehre als Handwerker	24
Arbeiter	12
Handwerker	8
Angestellter	12
Soldat	8
arbeitslos	36

1.7 Besuchte Schulform

Merkmal	Häufigkeit %
Sonderschule	4
Hauptschule	80
Realschule	12
Gymnasium	4

1.8 Schulische Leistungen

Merkmal	Häufigkeit %
überdurchschnittlich	4
durchschnittlich	40
unterdurchschnittlich	56
Klassenwiederholer	64
ohne Schulabschluss	16

1.9 Auffälligkeiten in der Primärfamilie*

Merkmal	Häufigkeit %
durch Eltern verwöhnt	4
gestörte Vater-Kind-Beziehung	8
Gewalttätigkeiten	24
gestörte Mutter-Kind-Beziehung	28
Aufenthalt bei Pflegeeltern	28
Heimaufenthalt(e)	32
fehlende Vorbildfunktion bei mind. einem Elternteil	40
emotionale Vernachlässigung durch mind. ein Elternteil	52
Trennung der Eltern/Scheidung	60
Auffälligkeiten ohne Differenzierung	88

**Mehrfachnennungen möglich*

1.10 Sozialverhalten*

Merkmal	Häufigkeit %
überangepasst	20
dominant	24
bindungsgestört	28
dissozial	36
Sozialkontakte oberflächlich	36
kontaktarm	40
einzelgängerisch	56
verhaltensauffällig ohne Differenzierung	92

**Mehrfachnennungen möglich*

1.11 Deviante Persönlichkeitsmerkmale / Persönlichkeitsstörungen nach ICD 10*

Merkmal	Häufigkeit %
F 60.4 – histrionisch hohe Suggestibilität; oberflächliche / labile Affektivität; Egozentrik; Selbstbezogenheit; manipulatives Verhalten	4
F 60.0 – paranoid übertriebene Empfindlichkeit bei Rückschlägen oder Zurücksetzung; hohes Misstrauen; Streitsucht; überhöhtes Selbstwertgefühl; ungerechtfertigte Verschwörungstheorien	4
F 60.3 – emotional instabil verminderte Impulskontrolle; emotionale Labilität; morose Verstimmungszustände; geringe Planungsfähigkeit; episodenhafte / eruptive Gewalt; mangelnde Kritikfähigkeit	20

Merkmal	Häufigkeit %
F 60.8 – narzisstisch egoistisches Verhaltensensemble; Selbstverliebtheit; extreme Kränkbarkeit; Neigung zur Selbstüberschätzung	32
F 60.2 – dissozial Gemütsarmut; Verantwortungslosigkeit/Missachtung sozialer Normen; Unvermögen zur Beibehaltung längerfristiger Beziehungen; geringe Frustrationstoleranz; Unfähigkeit zum Lernen aus Bestrafung; Schuldzuweisungen an Dritte	36
F 60.1 – schizoid generelle Antriebsschwäche; flache Affektivität; Gleichgültigkeit gegenüber Lob/Kritik; Bindungsschwäche; übermäßige Phantasierlichkeit/Introspektion; fehlende Sensibilität hinsichtlich gesellschaftlicher Regeln/Normen	36
Persönlichkeitsstörungen insgesamt	68
akzentuierte Persönlichkeitszüge	32

**Mehrfachnennungen bei F 60.0 bis F 60.8 möglich*

1.12 Negative Beeinflussung der Persönlichkeitsentwicklung durch Medien*

Merkmal	Häufigkeit %
negative Beeinflussung nachgewiesen	44,0
durch pornographische Darstellungen (filmisch)	8
durch Bücher/Zeitschriften	12
durch Darstellungen im Internet	32
durch Gewalt- und Horrorfilme	40

**Mehrfachnennungen möglich*

1.13 Ausbildung von Gewalt- und Tötungsphantasien

Merkmal	Häufigkeit %
langjährige Phantasietätigkeit	48
progrediente Form (im Laufe der Zeit ausufernd)	48
deviante Phantasien bei Tötung umgesetzt	40

1.14 Vortaten/Vorstrafen*

Merkmale	Häufigkeit %
Tötungsdelikt	4
Freiheitsberaubung	4
Raubdelikt	12
Sexualdelikt	12
Drogendelikt	20
Körperverletzungsdelikt	40
Diebstahlsdelikt	48
Verurteilungen	60
Haftstrafen	20

**Mehrfachnennungen bei Vortaten möglich*

1.15 Alkoholkonsum

Merkmal	Häufigkeit %
kein Konsum	4
gelegentlich	64
regelmäßig	32
abhängig	0

1.16 Drogenkonsum

Merkmal	Häufigkeit %
kein Konsum	72
gelegentlich	12
regelmäßig	16
abhängig	0

1.17 Motivationsstruktur*

Merkmal	Häufigkeit %
Mordlust (allein)	80
Verdeckungsabsicht	4
Frustration über Lebenssituation	8
Wut/Hass	12
Tat als Mutprobe	12

**Mehrfachnennungen bei anderen Motivationen als Mordlust (allein) möglich*

2. Merkmalshäufigkeiten bei Opfern (N = 30)

2.1 Lebensalter zum Zeitpunkt der Tat

Alter	Häufigkeit %
0–13 Jahre	16,7
14–20 Jahre	23,3
21–30 Jahre	30,0
31–40 Jahre	6,7
41–50 Jahre	3,3
51–60 Jahre	13,3
61–70 Jahre	3,3
> 70 Jahre	3,3

2.2 Geschlecht

Merkmale	Häufigkeit %
männlich	63,3
weiblich	36,7

2.3 Familienstand

Merkmale	Häufigkeit %
ledig	83,3
verheiratet	10,0
geschieden	3,3
verwitwet	3,3

2.4 Nationalität

Merkmal	Häufigkeit %
deutsch	96,7

2.5 Ausgeübte berufliche Tätigkeit

Merkmal	Häufigkeit %
Auszubildender	6,7
Lehre als Handwerker	16,7
Arbeiter	10,0
Angestellter	13,3
Akademiker	3,3
arbeitslos	50,0

3. Merkmalshäufigkeiten bei Taten (N = 30)

3.1 Alleintäterschaft vs. gemeinschaftliche Tatausführung

Merkmal	Häufigkeit %
Alleintäter	76

3.2 Vollendete vs. versuchte Taten

Merkmal	Häufigkeit %
Opfer getötet	96,7

3.3 Tötungsarten

Merkmal	Häufigkeit %
Überfahren	3,3
Erdrosseln	6,7
Erwürgen	6,7
Ertränken	6,7
Erschlagen	10,0
Erschießen	20,0
Erstechen	46,7

3.4 Tatmittel

Merkmal	Häufigkeit %
Kabel	3,3
Schal	3,3
Schraubendreher	3,3
Pkw	3,3
Hammer/Beil	6,7
Knüppel/Baseballschläger	6,7
Hände/Füße	10,0
Pistole	20,0
Messer/Bajonett	43,3

3.5 Overkill (Übertöten)/Phänomenologie*

Merkmal	Häufigkeit %
Overkill nachgewiesen	53,3
multiple Verletzungen durch stumpfe Gewalt	6,7
Abtrennen von Körperteilen/Genitalien	6,7
mehrfache Schussabgabe	13,3
multiple Stichverletzungen	26,7

**über den Tötungsakt hinausgehende Gewaltanwendung*

3.6 Geographische Ausprägung des Verbrechens – Kontaktort

Merkmal	Häufigkeit %
Spielplatz	3,3
öffentliche Toilette	3,3
Diskothek	3,3
Wohnung des Täters	6,7
Gaststätte/Restaurant/Hotel	10,0
Straße/Weg (städtisch)	20,0

Merkmal	Häufigkeit %
Wald/Grünanlage/Freizeitpark (außerstädtisch)	23,3
Wohnung des Opfers	30,0

3.7 Täter-Opfer-Interaktion bei Kontakt

Merkmal	Häufigkeit %
Täter manipuliert Opfer durch Kommunikation/List	53,3
Täter wendet sofortige/überfallartige Gewalt an	46,7

3.8 Geographische Ausprägung des Verbrechens – Tatort

Merkmal	Häufigkeit %
öffentliche Toilette	3,3
Straße/Weg (städtisch)	6,7
Gewässer	6,7
Wohnung des Täters	20,0
Wohnung des Opfers	26,7
Wald/Feld/Grünanlage/Freizeitpark (außerstädtisch)	36,7
Kontaktort = Tatort	43,3

3.9 Geographische Ausprägung des Verbrechens – Leichenfundort (N = 29)

Merkmal	Häufigkeit %
Wohnung des Täters	3,5
Straße/Weg (städtisch)	6,9
Gewässer	6,9
Wohnung des Opfers	27,6

Merkmal	Häufigkeit %
Wald/Feld/Grünanlage/Freizeitpark (außerstädtisch)	55,2
Leichenbeseitigung	34,5

3.10 Beeinflussung des Täters durch Fremdsubstanzen (N = 30)

Merkmal	Häufigkeit %
Drogen	3,3
Alkohol und Drogen	3,3
Alkohol	30,0
Beeinflussung durch Fremdsubstanzen insgesamt	36,7
dadurch verminderte Schuldfähigkeit	0

3.11 Täter-Opfer-Beziehung/Phänomenologie

Merkmal	Häufigkeit %
vordeliktische Täter-Opfer-Beziehung vorhanden	46,7
<u>Opfer stammt aus beruflichem Umfeld des Täters</u> Arbeitskollege	3,3
<u>Opfer stammt aus persönlichem Umfeld des Täters</u> Ex-Freund(in)	6,7
<u>Opfer stammt aus sozialem Umfeld des Täters</u> Nachbar, Bekanntschaft, Familienangehöriger der Bekanntschaft, ehemaliger Schulfreund	36,7

3.12 Tatzeit

Merkmal	Häufigkeit %
06.00 Uhr – 14.00 Uhr	13,3
14.00 Uhr – 22.00 Uhr	63,3
22.00 Uhr – 06.00 Uhr	23,3

3.13 Dauer des Verbrechens*

Merkmal	Häufigkeit %
kürzer als 5 Minuten	26,7
länger als 15 Minuten	26,7
länger als 30 Minuten	23,3
länger als 1 Stunde	23,3

**Zeitraum von Ansprache des Opfers bis ggf. Vollendung der Leichenbeseitigung*

3.14 Opferauswahl

Merkmal	Häufigkeit %
Opfer gezielt ausgewählt	60,0
Opfer im Internet gefunden	6,7
Opfer durch Kontaktanzeige gefunden	6,7
aufgrund vordeliktischer Täter-Opfer-Beziehung	46,7

3.15 Geplante vs. spontane Taten

Merkmal	Häufigkeit %
Tat geplant	36,7
Tatwaffe mitgeführt	70,0

3.16 Gruppendynamik / Mittäterschaft als tatauslösendes Element (N = 25)

Merkmal	Häufigkeit %
Gruppendynamik / Mittäterschaft nachgewiesen	24
besonders enge Freundschaft der Täter	4
Internetforum als Begegnungsstätte / Inspiration	8
Jugendclique mit / ohne politischen Hintergrund	12

Benutzte und empfohlene Literatur

Abbott, A.: *Into the mind of a killer.* Nature Bd. 410, S. 296–298.

Adorno, T. W.: *Minima Moralia. Reflexionen aus dem beschädigten Leben.* Suhrkamp: Frankfurt / M., 1969.

Anonymus: *Niederschriften über die Sitzungen der Großen Strafrechtskommission, 7. Band (Besonderer Teil), 67. – 75. Sitzung.* Bonn, 1959.

Anonymus: *Wenn der Blutrausch kam.* Der Spiegel 1951 (Heft 7. Februar), S. 9.

Bartels, K.: *Serial Killers: »Erhabenheit in Fortsetzung«.* Kriminologisches Journal 1997 (6. Beiheft), S. 160–182.

Bauer, G.: *Jürgen Bartsch.* Archiv für Kriminologie Bd. 144, S. 61–91.

Bauer, G.: *Gewalttätige Triebverbrecher.* Münchener Medizinische Wochenschrift 1971, S. 1089–1096.

Bauer, G.: *Die Problematik der Triebverbrechen aus kriminalistischer Sicht.* Der Kriminalist 1972, S. 15–20.

Bauer, G.: *Kindermorde, die vermeidbar waren.* Der Kriminalist 1979, S. 320–326.

Bauer, G.: *Serien- und Wiederholungsmörder – Probleme der Ermittlung und Verhütung,* in: Göppinger, H. / Bresser P. (Hrsg.): *Tötungsdelikte,* Enke: Stuttgart, 1980, S. 211–221.

Berg, S.: *Das Sexualverbrechen.* Kriminalistik: Hamburg, 1963.

Boor, W. de: *Über motivisch unklare Delikte. Ein Beitrag zur Strafrechtsreform.* Springer: Berlin, 1959.

Braun, G.: *Die Bestie im freundlichen Nachbarn.* Polizei-Digest 1983 (Heft 5), S. 56–64.

Breland, M.: *Motivlose Taten.* Kriminalistik 1973, S. 496–499.

Brinkbäumer, K.: *»Die Luft ging raus aus ihr«.* Der Spiegel 2003 (Heft 4), S. 46–49.

Brückner, G.: *Zur Kriminologie des Mordes.* Kriminalistik: Hamburg, 1961.

Bundesgerichtshof, Urteil vom 07. 07. 1953. Neue Juristische Wochenschrift 1953, S. 1440.

Bundesgerichtshof, Urteil vom 15. 04. 1986. Neue Juristische Wochenschrift 1986, S. 517–519.

Bundesgerichtshof, Urteil vom 12. 01. 1994. Monatsschrift für Deutsches Recht 1994, S. 601.

Bundesgerichtshof, Urteil vom 22.08.1995. Juristische Zeitung 1996, S. 108.

Bundesgerichtshof, Urteil vom 14.12.1999. Neue Zeitschrift für Strafrecht-Rechtsprechungsreport 2002, S. 67.

Bundesgerichtshof, Urteil vom 09.08.2001. Der Strafverteidiger 2002, S. 416–420.

Bundesgerichtshof, Urteil vom 19.10.2001. Juristische Zeitung 2002, S. 567–568.

Bundesgerichtshof, Urteil vom 08.11.2001. Neue Zeitschrift für Strafrecht-Rechtsprechungsreport 2002, S. 122–124.

Bundesgerichtshof, Urteil vom 19.10.2011. Juristische Schulung 2012, S. 562–563.

Bundesgerichtshof, Urteil vom 21.02.2012. Neue Zeitschrift für Strafrecht-Rechtsprechungsreport 2012, S. 181–182.

Dilling, H. et al. (Hrsg.): *Internationale Klassifikation psychischer Störungen.* ICD-10 *Kapitel V (F). Klinisch-diagnostische Leitlinien.* Hans Huber: Bern, Göttingen, Toronto, Seattle, 1993 (5. Aufl.).

Dotzauer, G./Jarosch, K.: *Tötungsdelikte.* Bundeskriminalamt: Wiesbaden, 1971.

Eckert, R. et al.: *»Ich will halt anders sein wie die anderen!« Abgrenzung, Gewalt und Kreativität bei Gruppen Jugendlicher.* Leske & Budrich: Opladen, 2000.

Egg, R. (Hrsg.): *Tötungsdelikte – mediale Wahrnehmung, kriminologische Erkenntnisse, juristische Aufarbeitung.* Kriminologische Zentralstelle: Wiesbaden, 2002.

Eisenberg, U.: *Mord durch einen Jugendlichen an einem 7-Jährigen aus Mordlust und Verhängung einer Jugendstrafe.* Neue Zeitschrift für Strafrecht 2008, S. 95–96.

Fabricius, D.: *Zur Mordlust im Sinne von StGB § 211 (f).* Der Strafverteidiger 1995, S. 637–638.

Fischer, T.: *Strafgesetzbuch mit Nebengesetzen.* Beck: München, 2012.

Foucault, M.: *Die Ordnung der Dinge. Eine Archäologie der Humanwissenschaften.* Suhrkamp: Frankfurt/M., 1971.

Fromm, E.: *Anatomie der menschlichen Destruktivität.* Rowohlt: Reinbek, 1977.

Friedrichsen, G.: *»Wenn du nicht endlich gestehst«.* Der Spiegel 1992 (Heft 27), S. 85–92.

Friedrichsen, G.: *… sexuelle Dürrezeit unterstellt.* Der Spiegel 1992 (Heft 37), S. 75–84.

Friedrichsen, G.: *»Schweinenett zu den Frauen«*. Der Spiegel 1993 (Heft 15), S. 97–106.

Füllgrabe, U.: *Serien-Scharfschützen und der Caligula-Effekt.* Kriminalistik 2002, S. 730–735.

Geerds, F.: *Zum Tatbestandsmerkmal der Mordlust.* Juristische Rundschau 1986, S. 519–520.

Göppinger, H. / Bresser, P. (Hrsg.): *Tötungsdelikte: Bericht über die XX. Tagung der Gesellschaft für die gesamte Kriminologie vom 4. bis 6. Okt. 1979 in Köln.* Enke: Stuttgart, 1980.

Grasberger, U.: *Die (mangelnde) Eignung der Mordmerkmale zur Festlegung besonders strafwürdiger Fälle.* Monatsschrift für Kriminologie und Strafrechtsreform 1999, S. 147–159.

Graser, P. / Fittkau, K.-H.: *Töten ohne Anlass.* Kriminalistik 2004, S. 533–541.

Grotendiek, S.: *Zur Vorwerfbarkeit der Mordlust als niedrigem Beweggrund.* Neue Zeitschrift für Strafrecht 2003, S. 118–122.

Hacker, F.: *Aggression. Die Brutalisierung der modernen Welt.* Molden: Wien, 1971.

Häcker, H. / Stapf, K. (Hrsg.): *Dorsch Psychologisches Wörterbuch.* Hans Huber: Bern, 1994 (12. Aufl.).

Häusler, K.: *Mordversuch ohne jedes Motiv.* Kriminalistik 1973, S. 223–225.

Häusler, K.: *Wenn ein Mörder einen Totschläger umbringt.* Polizei-Digest 1986 (Heft 1), S. 68–75.

Harbort, S.: *Das Hannibal-Syndrom. Phänomen Serienmord.* Militzke: Leipzig 2001.

Harbort, S.: *Mörderisches Profil. Phänomen Serientäter.* Militzke: Leipzig, 2002.

Harbort, S.: *Die Vorstellungs- und Erlebniswelt sadistischer Serienmörder,* in: Robertz, F. / Thomas, A. (Hrsg.): *Serienmord. Kriminologische und kulturwissenschaftliche Skizzierungen eines ungeheuerlichen Phänomens.* Belleville: München 2003, S. 61–77.

Harbort, S.: *Das Serienmörder-Prinzip.* Droste: Düsseldorf, 2006.

Harbort, S.: Begegnung mit dem Serienmörder. Droste: Düsseldorf, 2008.

Harbort, S.: *Killerinstinkt. Serienmördern auf der Spur.* Ullstein: Berlin, 2012.

Herren, R.: *Morde ohne Motiv.* Psychologische Rundschau 1958 (Heft 4), S. 4–8.

Herren, R.: *Gibt es Morde ohne Motiv?* Kriminalistik 1960, S. 509–511.

Herrmann, H.: *Die Beweggründe des Mörders H.* Kriminalistik 1963, S. 174–178.

Hinterhuber, H. et al.: *Lehrbuch der Psychiatrie.* Thieme: Stuttgart und New York, 1997.

Hujer, M.: *Charismatisches Monster.* Der Spiegel 2011 (Heft 45), S. 104–105.

Kerner, H.-J. (Hrsg.): *Kriminologie Lexikon.* Kriminalistik: Heidelberg, 1991 (4. Aufl.).

Köhne, M.: *Die Mordmerkmale Mordlust und zur Befriedigung des Geschlechtstriebs.* Jura 2009, S. 100–104.

Krafft-Ebing, R. von: *Psychopathia sexualis.* Matthes & Seitz: München, 1997.

Kröber, H.-L. / Steller, M.: *Psychologische Begutachtung im Strafverfahren. Indikationen, Methoden und Qualitätsstandards.* Steinkopff: Darmstadt, 2005 (2. Aufl.).

Kühl, K.: *Die drei speziellen niedrigen Beweggründe des § 211 II StGB.* Juristische Ausbildung 2009, S. 566–572.

Lakotta, B.: *»Ich habe das nicht getan«.* Der Spiegel 2012 (Heft 46), S. 67–68.

Laplanche, J. / Pontalis, J.-B.: *Das Vokabular der Psychoanalyse.* Suhrkamp: Frankfurt / M., 1996.

Leygraf, N.: *Psychisch kranke Rechtsbrecher.* Springer: Berlin, Heidelberg, New York, 1988.

Lorenz, K.: *Das sogenannte Böse. Zur Naturgeschichte der Aggression.* dtv: München, 1974.

Lüdtke, W. / Heuser, G.: *Die Berliner S-Bahn-Morde.* Kriminalistik 1942, S. 49–52, 66–70.

Mingels, G.: *Keine Menschenseele. http://reporter-forum.de/index.php?id=117&tx_rfartikel_pi1%5BshowUid%5D=335&cHash=c442a780124669b2e49fadc1de212683*

Mitsch, W.: *Grundfälle zu den Tötungsdelikten.* Juristische Schulung 1996, S. 121–125.

Moor, P.: *Das Selbstporträt des Jürgen Bartsch.* Fischer: Frankfurt / M., 1972.

Nass, G.: *Die kriminologische Beurteilung sexueller Tötungsdelikte.* Luchterhand: Köln, 1966.

Nedopil, N.: *Forensische Psychiatrie. Klinik, Begutachtung und Behandlung zwischen Psychiatrie und Recht.* Thieme: Stuttgart und New York, 1996.

Oberlandesgericht Celle, Urteil vom 21.02.2012. Neue Zeitschrift für Strafrecht-Rechtsprechungsreport 2012, S. 181–182.

Otto, H.: *Neue Entwicklungen im Bereich der vorsätzlichen Tötungsdelikte.* Jura, S. 612–622.

Paulus, C.: *Gewaltfantasien und verdrängte Gefühle: Wie erklärt sich das Denken von Serienmördern?* Polizei und Wissenschaft 2001 (Heft 3), S. 60–66.
Pfäfflin, F.: *Zur Lust am Lustmord.* Der Nervenarzt 1982, S. 547–550.
Preute, M.: *Mord-Schmitt.* Fackelträger: Köln, 1975.
Rasch, W. / Konrad, N.: *Forensische Psychiatrie.* Kohlhammer: Stuttgart, 2004.
Rigendinger, B. / Zurlinden, U.: *»Dann habe ich ihn abgestochen«.* Facts 2006 (Heft 13. April), S. 28–32.
Ritter, J. et al. (Hrsg.): *Historisches Wörterbuch der Philosophie. Bd. 12: W–Z.* Schwabe: Basel, 2004.
Safranski, R.: *Das Böse oder Das Drama der Freiheit.* Hanser: München und Wien, 1997.
Schneider, H. J.: *Kriminologie der Gewalt.* Hirzel: Stuttgart und Leipzig, 1994.
Schröder, F.: *Grundgedanken der Mordmerkmale.* Juristische Schulung 1984, S. 275–278.
Siol, J.: *Mordmerkmale in kriminologischer und kriminalpolitischer Sicht.* Otto Schwartz & Co.: Göttingen, 1973.
Smoltczyk, A.: *»Nur ein Indianerspiel«.* Der Spiegel 1998 (Heft 20), S. 66–68.
Smoltczyk, A. / Hüetlin, T.: *»Er musste entsorgt werden«.* Der Spiegel 1997 (Heft 49), S. 120–131.
Sofsky, W.: *Traktat über die Gewalt.* S. Fischer: Frankfurt / M., 2000.
Stümper, A.: *Der motivlose Täter.* Kriminalistik 1968, S. 530–533.
Tölle, R. / Lempp, R.: *Psychiatrie.* Springer: Berlin, Heidelberg, New York, 1991 (9. Aufl.).
Ulrich, A.: *Tödliche E-Mail.* Der Spiegel 2004 (Heft 38), S. 65.
Wiegand, P. / Rolf, B.: *Analyse biologischer Spuren.* Rechtsmedizin 2003, S. 103–112.
Winterstein, A.: *Kein Mitleid und kein Selbstmitleid.* CD Sicherheits-Management 2000 (Heft 6), S. 120–123.
Woesner, H.: *Neuregelung der Tötungstatbestände.* Neue Juristische Wochenschrift 1980, S. 1136–1140.
Wuketits, F.: *Warum uns das Böse fasziniert. Die Natur des Bösen und die Illusionen der Moral.* Hirzel: Stuttgart, Leipzig, 2000.
Wulffen, E.: *Der Sexualverbrecher.* Langenscheidt: Berlin, 1910.
Wulffen, E.: *Die Sexualverbrecherin.* Langenscheidt: Berlin, 1925.

Stephan Harbort

Die Maske des Mörders

Serientäter und ihre Opfer

Einem Serienmörder nur knapp zu entkommen verändert das Leben des Opfers auf einen Schlag. Wenn das Grauen in die Normalität eindringt, dauert es, bis die Wunden heilen. Kriminalhauptkommissar Stephan Harbort hat mit Hunderten Tätern und Opfern gesprochen und vermittelt beklemmende Einblicke in die Abgründe der menschlichen Seele.

KNAUR

Stephan Lucas

Auf der Seite des Bösen

Meine spektakulärsten Fälle als Strafverteidiger

Er ist der Mann, der auf der Seite des Bösen steht – stehen muss. Denn Stephan Lucas ist Strafverteidiger. Er verhilft Mördern und Vergewaltigern vor Gericht zu ihrem Recht. Hier berichtet er von seinen spektakulärsten Fällen, von seinem spannenden Alltag zwischen Verhandlungen und Knastbesuchen und natürlich davon, wie es ist, tagtäglich mit dem Bösen konfrontiert zu werden. Wie geht man mit Menschen um, die jemanden ermordet haben? Muss man einen Vergewaltiger hassen? Und: Sieht man es einem Menschen an, wenn er ein schlimmes Verbrechen begangen hat? Stephan Lucas erzählt nicht nur von dramatischen Schicksalen, sondern gibt uns auch seltene Einblicke in die Abgründe der menschlichen Psyche.

KNAUR

Roland Bleimaier

Der Detektiv

Als Beschatter im Einsatz

Mitarbeiter, die ihren Arbeitgeber systematisch bestehlen; Ladendiebe, die ihr Diebesgut in einer eigens errichteten Lagerhalle horten; eifersüchtige Ehefrauen, die ihren Mann ausspionieren lassen. Roland Bleimaier hat in seiner zwanzigjährigen Laufbahn als Detektiv schon so einiges erlebt. Nun erzählt er seine spannendsten, dramatischsten und kuriosesten Fälle.

KNAUR